Adolf Gaspary

Die Sicilianische Dichterschule des dreizehnten Jahrhundets

Adolf Gaspary

Die Sicilianische Dichterschule des dreizehnten Jahrhundets

ISBN/EAN: 9783742866455

Hergestellt in Europa, USA, Kanada, Australien, Japan

Cover: Foto ©ninafisch / pixelio.de

Manufactured and distributed by brebook publishing software
(www.brebook.com)

Adolf Gaspary

Die Sicilianische Dichterschule des dreizehnten Jahrhundets

DIE

SICILIANISCHE DICHTERSCHULE

DES

DREIZEHNTEN JAHRHUNDERTS.

VON

ADOLF GASPARY.

BERLIN.

WEIDMANNSCHE BUCHHANDLUNG.

1878.

Verzeichniss

der verkürzt citirten Bücher.

Allacci   *Poeti Antichi raccolti da Codd. Mss. da Monsign. Leone Allacci, Napoli, 1661.*

Arch. — *Herrig's Archiv für das Studium der neueren Sprachen.*

Arch. Glott. — *Archivio Glottologico Italiano.*

Band. Lucch. — *Bandi Lucchesi, Bologna, 1863.*

Bartsch, Chrest. — *Bartsch, Chrestomathie Provençale* citirt nach der 2. Auflage, 1868.

Caix, Ant. Mon. — *Di un Antico Monumento di Poesia Italiana. Rivista Europea, Anno VI, vol. I, p. 72—80.*

    ,,   **Form.** — *La Formazione degli Idiomi Letterari. Nuova Antologia, vol. XXVII, p. 35—60, u. 288—309.*

    ,,   **Voc.** — *Osservazioni sul Vocalismo Italiano, Firenze, 1875.*

Cherrier — *Histoire de la Lutte des Papes et des Empereurs, etc. vol. IV, Paris, 1851.*

Choix — *Raynouard, Choix des Poésies Originales des Troubadours.*

D'Anc. — *D'Ancona e Comparetti, Le Antiche Rime Volgari, vol. I, Bologna, 1875.* (Die arab. Ziffer bezeichnet die Verse.)

D'Anc. Son. — *D'Ancona, Venti Sonetti Inediti del Sec. XIII. Propugnatore, VI, 1°, 350—371.*

Grion, Pozzo — *Il Pozzo di S. Patrizio, Bologna, 1870* (aus *Propugnatore, III*).

    ,,   **Serventese** — *Il Serventese di Ciullo d'Alcamo, Bologna, 1871* (aus *Propugnatore, IV*).

Guittone — *Rime di Fra Guittone d'Arezzo* publ. von *Lod. Valeriani*, *Firenze, 1828*; citirt nach den Nummern der Canzonen (*Canz.*) und der Sonette (*Son.*). Die arab. Ziffer bei *Canz.* giebt Strophe oder Geleit (*Gel.*) an.

Guittone, Lett. — *Lettere di Fra Guittone d'Arezzo* (publ. von *Gior. Bottari*, *Roma, 1745.*

Hist. Pis. — *Fragmenta Historiae Pisanae, bei Muratori, Rer. Ital. Script. XXIV, 643 ff.*

Hist. Rom. — *Fragmenta Historiae Romanae*, bei *Muratori, Antiq. Ital. III, 251 ff.*

Lett. Sen. — *Lettere Volgari del Sec. XIII. scritte da Senesi, Imola, 1871.*

Manzoni — *Rime Inedite del Cod. Vat. 3214 in Rivista di Filologia Romanza, I, 83 ff.*

M. G. *Mahn, Gedichte der Troubadours.*

M. W. — *Mahn, Werke der Troubadours.*

Nan. Man. — *Nannucci, Manuale della Letteratura del Primo Secolo, 2. ed. Firenze, 1856.*

Palermo — *I Manoscritti Palatini di Firenze, vol. II. Firenze, 1860.*

Peire Vidal — *Peire Vidal's Lieder*, herausgeg. von *K. Bartsch, Berlin, 1857.*

Riv. di Fil. Rom. — *Rivista di Filologia Romanza.*

Trucchi - *Poesie Italiane Inedite. Prato, 1846.*

Val. — *Poeti del Primo Secolo della Lingua Italiana* (publ. von *Valeriani u. Lampredi, Firenze, 1816.*

Zambrini, op. volg. — *Le Opere Volgari a stampa dei Secoli XIII e XIV, Bologna, 1866.*

Folgende Buchstaben sind verwendet zur Bezeichnung der **vier Handschriften** alter Lyriker, von denen Inhaltsangaben publizirt sind, die ersten drei Buchstaben die nämlichen, welche Manzoni gebrauchte:

A — *Cod. Vat. 3793*, nach den Nummern des Verzeichnisses bei *Grion* in *Böhmer's Romanischen Studien, I, p. 61 ff.*

B - *Cod. Chigi L. VIII, 305.* Vollständiger Abdruck der Hs. von *Monaci* und *Molteni, Propugnatore, X, 1°, p. 124, 289; 2°, p. 331; XI, 1°. p. 199, 303.*

C — *Cod. Vat. 3214*, bei *Manzoni. Rivista di Filologia Romanza, I, p. 71 ff.*

P — *Cod. Palat. 418*, bei *Palermo. I Manoscritti Palatini, vol. II, p. 85 ff.*, nach Palermo's Seitenzahlen citirt.

I.

Entstehung und Charakter der ältesten italienischen Lyrik.

In seinem Buche *de eloquentia vulgari* sagt Dante (I, 12),
die sicilianische Mundart verdiene scheinbar den Vorzug vor den
übrigen Idiomen Italiens, *„eo quod quicquid poetantur Itali sici-
lianum vocatur"*, und weiterhin, nachdem er bemerkt, dass an
Kaiser Friedrichs II und Manfreds Hofe sich alle Tüchtigsten des
ganzen Landes vereinigt hätten, fügt er wiederum hinzu: *„Et quia
regale solium erat Sicilia, factum est, ut quicquid nostri praede-
cessores vulgariter protulerunt, sicilianum vocetur: quod quidem
retinemus et nos, nec posteri nostri permutare valebunt"*, d. h. also:
Alles, was die älteren Dichter in der Zeit vor Dante gedichtet, nannte
man sicilianisch; so fuhr man fort es zu Dante's Zeit zu nennen,
und er selber meint, man werde diese Gedichte auch später immer
so zu bezeichnen haben. In diesen Worten liegt kein Widerspruch
gegen die sonstigen Ansichten, zu denen er sich in dem Buche
bekennt; Dante behauptet nicht etwa, die italienische Sprache sei
sicilianisch genannt worden und so immer zu nennen, wie Galvani[1])
es missverständlich aufgefasst hat, und ebenso wenig will er, man
solle die italienische Dichtung allezeit sicilianisch nennen, wie sich
dieses Corazzini aus seinen Worten herauslas[2]). Was an jener
Stelle des *de vulgari eloquentia* gesagt ist, bezieht sich vielmehr
einzig und allein auf die Produktionen der Dichter vor Dante, und

---

[1]) *Dubbi sulla verità delle Dottrine Perticariane*, Milano, 1846, p. 201.
[2]) in seinem Aufsatze: *Una Questione su la Storia della Lingua. Pro-
pugnatore*, VIII, 1°, p. 276 ff.

die Bezeichnung „sicilianisch" wird der ganzen älteren italienischen
Dichterschule gegeben; zu Dante's Zeit dagegen war an Stelle
dieser eine andere neue Schule getreten, welche sicilianisch zu
nennen ihm nicht einfallen konnte. Eine Bestätigung und Er-
gänzung findet dieses in der berühmten Stelle des Purgatorio,
XXIV. 55, wo er Buonagiunta von Lucca, einen jener *praedecessores*,
sagen lässt:

> O frate, issa vegg'io, diss'elli, il nodo,
> Che il Notaro e Guittone e me ritenne
> Di qua dal dolce stil nuovo ch'i' odo.

so also in deutlichen Gegensatz zu einander setzend den alten und
den neuen Styl, jenen des Notaro von Lentini, Guittone's, Buona-
giunta's, diesen des Guinicelli, Guido Cavalcanti's, Dante's und
Cino's. Der alte Styl ist das, was oben *sicilianum* genannt wurde,
die Dichtweise der sicilianischen Schule, die sich auf die Dichter
Mittelitaliens vererbte, und, wie wenig es sich hier um die Sprache
handeln kann, beweist schon das eine, dass an dieser Stelle der-
selbe Jacopo da Lentini getadelt wird, der im *de vulg. el.* gelobt
worden war. Im *de vulg. el.* lobt Dante den Notaro wegen der
Sprache und trennt ihn daher von Guittone, Mino Mocato, Bru-
netto, Buonagiunta; im *Purgatorio* tadelt er ihn wegen der Dicht-
weise und setzt ihn in eine Kategorie mit eben jenen Guittone
und Buonagiunta.

Dante bezeichnete also als sicilianisch die ganze Dichterschule,
welche dem *dolce stil nuovo* voraufgegangen war, mochten nun
auch die Dichter selbst aus anderen Theilen Italiens gebürtig sein.
Daher verfuhren ganz in seinem Sinne Angelo Colocci, der in sein
Verzeichniss von Worten der sicilianischen Dichter auch solche
von Toscanern aufnahm, und Bembo, der in der Liste der *Poeti
Siculi* eine grosse Anzahl von mittelitalienischen Dichtern aufzählte[1]).
Und in der That hatte diese gemeinsame Bezeichnung ihren guten
Grund, und man thut wohl, heut den Namen der sicilianischen
Dichterschule für die ganze provenzalisirende Richtung zu erneuern,
die den Anfang der italienischen Lyrik beherrscht. Die Dicht-

---

[1]) s. Grion, *Il Pozzo di S. Patrizio*, p. 48, ff.

weise des Südens wurde ohne wesentliche Veränderung nach Toscana und von dort aus weiter verpflanzt; zwar begegnete ihr hier sofort eine neue verschiedene Strömung: aber die alterthümliche Manier behauptete sich eine Zeit lang neben ihr. Die Grundlage und der Charakter dieser Dichtung sind daher allenthalben die nämlichen, gleichgiltig. welcher Gegend die einzelnen Verfasser angehören mögen; überall finden sich dieselben Ideeen und Ausdrucksweisen, dieselben conventionellen Bilder; sogar die Sprache ist dieselbe in ihren hauptsächlichsten Elementen, wenigstens bei der Gestalt, in welcher uns die Gedichte überliefert sind. Ja eine Trennung ist schon deswegen nicht gut möglich, weil oft genug die Angabe des Verfassers für ein und dasselbe Gedicht zwischen einem Dichter des Südens und einem Toscaner oder Bolognesen schwankt, und wir nicht im Stande sind zu entscheiden. welchem von beiden es in Wirklichkeit zugehöre. Die sicilianische Dichterschule ist also, nach dieser Auffassung, nicht begrenzt durch das Gebiet oder die Dauer von Friedrichs und Manfreds Herrschaft; sondern sie setzt sich in Mittel- und Oberitalien fort und reicht wenigstens bis zum Ende des 13. Jahrhunderts.

Die italienische Literatur beginnt mit einer Epoche der Nachahmung, eine Erscheinung, die vielfach Verwunderung erregt hat, deren Bestehen man aber nicht wegleugnen kann. Alle Denkmale von angeblich höherem Alter als die provenzalisirende Lyrik der Sicilianer haben sich, so oft man deren gefunden haben wollte, immer und immer wieder als Täuschungen erwiesen. und, mag es freilich auch wahrscheinlich, ja wohl gewiss sein, dass Volkslieder schon vorher bestanden haben, mag man dergleichen Reste auch wirklich einmal auffinden, dadurch wird an jener Thatsache nichts geändert; denn zwischen diesen zerstreuten Aeusserungen des Volksgesanges, welche ohne Nachwirkung verklungen, und dem Beginne einer stetigen literarischen Entwickelung ist ein bedeutender Unterschied. Auch hat die Erscheinung an sich nichts so Unerklärliches. Die Lage der Italiener am Ende des Mittelalters unterschied sich sehr bedeutend von der der anderen europäischen Völker; sie waren eben damals keine junge Nation. wie die übrigen, und konnten daher auch in ihrer Dichtung nicht die Zu-

1*

stände spiegeln, welche bei den anderen das jugendliche Zeitalter kennzeichneten. Die Italiener hatten eine Epoche hoher Cultur-entwickelung im Alterthum hinter sich, deren Spuren niemals gänzlich verloren gegangen waren; sie kamen nicht aus einer Zeit der Barbarei, und daher fehlten ihnen gerade diejenigen Stoffe, die zuerst den Anstoss zu einer originalen und nationalen Dichtung geben, die heroischen, epischen Traditionen, deren Ursprung in dunkele, sagenhafte Zeiten hinaufreicht. Und andererseits fehlte für eine neue Literatur das passende Organ, die neue Sprache. Wie man sich in Italien als die Nachkommen der Römer fühlte, so hielt man die Sprache Roms für die wahrhafte italienische Sprache, von der das neue *vulgare* nur eine Corruption zu sein schien, gut wohl für den Verkehr und die Bedürfnisse des täglichen Lebens, aber nicht für die höheren geistigen Interessen, die der edleren Sprache reservirt blieben. Das Italienische, eben weil es dem Lateinischen am nächsten stand und auf demselben Boden erwachsen war, auf dem dieses geblüht hatte, ist auch viel später als andere romanische Idiome zu dem Bewusstsein gelangt, eine selbständige Sprache zu sein und zu literarischen Zwecken dienen zu können. Wiederum aber war es, wenigstens seit dem 11. Jahrhundert, doch nur eine Täuschung, wenn man das Lateinische für lebendig hielt; einer neuen Entwickelung der Dichtung konnte es fernerhin nicht mehr zum Ausdruck dienen. So war Italien noch im 12. Jahrhundert ohne Literatur, als das westlich angrenzende Land deren schon zwei in voller Blüthe besass, die provenzalische und die altfranzösische des Nordens. Diese Literaturen, hochangesehen in ganz Europa, mussten naturgemäss hier einen um so stärkeren Einfluss ausüben, je grösser der Mangel an eigener Produktion war. Die Lieder der Troubadours gaben den Anstoss zu den ersten Versuchen in der Lyrik, die *Chansons de geste* und Romane der Franzosen boten den im eigenen Lande fehlenden Stoff für die erzählende Dichtung. So kam es, dass hier die Nachahmung allenthalben das Erste gewesen ist, und dass die originale Entwickelung erst darauf folgte und in jener vorbereitet war, wenn auch die eigentliche Inspiration aus ganz anderer Quelle stammte.

Die Funktion also, welche die provenzalische Poesie in Italien ausgeübt hat, und für welche die italienische Literatur ihr zu Danke verpflichtet ist, war diejenige, die Anregung zum Dichten in der Vulgärsprache zu geben, welches ohne diese Beeinflussung von aussen her wahrscheinlich noch länger hätte auf sich warten lassen. Seit Ende des 12. Jahrhunderts ist vielfach der Aufenthalt von Troubadours in Italien bezeugt, von älteren der des Peire Vidal und Raimbauts de Vaqueiras, von jüngeren der des Gaucelm Faidit, Uc de S. Circ, Aimeric de Pegulhan und mancher anderen. Sie nahmen meistens lebhaften Antheil an den politischen Händeln des Landes und ergriffen Partei in den brennenden Kämpfen zwischen Guelfen und Gibellinen; viele ihrer Gedichte beziehen sich auf italienische Angelegenheiten. Raimbaut de Vaqueiras bediente sich sogar des Italienischen für eine Strophe seines mehrsprachigen Descort, ein anderes Mal verwandte er die genuesische Mundart zu humoristischem Zweck in dem Dialoge mit der unhöflichen Genueserin, und diese seine Verse sind die ältesten datirbaren in italienischer Sprache, da sie vor 1202 verfasst sein müssen. Gewöhnlich hielten sich diese Dichter bei den Fürsten Oberitaliens auf, zu deren Preise so manches ihrer Lieder gedichtet ist. Aber Uc de S. Circ kam auch nach Toscana (s. M. G. 1163, F). Raimbaut de Vaqueiras zog mit dem Markgrafen Bonifaz nach Sicilien Kaiser Heinrich VI zu Hilfe; Peire Vidal hielt sich, auf der Rückkehr vom Kreuzzuge, in Malta auf. Auch Friedrichs II Hofe blieben sie, bei ihrer Wanderlust und der freundlichen Aufnahme, die sie hier erwartete, gewiss nicht fremd. In Sicilien hatte sich unter der arabischen Herrschaft ein glänzenderes materielles und geistiges Leben entwickelt, welches auch unter den normannischen Königen und den hohenstaufischen Kaisern fortdauerte. Friedrich II. in freundschaftlichem Verkehr mit den muselmännischen Fürsten des Orients und selbst in seiner Lebensweise ihnen nicht unähnlich, hatte lebhaftes Interesse für intellektuelle Bestrebungen; er förderte das Aufblühen der medizinischen Schule in Salerno, stiftete die Universität Neapel, liess Werke des Aristoteles und arabische Commentare in das Lateinische übersetzen; er selbst beschäftigte sich mit mathematischen und philosophischen Fragen und sendete auch

seine Probleme durch die verbündeten Sarazenenfürsten an musel-
mäunische Gelehrte zur Beantwortung. Dass sein und später Man-
freds Hof der Sammelplatz für alle Tüchtigsten des Landes gewe-
sen, sagt Dante an der oben angeführten Stelle; die *Cento Novelle*
(nr 20) berichten von Friedrichs Freigebigkeit und Leutseligkeit,
und Aimeric de Pegulhan pries ihn, da er noch jung war, unter
dem Bilde des guten Arztes von Salerno, welcher die Schäden der
Zeit heile und *prelz* und *do* wiederherstelle, da sie vorher verloren
gegangen[1]). Friedrich II hatte, wie Fauriel bemerkte[2]), auch
politische Gründe, viele dieser Troubadours zu begünstigen, welche
erbittert durch die Albigenserkriege heftige Angriffe gegen die
Curie richteten; die Rügelieder eines Guillem Figueira konnten
ihm wohl zu statten kommen in seinem Kampfe gegen die Päpste[3]).

Die Dichter des nördlichen Italiens, welche sich in der Dicht-
weise der Provenzalen versuchten, bedienten sich zu diesem Zwecke
eben jenes *vulgare*, in welchem ihre Muster verfasst waren. Das
Provenzalische war durch den vielfachen Verkehr mit Südfrank-
reich bei ihnen wohl bekannt und nicht schwer zu erlernen,
da sie selbst ihm nicht unähnliche Idiome redeten: so war es
ihnen weit natürlicher, mit der poetischen Tradition zugleich auch
die Sprache der Vorbilder herüberzunehmen, als erst die eigenen

---

[1]) Canzone: *En aquel temps*, z. B. Bartsch, Chrest. 158.

[2]) *Dante et les Origines de la langue et de la littérature italiennes*,
I, 266.

[3]) Diez schrieb allerdings Poesie der Troubadours. p. 61: „Dass Fried-
rich II, übrigens Freund der Poesie und selbst Dichter, die provenzalischen
Sänger besonders gehegt habe, lässt sich nicht behaupten; Elias Cairel und
Folquet von Romans, die einzigen, welche eine Zeit lang an seinem Hofe
zubrachten, wissen nichts von seiner Freigebigkeit zu rühmen.“ — Aber
damit stimmt doch nicht wohl das hohe Lob Aimeric's und Anderer, und
dass jene beiden provenzalischen Dichter wirklich die einzigen gewesen
seien, die sich je bei Friedrich aufgehalten, lässt sich bei der Kargheit der
Nachrichten kaum mit Bestimmtheit behaupten. Andererseits scheint es
freilich nicht gerechtfertigt, von jedem Dichter, welcher Friedrich gepriesen,
auch anzunehmen, dass er an dessen Hof gelebt habe, wie dies Bartoli
(*I primi due secoli della Lett. Ital.* p. 90 f.) thut. Ja selbst die, welche
bei Friedrich weilten, brauchen darum noch nicht nach Sicilien gekommen
zu sein, da er sich mit seinem Hofe ja oft genug in Oberitalien aufhielt.

noch unangebauten Dialekte zum literarischen Gebrauche zu er-
heben. Im Süden hingegen, am Hofe Friedrichs II, konnte eine
solche Handhabung der fremden Sprache nur schwer erworben
werden, und die Produktionen in derselben konnten nicht auf so
allgemeines Verständniss rechnen; so griff man zu dem *vulgare*
des eigenen Landes. Dieses ist, wie ich glaube, der Grund dafür
gewesen, dass die italienische Kunstdichtung in Sicilien begann:
Im Norden der Halbinsel dichtete man provenzalisch, in Mittel-
italien gab es keine glänzenden Höfe, welche den Dichtern als
Sammelpunkte hätten dienen können. Die provenzalische Dich-
tung von Italienern des Nordens ist aber nicht etwa eine Mittel-
stufe zu der des Südens in italienischer Sprache gewesen, wie man
geneigt sein könnte anzunehmen, und wie die Sache wirklich bis-
weilen dargestellt worden ist: beide sind vielmehr gleichzeitig.
Sordel's Gedicht auf Blacatz' Tod ward, nach Diez [1]), um 1236
oder 1237 verfasst: um 1236 fallen auch die politischen Gedichte
des Nicolet von Turin und des Peire de Caravana; Lanfranc Cigala
dichtete 1242 sein Sirventes gegen Bonifaz III von Monferrat [2]).
Und dieses sind die ältesten, denen man ein bestimmtes Datum
geben kann, andere dagegen noch bedeutend jünger; Bartolommeo
Zorgi dichtete noch nach dem Tode Conradins und selbst dem
Ludwigs des Heiligen, also um eine Zeit, als die höfische Dich-
tung im Süden schon erstorben oder wenigstens verblüht war.

Unter den Namen derer, welche von den Handschriften als
die Verfasser der ältesten Gedichte bezeichnet werden, finden wir
den Kaiser Friedrichs II selber und seines Sohnes König Enzo's
von Sardinien. Man hat bezweifelt, ob diese Fürsten, inmitten
der stürmischen Ereignisse und der mannichfachen Geschäfte,
Zeit gefunden haben möchten, selbst Verse zu machen. Borgognoni
dachte [3]), die nach ihnen benannten Gedichte könnten wohl auch
von Anderen in ihrem Namen gemacht worden sein. Aber in einer
Epoche, in welcher Richard Löwenherz und Alfons II von Aragon,

---

[1]) Leben und Werke der Troubadours, p. 476 f.
[2]) Diez, l. c. 568.
[3]) *Gli Antichi Rimatori Volgari. Propugnatore*, IX. 1°. p 46.

und später König Thibaut von Navarra und Dom Denis von Portugal dichteten, kann ein Gleiches bei Friedrich und Enzo nicht Wunder nehmen, besonders da von beiden der Chronist Salimbene, welcher den Kaiser persönlich kannte, ausdrücklich berichtet, dass sie sich der Dichtkunst beflissen[1]). Ob nun freilich die ihnen beigelegten Poesieen auch wirklich von ihnen herrühren, das zu entscheiden haben wir keine Möglichkeit, wenn wir nicht den Handschriften glauben wollen; aber bei allen übrigen Dichtern sind wir in ganz demselben Fall. Der Gedichte übrigens, welche die Handschriften einig sind dem Kaiser und seinem Sohne zuzuschreiben, sind nur sehr wenige. Von Friedrich II sind nach A die Canzonen

> Dela mia desianza. D'Anc. LI.
>
> Dolze meo drudo, e vattene. ib. XLVIII.

Eine Bestätigung dieser Attributionen durch andere Handschriften ist bis jetzt nicht bekannt. Dagegen schreibt ihm P p. 100) noch zwei andere Canzonen zu:

> Poi che ti piace, Amore. Val. I, 54.
>
> Per la fera membranza. ib. 64.

Die zweite ist wiederum sonst nicht weiter bekannt. Die erste legen gleichfalls Friedrich bei C, 8 und B, 228; dagegen stand sie in A, 177 nach Grion's Verzeichniss anonym, und von späterer Hand ist der Name Rinaldo d'Aquino übergeschrieben worden. Noch übler steht es mit den Enzo beigelegten. Die Canzone

> Amor mi fa sovente. D'Anc. LXXXIV.

gehört ihm nach A, B, 229, C. 9 und P (p. 100). In der letzten Handschrift steht als von ihm ferner:

> Amor fa come il fino uccellatore. Val. I, 172.
>
> S'eo trovasse pietanza. ib. 171.

Die letztere schreibt ihm auch die Redianische Handschrift zu[2]), dagegen wäre sie nach A, 107 von Ser Nascimbene di Bologna, nach B, 238 von Messer Semprebene di Bologna, nach C, 7 sehr

---

[1] s. die Citate bei Tiraboschi, *Stor. Lett.*, vol. IV. p. 8, n. u. p. 388, n. Ausgabe Firenze, 1806.

[2] *Giornale di Filologia Romanza*, I, p. 51 (Roma, 1878).

seltsam von „*Re Enzo et messere Guido Guinizelli*“, was wohl
heissen soll, dass der Abschreiber beide Bezeichnungen an ver-
schiedenen Orten gefunden. Endlich haben B, 250, C. 84 als von
Enzo das Sonett:

> Tempo vien di salire e di scendere. Val. I, 177.

das bei Allacci als von Guittone d'Arezzo steht.

Friedrichs II berühmtem Kanzler Pier delle Vigne werden
ausser dem Sonette:

> Però ch' Amore non si può vedere. Val. I, 53.

welches von ihm nach Allacci und Valeriani, noch Alles in Allem
acht Canzonen beigelegt; aber nur zwei von ihnen bleiben unbe-
stritten, nämlich:

> Amore in cui disio ed ò speranza. D'Anc. XXXVIII.
> Amando con fin core e con speranza. Val. I, 19.

die letztere als von ihm in P (p. 92 . und bei Trissino [1]) und
Barbieri [2]) als solche erwähnt. Dagegen ist:

> Poi tanta caonoscenza. D'Anc. XXXVII.

nach P (p. 89) von Jacopo Mostacci, nach B. 236 von Jacopo da
Lentini.

> Amor da cui move tuttora e vene. D'Anc. XL.

nach P zwar gleichfalls von Pietro, nach B, 235 aber von Jacopo
da Lentini. Die palatinische Handschrift schreibt Pier delle Vigne
ferner zu:

> Uno piacente sguardo. D'Anc. LXXIII.

welches in A anonym.

> La dolce cera piacente. D'Anc. LX.

welches in B, 241 ebenfalls als von Pietro, aber in A als von
Giacomino Pugliese.

> Membrando ciò che amore. Val. I, 260.

welches in der Giuntina, bei Allacci und Valeriani wieder als von
Jacopo da Lentini gedruckt steht. Endlich giebt Valeriani (I, 41)
noch als Pietro's Eigenthum:

> Assai eretti celare. D'Anc. XXXIX.

---

[1] in der *Poetica*, Ausgabe der *Opere*, Verona, 1729, II. 63.
[2] *Origine della Poesia Rimata*, Modena, 1790. p. 141.

welches als solches auch bei Serassi[1]), aber in A als von Istefano di Pronto. Die Unsicherheit ist also hier gross, und bei der geringen Zahl der wirklich alten Handschriften, die noch dazu nicht alle hinreichend bekannt sind, weiss man, wo sie einander widersprechen, nur selten, welcher man Recht geben soll. Im Allgemeinen ist die Zahl der authentischen Gedichte von Sicilianern eine verhältnissmässig sehr kleine, und von den Leistungen jedes Einzelnen haben wir meistens nur spärliche Proben.

Kaiser Friedrich, König Enzo und Pier delle Vigne sind uns bekannt durch ihr öffentliches, der Geschichte angehöriges Leben[2]). Dagegen von den übrigen südlichen Dichtern wissen wir entweder gar nichts, wie von Mazzeo Ricco aus Messina, Rugieri Apugliese, Ranieri da Palermo, Rugerone da Palermo, Tommaso Sasso da Messina, Jacopo d'Aquino, oder allenfalls ist uns der Stand noch angegeben, beim Notar Jacopo da Lentini, der sich selbst oft genug so in seinen Liedern genannt hat, und Istefano di Pronto Notar, nach andern Istefano Protonotaro aus Messina, oder aber unser Wissen von diesen Aeltesten ist rein illusorisch. Von Rinaldo d'Aquino nimmt zwar Grion ohne weiteres an, dass er der Bruder des heil. Thomas gewesen; aber, wie Mazzuchelli zeigte, gab es damals drei verschiedene Persönlichkeiten dieses Namens, und obendrein gilt von Rinaldo ganz dasselbe, was Tafuri in Bezug auf Jacopo und Monaldo d'Aquino bemerkte[3]), dass man nämlich gar nicht entscheiden kann, ob auch der Zusatz d'Aquino die Familie und nicht etwa nur den Geburtsort bezeichne. Ebenso wenig kann man sagen, ob Messer Prezivalle Dore derselbe ist mit jenem Perceval Doria, welcher provenzalisch dichtete, und, könnte man es, so wäre damit nicht viel gewonnen; denn auch über die Persönlichkeit des letzteren ist man nicht im Klaren.

---

[1]) *Anecdota Litteraria*, III, 446.

[2]) Freilich sind die genaueren Nachrichten über Pier delle Vigne ja auch kärglich genug, und selbst sein sorgfältigster Biograph De Blasiis *Della Vita e delle Opere di Pietro della Vigna*, Napoli, 1860 konnte deren nur sehr wenige zusammenbringen.

[3]) *Raccolta di Opuscoli Scientifici e Filologici* (*Calogerà*, XXVI, 425 u. 461.

Arrigo Testa wird in A aus Lentini genannt, und man hält ihn
für identisch mit dem Henricus Testa, welcher 1248 Friedrichs II
Podestà in Parma war und eben damals bei dem siegreichen Aus-
fall der Parmenser gegen den Kaiser getödtet ward. Aber in den
Chroniken heisst dieser, wie Tiraboschi zeigte[1]), stets *de Aritio*.
Borgognoni glaubte[2]), damit sei nicht sowohl Arezzo in Toscana,
als vielmehr Reggio in Calabrien gemeint, welches man damals
gleichfalls zu *Aritium* latinisirte. Er wäre also aus Reggio gewe-
sen, und nun hätten wir statt zweier möglicher Geburtsorte gar
deren drei. Weiter zeigte aber Tiraboschi, dass noch ein älterer
Arrigo Testa um 1190 gelebt; gab es deren aber zwei, warum
nicht auch drei, und warum konnte der Dichter nicht eben ein
Dritter sein? Sieht man endlich, dass es ein einziges Gedicht ist,
welches ihm zugeschrieben wird (D'Anc. XXXV), und dass dieses
sogar in der palatinischen Handschrift (p. 100) als von einem
Arrigo Di Vitis steht und in der Redianischen (*Giorn. di Fil.
Rom.* 1, 51) als von Notar Giacomo, so wird man wohl kaum noch
hoffen, hier zu irgend einer Gewissheit zu gelangen.

Ueberhaupt aber liegt wenig daran, dass man diesen oder
jenen Namen der Dichter in einer alten Chronik oder Urkunde
auffinde; denn, da derselbe Name so und so oft in derselben
Epoche bei verschiedenen Personen wiederkehren konnte und noto-
risch wiedergekehrt ist, so hat man, wo nicht andere Umstände
dazu kommen, damit noch kein Recht, die aufgespürte historische
Persönlichkeit mit dem betreffenden Dichter zu identifiziren. Da-
her ist es zwar möglich, aber durchaus nicht sicher, dass Rugieri
d'Amici, von welchem wir übrigens nicht ein einziges unbestritte-
nes Gedicht besitzen[3]), eben jener Rogerius de Amicis sei, den

---

[1]) IV, p. 409 f.

[2]) l. c. p. 58 f.

[3]) Die beiden bei D'Anc. XVII u. XIX stehen in P (p. 92) und bei
Val. 1, 485 u. 475, als von Buonagiunta, und wiederum das Gedicht, welches
P, ib. und Val. 1, 425 Rugieri zuschreiben, steht in A als von Jacopo Mostacci.
D'Anc. XLVI. Endlich schreibt, nach Molteni *Giorn. di Fil. Rom.* 1, 51)
die Redianische Hs. Rugieri: *Già lungiamente amore*, zu, das nach P p. 91)
von Jacopo da Lentini, und so Val. 1, 283, nach A, 111, von Tiberto Galli-
ziani aus Pisa.

Friedrich II um 1240—1242 in hohen Staatsämtern und als Gesandten bei den sarazenischen Fürsten verwendete.[1]

Von einem Dichter endlich glaubt man, ausser seinen Canzonen auch noch ein anderes Werk und in demselben eine, bei dem Mangel an sicheren Daten, sehr erwünschte genaue Zeitbestimmung zu besitzen, nämlich von dem Giudice Guido delle Colonne. Ein Guido de Columna, *judex* genannt gerade wie der Dichter, ist der Verfasser der im Mittelalter viel gelesenen und oft übersetzten lateinischen *Historia Trojana*, an deren Ende sich die Erklärung des Autors befindet, dass er das erste Buch seines Werkes auf Antrieb des (1272 gestorbenen) Erzbischofs Matteo della Porta von Salerno geschrieben, nach dessen Tod aber die Arbeit unterbrochen und erst lange nachher zu Ende geführt habe. Hierauf folgt dann noch die Bemerkung: *Factum est presens opus a iudice Guidone de Messana Anno dominice incarnationis Millesimo ducentesimo octuagesimo septimo ejusdem prime indictionis*. Guido hätte also noch 1287, oder, sollte die letzte Bemerkung nicht von ihm selbst herrühren[2]), wenigstens noch lange nach 1272 gelebt. Gerade aber dieses Datum will nicht allzu gut mit der Epoche stimmen, welche man im Allgemeinen für das Bestehen der Hofdichtung in Sicilien annehmen muss, nämlich der Regierungszeit Friedrichs und Manfreds, wie Dante angiebt. Guido könnte zwar wohl die Blüthe der Schule überdauert haben; er könnte auch in der Jugend gedichtet und dann im Alter seine lateinische Erzählung verfasst haben. Aber auch ein dritter Fall ist nicht ausgeschlossen, dass nämlich der Autor der *Historia Trojana* eine andere Person, vielleicht ein Sohn des älteren Guido delle Colonne

---

[1] Huillard-Bréholles, *Historia Diplomatica Friderici II*, Paris, 1859, vol. I, p. CCCLXI u. CDXIV. Auf ihn verwies D'Ancona in den Giunte zu p. 39. Grion, *Serventese*, p. 6, citirt eine Stelle aus einer ungedruckten Chronik, wo im Jahre 1240 Rogerius di Amico als *dux et vicarius exercitus* gegen den Saladin genannt wird.

[2] Dass sie von Guido selbst herrühre, glaubt Mussafia, *Sulle Versioni Italiane della Storia Trojana*, Vienna, 1871, p. 3, n. 2. Die Ansicht Foscolo's, *Opere*, X, 164, das Datum sei von einem Copisten hinzugefügt worden, hat ihren Grund in einem Missverständniss.

gewesen; die Vererbung des Vornamens und des Standes hat ja
in jener Zeit, vorzüglich in adeligen Familien nichts Befremdliches,
und, um ein naheliegendes Beispiel anzuführen, Guido Guinicelli
hatte einen Sohn, welcher ebenfalls Guido hiess, und wenn Gae-
tano Monti (bei Fantuzzi) nicht den letzteren, sondern den Vater
für den Dichter erklärte, so geschah es nur, weil der Sohn im
Jahre 1300 noch lebte, als Dante den Dichter schon im Purgato-
rium fand.

So bleibt also von Allem dem, was Mongitore, Crescimbeni,
Nannucci über diese Dichter gesagt haben, gar nichts Positives
übrig. Sie selbst verweisen immer von neuem auf Bembo, Ubal-
dini, Allacci, Redi, Vincenzo Auria, oder den älteren Brief Lorenzo
de' Medici's; aber an allen diesen Stellen findet man eben auch
nichts weiter als nackte Namenregister. Quadrio[1]) hat die lange
Autorenliste bei Allacci zu vereinfachen gesucht, indem er mehr-
fach ein und dieselbe Person mit veränderter Bezeichnung wieder-
zufinden glaubte. Hie und da hatte er gewiss Recht; oft aber
bleibt es auch bei leeren Vermuthungen. Borgognoni hat jüngst diese
Identifizirungsversuche fortgesetzt[2]). Er vermuthet, Rugieri d'Amici,
Rugieri Apugliese und Rugerone da Palermo seien alle drei ein
und derselbe; Jacopo d'Aquino sei identisch mit Jacopo Mostacci,
Giacomino Pugliese mit Jacopo da Lentini. Allein, da wir stets
von den einen so viel wissen wie von den andern, nämlich gar-
nichts, so bleiben diese Zusammenstellungen durchaus müssig; es
ist zwar bequem, Vermuthungen aufzustellen, und dann die Ge-
lehrten Siciliens zur Prüfung aufzufordern, ob es sich so ver-
halte; aber Fragen und Suppositionen von Möglichkeiten, die ebenso
gut auch nicht sein können, bilden doch noch keine Bereicherung
unserer Kenntnisse.

Für die chronologische Bestimmung der provenzalischen Dich-
ter und ihrer Werke haben gewöhnlich besser als die alten Bio-
graphieen die Anspielungen auf historische Begebenheiten gedient,
welche sich in ihren Liedern selbst finden. Dieses Mittel der

---

[1]) *Della Storia e della Ragione d'ogni Poesia.* vol. II. parte I, p. 159 ff.
[2]) l. c. p. 46 ff.

Bestimmung fehlt nun bei den Sicilianern fast gänzlich; wo hier auf geschichtliche Ereignisse hingedeutet wird, wie in Rinaldo d'Aquino's auf einen Kreuzzug bezüglichem Gedicht, geschieht es in zu allgemeiner Weise, als dass man den genauen Zeitpunkt daraus erschliessen könnte. Nur eine Anspielung von grösserer Präcision scheint sich zu finden, nämlich in der Canzone des Jacopo da Lentini: *Ben m'è venuto prima al cor doglienza.* D'Anc. VII, 33 ff.

> Voi so che sete sanza percepenza
>
> Como Florenza - - ched orgoglio sente.
>
> Guardate a Pisa, c'à gran conoscenza.
>
> Che fugge 'ntenza — d'orgogliosa gente.
>
> Già lungiamente — orgoglio v'à 'n balia;
>
> Melana lo carroccio par che sia.

Borgognoni (l. c. p. 52) liest hier offenbar richtig:

> Melan a lo carroccio par che sia.

wobei sich dann folgender Sinn der Stelle ergiebt: „Ihr seid, ich weiss es, ohne Einsicht wie Florenz, welches Stolz fühlt. Schauet doch auf Pisa, das grosse Klugheit besitzt, und das die Bestrebungen der Hochmüthigen meidet. Schon lange hat Stolz euch in seiner Gewalt; man meint Mailand mit seinem Carroccio zu sehen (wenn man euch betrachtet)." Man erkennt also hier deutlich den gibellinischen Dichter an Friedrichs Hofe; Pisa, das stets auf Seiten des Kaisers stand, wird gepriesen, Florenz und Mailand der Ueberhebung beschuldigt. Borgognoni bezog die Andeutung auf die Zeit zwischen 1245 und 1249, in dem Kriege nach dem Concil von Lyon. Aber der Ausdruck *Milano allo carroccio* scheint auf einen Zeitpunkt zu deuten, zu dem dieser Bannerwagen der Mailänder eine besondere Rolle gespielt hat. Dieses war nun der Fall in der Schlacht von Cortenuova 1237, in welcher die Mailänder und ihre Verbündeten geschlagen wurden, und der erbeutete Carroccio das Haupttriumpheszeichen Friedrichs bildete, so dass er denselben als solches an die Römer sandte, und einige Cardinäle seiner Partei ihn auf dem Capitol aufstellten, während die Guelfen ihn in Brand zu stecken suchten[1]).

---

[1] Huillard-Bréholles, l. c. p. CDLIV.

Als, wie es wenigstens sehr wahrscheinlich ist, die alte Lyrik
im Süden mit dem Hofe der hohenstaufischen Herrscher selber
erstarb, hatte sie schon seit einiger Zeit die neue Stätte gefunden,
an der sie nun fortlebte. Ueber den Weg, welchen die poetische
Tradition genommen hat, kann man nicht im Zweifel sein; offen-
bar ward sie zuerst nach Toscana verpflanzt. Guittone von Arezzo
dichtete schon im Jahre 1260 sein Lied auf die Schlacht von
Monteaperti (Canz. XLI): Monte Andrea, Cione Notajo, Orlandino
Orafo und andere Florentiner beschäftigten sich in Sonetten mit
den Ereignissen des Jahres 1268. Durch Guittone aber bestimmt
sich sogleich die Epoche vieler anderer toscanischer Dichter mit,
welche in poetischer oder prosaischer Correspondenz mit ihm stan-
den, so des Meo Abbracciavacca von Pistoja, des Bacciarone di
Messer Baccone von Pisa, an welchen Guittone's Brief XXVII ge-
richtet ist, und durch diesen wissen wir dann auch ungefähr die
Zeit des Pannuccio dal Bagno, des Lotto di Ser Dato und anderer
Pisaner, die mit ihm in Verbindung stehen. Mit Meo Abbraccia-
vacca correspondirt wieder Dotto Reali aus Lucca (Guittone, Let-
tere, XXXIV ff.) mit Monte Andrea Chiaro Davanzati, und so er-
hält man durch diese zahlreichen Correspondenzen noch für manche
Andere wenigstens die Sicherheit, dass sie derselben Periode ange-
hören; freilich genauere Daten fehlen auch hier, und die Einzel-
nen konnten wohl erheblich jünger sein als Guittone, welcher erst
1294 starb [1]), und der ihnen allgemein als Meister galt. Und als
seinen Meister bezeichnet ihn auch ehrfurchtsvoll Guido Guinicelli
von Bologna in einem Sonette, mit dem er ihm eine Canzone zur
Verbesserung übersendet (Val. 1. 101); er nennt ihn da seinen lieben
Vater, und Guittone antwortete ihm (Son. 150) väterlich als ein
älterer Mann. Dieses deutet darauf, dass die Bolognesen die poe-
tische Tradition eben aus Toscana erhalten haben, und damit
stimmen die wenigen, aber zuverlässigen biographischen Nachrichten,
welche Gaetano Monti über die bolognesischen Dichter zu sam-
meln vermochte [2]); denn sie weisen dieselben alle in eine etwas

[1]) Tiraboschi, *Stor. Lett.* IV, 401.
[2]) bei Fantuzzi, *Notizie degli Scrittori Bolognesi.*

jüngere Zeit wenigstens als Guittone selbst. Endlich scheint sich dieses auch in der Sprache dieser Dichter zu bestätigen, welche bereits toscanische Beeinflussung zeigt.

Die Einwirkung der provenzalischen Literatur ist bei den toscanischen Dichtern dieser Schule sicherlich keine geringere gewesen als bei ihren Vorgängern in Süditalien: ja dieselbe hat sich sogar direkt erneuert und verstärkt, wohl im Zusammenhange mit der Thronbesteigung Karls von Anjou und seiner provenzalischen Gemahlin, in deren Gefolge auch wieder Troubadours, wie Raimon Feraut, der spätere Verfasser der Legende von St. Honorat, nach Italien kamen. So zeigt Guittone von Arezzo in Styl und Sprache deutlicher als irgend einer das Studium der Provenzalen; er citirt sie mehrfach in seinen Briefen, und, wo er einmal (*Lett.* p. 58) eine Stelle von Peire Vidal anführt, da sieht man aus der Genauigkeit der Uebersetzung, wie wohl er mit der fremden Sprache vertraut war. Von Messer Migliore degli Abati, einem florentinischen Dichter, von dem ein ungedrucktes Sonett in A (343), und, wenn er, wie Trucchi glaubte, identisch ist mit Maestro Migliore, auch verschiedene andere gedruckte sind, berichten die *Cento Novelle* (nr 79), er habe vortrefflich provenzalisch gesprochen. Guittone, um den Tod des Frate Giacomo da Leona[1]) klagend, rühmt von ihm (Canz. XXII):

> Francesca lingua e provenzal labore
> Più dell' Artina è bono in te, che chiara
> La parlasti e trovasti in modi tutti.

Von Dante da Majano sind sogar zwei Sonette in provenzalischer Sprache erhalten. Ja eine der beiden alten provenzalischen Grammatiken, der *Donatz Proensals*, ist wahrscheinlich um diese Zeit in Italien und speziell zum Gebrauche für Italiener verfasst worden; sie ist gewidmet einem Jacobus de Mora und einem Conradus de Sterleto, und, wie Galvani vermuthete, dürfte der letztere identisch sein mit dem gleichnamigen Gönner Guittone's, an den sich das Geleit von Canzone XXV richtet, während den Namen des ersteren

---

[1] Er ist wohl eine Person mit dem Ser Jacopo da Leona, von dem drei Sonette bei Trucchi, I, 149 ff.

derselbe Galvani unter denen der Anziani von Pisa im Jahre 1264 fand [1]).

Der poetische Werth der ältesten italienischen Lyrik konnte, bei dem Mangel der Originalität, kein bedeutender sein. Wir haben hier eben eine junge Literatur, welche doch bei ihrer Entstehung schon die Züge der Greisenhaftigkeit und des Verfalls an sich trägt, weil sie sich in völliger Abhängigkeit befindet von einer anderen schon lange erwachsenen und raffinirten. Die sicilianische Dichterschule hat die Poesie der Troubadours in einer anderen Sprache und theilweise mit veränderter äusserer Form nachgeahmt; der Gehalt ist derselbe geblieben und nur um vieles ärmlicher geworden. Die neue Sprache übte hier keinen erfrischenden Einfluss: sie war wirklich nur ein anderes Gewand, das man dem alten Gegenstand äusserlich umgehängt, und bei dieser Neuerung hat die Poesie an ästhetischem Werthe nichts gewinnen können; im Gegentheil verlor sie in dem noch ungeschickten und schwerfälligen Idiom die Anmuth und Zierlichkeit, welche sie unzweifelhaft in dem ursprünglichen besessen hatte. Der Gegenstand, an dem sich die provenzalische Dichtung erschöpfte, die ritterliche Liebe, erscheint hier wieder in derselben Gestalt, welche ihr dort einmal typisch geworden war. Die Liebe ist demüthige, anbetende Verehrung der Dame; sie stellt sich dar als ein Dienen und Gehorchen, als das Verhältniss des Vasallen zu seinem Lehensherrn; die Dame, mit allen Trefflichkeiten und Reizen geschmückt, steht hoch über dem Liebhaber, der Gnade flehend sich vor ihr neigt:

---

[1]) s. hierüber „Die beiden ältesten provenzal. Grammatiken“, publizirt von E. Stengel, Marburg, 1878, p. 131. Die eine Handschrift hat am Schlusse die Bemerkung: *„librum composui precibus Jacobi de Mora et domini Coroni Zhuchii de Sterlleto“*, ib. p. 66. Bei Nannucci fand Galvani den Namen in der Form Corrado d'Osterletto; aber in der Ausgabe des Guittone von Valeriani steht geradezu Corrado da Sterleto wie im *Donat*. Stengel in jener seiner neuen Ausgabe der provenzalischen Grammatiken, p. XX, schliesst sich Galvani's Meinung nur theilweise an; er giebt zwar zu, dass der *Donat* in Italien verfasst sei, glaubt aber, nach der Sprache urtheilend, ihn noch in's 12. Jahrh. setzen zu müssen. Ob es aber wahrscheinlich, dass in so früher Zeit in Italien eine provenzalische Grammatik für Italiener verfasst worden?

er ist unwürdig, ihr zu dienen, aber seine Minne gleicht alle Unter-
schiede aus: die Dame ist grausam und lässt ihn vergeblich schmach-
ten, so dass ihn seine Schmerzen zum Tode führen: aber er darf
nicht aufhören, sie zu lieben; denn von Minne kommt aller Werth
und alle Tüchtigkeit; er muss ausharren: denn treuer Dienst führt
ihn endlich an's Ziel, und leidet und stirbt er, so ist es ihm Ruhm
und Ehre, da es für die Herrlichste geschieht. Dieser Ideenkreis,
in welchem sich die provenzalische Liebespoesie bewegt, hatte
schon in ihr selbst Conventionalismus und Monotonie hervorge-
bracht: in seiner typischen Wiederholung verhinderte er das freie
Hervorbrechen der Individualität: es war, wie Diez sagte, mehr eine
Poesie des Verstandes als des Gemüthes. Aber in der Provence
gründeten sich doch diese Ideeen auf etwas Reales, dort hatten sie
sich entwickelt und spiegelten eine Seite des wirklichen Lebens,
oder hatten sie wenigstens ehedem gespiegelt. Deswegen fehlt
wenigstens in den älteren dichterischen Versuchen nicht eine ge-
wisse Wärme, und die beständige Wiederkehr desselben Gehaltes
wird oft erträglich durch die Feinheit und Zartheit, mit denen er
behandelt worden ist. In Italien war es anders: hier entsprach
der gesellschaftliche Zustand jenem Gehalt der Dichtung durchaus
nicht: es waren von aussen her gekommene Ideeen, welche sich
nicht mehr auf ihrem natürlichen Boden befanden. Das Ritter-
thum, die sociale Gestaltung, welche seit den Kreuzzügen im Le-
ben der anderen Nationen eine so wichtige Rolle spielte, hat in
Italien nie eine nationale Grundlage gehabt: bisweilen kam es
wohl zum Vorschein an den Höfen; man gab Feste und veranstal-
tete Turniere, man stellte sich verliebt nach der Weise der
Troubadours und sang von Liebe nach ihrer Manier: aber Alles
das war nur künstlich, und, da es keine tieferen Wurzeln hatte,
so musste es bald wieder verschwinden; es war eine Nachahmung
fremder Sitten, hinter der in Wirklichkeit aber etwas ganz anderes
steckte. Das wahrhaft nationale Element war in direktem Wider-
spruche mit dem feudalen und ritterlichen Geiste und den socia-
len Bildungen, die er hervorgebracht: es war der Municipalismus,
der Geist der freien Commune, und erst, als dieser die Herrschaft
errang, erschloss sich auch die Blüthe eines selbständigen litera-

rischen Lebens. Und hiezu kam endlich noch eines: als die provenzalische Poesie in Italien neue Früchte tragen sollte, da hatte sie selbst die Zeit ihrer Reife schon überschritten und war einem schnellen Verfalle preisgegeben.

Was konnte unter diesen Umständen die älteste italienische Lyrik werden? Gesuchte und künstliche Ideeen in unbehilflicher Sprache, Gedanken und Gefühle, welche nicht mit der Realität im Einklange standen, die sich mit keinem eigenen Affekte im Inneren des Dichters verknüpften. Daher wird nicht allein die Gestalt der Dame zu einer leeren Abstraktion, sondern auch die Persönlichkeit des Dichters selber verschwindet. In der ganzen Reihe der uns überlieferten Gedichte ist es ziemlich gleichgiltig, welcher Name an der Spitze des einen oder des anderen stehe; gewisse Unterschiede sind wohl vorhanden, aber alle diese rein äusserlich, kein Zug, der eine Individualität des Dichters zeigte. Und dennoch fehlte es unter den Verfassern gewiss nicht an interessanten und bedeutenden Persönlichkeiten. Man denke nur an Friedrichs II buntes und stürmisches Leben, an seine Kriege gegen die Päpste und die lombardischen Städte, an seinen Zug in's heilige Land, oder an den blonden König Enzo und seine zweiundzwanzigjährige Haft im Kerker der Bolognesen; man denke endlich an Pier delle Vigne, Friedrichs allmächtigen Kanzler, an seinen jähen Sturz in die Tiefe des Elendes, das ihn trieb, sein Dasein mit eigener Hand zu enden, eine hochpoetische Gestalt, wie sie uns in der Göttlichen Comödie erscheint. Aber welche Enttäuschung, wenn wir die eigenen Gedichte dieser Männer in die Hand nehmen! Und wenn nun ihr Leben so reich an Poesie war, und ihre Verse so arm daran sind, so war der Grund eben der, dass, wenn sie sich anschickten, von Liebe zu singen, sie zuerst ihre eigene Persönlichkeit auszogen und nach einem gemeinsamen Typus dichteten, welcher mit ihren individuellen Empfindungen nichts zu thun hatte.

Die Troubadours nahmen lebhaften Antheil an den Welthändeln; sie hatten neben ihrer Liebespoesie politische und satirische Gedichte, und diese waren, wenigstens in der Zeit der Decadenz, der interessantere Theil ihrer Literatur, mannichfaltiger im Inhalt, näher der Wirklichkeit und ihren Leidenschaften, und

konnten nie zu solchem Grade der Conventionalität und Seichtig-
keit gelangen wie die unablässig nach demselben Tone wiederholte
Liebesklage. Die provenzalisch dichtenden Italiener des Nordens
nahmen diese Dichtungsgattung mit Erfolg auf: Sordel's Satire auf
die Fürsten bei Gelegenheit von Blacatz' Tode ist das hervor-
ragendste seiner Gedichte; Lanfranc Cigala's Serventes gegen den
Markgrafen von Monferrat. Peire de Caravana's Aufreizung der
Lombarden gegen Kaiser Friedrich sind voll warmer Leidenschaft-
lichkeit: in den Gedichten Bonifacio Calvo's und Bartolommeo
Zorgi's spiegelt sich lebendig der alte Hass der beiden Seerepu-
bliken Genua und Venedig gegen einander. Die Sicilianer hin-
gegen, die sich sonst so nahe ihren Mustern hielten, haben sich,
soweit man nach den erhaltenen Denkmälern urtheilen kann, von
ihnen gerade hier entfernt, wo die Nacheiferung am ersten hätte
fruchtbar werden können, und, zum Schaden ihrer Dichtung, schei-
nen sie sich nur mit der Liebespoesie beschäftigt zu haben. Die
einzigen Ausnahmen sind zwei dürre Moralisationen unter dem
Namen des Inghilfredi Siciliano:

Conoscenza penosa e angosciosa. Val. I. 138.

eine der auch in provenzalischen Serventesen so gewöhnlichen
Klagen über den Verfall der Zeit, und

Greve puot' uom piacere a tutta gente. ib. 144.

eine Klage über die Herrschaft der Thoren in der Welt; ferner
das moralisirende Sonett von König Enzo (Val. I. 177) und ein
anderes solches von Mazzeo Ricco (ib. 334).

Diese Zurückhaltung von einer Gattung, welche bei ihren
Vorbildern einen so bedeutenden Platz einnahm, ist schwerlich
eine bloss zufällige; vielmehr hatte sie wohl ihren Grund in jener
eigenthümlichen Auffassung von Zweck und Stellung der Vulgär-
sprache gegenüber dem Lateinischen, welche in Italien lange Zeit
herrschend gewesen ist. Als Dante in seiner Jugend noch an dem
allgemeinen Vorurtheil in Bezug auf die Sprache Theil nahm, von
welchem er selbst übrigens, trotz seiner späteren eifrigen Verthei-
digung des *volgare*, sich nie ganz befreit hat, schrieb er in seiner
Vita Nuova (XXV: „*Io primo, che cominciò a dire siccome poeta
volgare, si mosse però che volle fare intendere le sue parole a*

donna, alla quale era malagevole ad intendere i versi latini. E questo è contro a coloro, che rimano sopra altra materia che amorosa; conciossiacosachè cotal modo di parlare fosse dal principio trovato per dire d'Amore." So also mochten, fünfzig Jahre vorher, auch die Sicilianer denken. Die Dichter waren, soweit man ihren Stand kennt, hochstehende und gelehrte Männer, Fürsten, Richter und Notare; sie waren gewohnt sich des Lateinischen zu bedienen, wie es natürlich auch Pier delle Vigne in seinen Briefen that. Im *volgare* sangen sie nur von Liebe zu wirklichen oder fingirten Damen. Von Pier delle Vigne ist sogar eine lange lateinische Poesie erhalten, eine heftige Satire gegen die lasterhaften Mönche, welche sich in die Händel der Welt mischen und zu ihrem Vortheil den Unfrieden zwischen Kaiser und Papst anstiften[1]). Es ist ein Gedicht im volksthümlichen Tone, offenbar auf grosse Publizität berechnet. Ein Provenzale würde solchen Gegenstand im *volgare* behandelt haben, wie Guillem Figueira es that in seinem Serventese gegen die Clerisei und den beiden anderen auf die römische Curie.

In diesem Punkte zeigt sich jedoch eine wichtige Abweichung der toscanischen Dichter von denen des Südens. Die ersteren haben von vornherein den poetischen Stoff nicht so sehr eingeschränkt, und es findet sich bei ihnen weit mehr, was dem Charakter des provenzalischen Serventes entspricht[2]). Guittone's bestes Gedicht ist ein echtes politisches Serventes, die schon erwähnte Satire auf die Florentiner nach der Schlacht von Monteaperti (Canz. XLI). Dagegen besitzen sehr geringe poetische Vorzüge drei auf politische Begebenheiten bezügliche Canzonen von Pisanern, Pannuccio dal Bagno's

[1]. *Du Méril, Poésies populaires du moyen âge*, Paris, 1847, p. 163—177.

[2]. Der Name *Serventese* bezeichnete später in der italienischen Dichtung etwas anderes als in der provenzalischen; er bezog sich nicht sowohl auf den Gegenstand als auf die Form. Nur einmal scheint der Ausdruck im provenzalischen Sinne vorzukommen, nämlich Val. 1, 448, in dem Antwortgedichte des Lionardo del Gualacco auf das des Gallo Pisano; denn die Form dieses Gedichtes stimmt mit keiner der für das Serventese von Antonio da Tempo und Gidino da Sommacampagna angegebenen, und der Inhalt, eine Schmähung der Frauen, ist der des Rügeliedes.

La dolorosa noia. Val. 1, 356.

des Lotto di Ser Dato

Della fera infertà e angosciosa. ib. 390.

und Bacciarone's

Se doloroso a voler movo dire. ib. 412.

Es sind Klagen über Noth und Unterdrückung durch die schlechte
Signoria, welche sich der Stadt Pisa bemächtigt hat. Alle drei
gehen ohne Zweifel auf dasselbe Ereigniss, und, wenn man be-
denkt, dass diese Dichter Zeitgenossen Guittone's sind, so wird
es sehr wahrscheinlich, dass dieses Ereigniss die Unterdrückung
der gibellinischen Partei durch den Grafen Ugolino (1285) gewe-
sen ist, besonders da man bei Pannuccio (p. 358) liest:

> E già non è mostrato
>
> Che sol voler per lor fero e mortale,
>
> Il quale ha miso a male
>
> Ed a danno, volendo, loro terra,
>
> E perdute castella e piano in guerra.

also den Vorwurf des Verlustes der Castelle, den man allgemein
Ugolino und seiner Partei machte. Aus Lotto's Canzone sieht
man, dass er selbst sich im Kerker befand, und ebenso war es
Pannuccio ergangen, der in einem anderen Klagegedichte (Val. 1, 374)
sich an seinen Vetter um Hilfe wendet. Diese Bürger der tosca-
nischen Communen waren selbst zu tief in die politischen Bege-
benheiten verwickelt, als dass dieselben in ihren Versen nicht
hätten einen Widerhall finden sollen. Bei Guittone zeigen sich
noch viele andere Bezüge auf die öffentlichen Angelegenheiten; er
hielt es für sein Amt, mächtigen und hochstehenden Persönlich-
keiten, wie auch eben dem Grafen Ugolino und dem Giudice di
Gallura in Pisa (Canz. XXIII), seine moralischen Lehren zu er-
theilen. In der vaticanischen Handschrift 3793 steht ferner eine
Reihe interessanter politischer tenzonirender Sonette von florenti-
nischen Dichtern, Monte Andrea, Orlanduccio Orafo, Pakamidesse
Belindore, Schiatta di Messer Albizzo Pallavillani, Ser Cione No-
tajo und Beroardo Notajo. Sie sind noch nicht sämmtlich gedruckt;
aber ein Theil findet sich bei Trucchi 1, 182 ff.; acht derselben

nahm Cherrier als ungedruckt in seine *Histoire de la lutte des Papes*. etc.[1]) auf, theilweise in der That noch unbekannte, theilweise aber dieselben, welche schon Trucchi mitgetheilt hatte; ein anderes Sonett der Reihe hat endlich noch Grion publizirt[2]). Trucchi hatte die Beziehung der Gedichte fast durchweg verkannt, während Cherrier sie richtig auf die Erwartung der Ankunft Conradins und andere gleichzeitige Ereignisse (1268) deutete, die in Toscana grosse Aufregung hervorriefen. Diese poetischen Correspondenzen geben uns die verschiedenen Meinungen der ehrsamen florentinischen Notare über die Dinge der grossen Welt draussen. Eine solche Art der Dichtung freilich, welche sich mit realen Gegenständen und Ereignissen, mit den politischen Händeln anstatt mit den Schmerzen fingirter Liebe beschäftigt, tritt auch schon aus dem engen Rahmen der ältesten Lyrik heraus und ist ein bedeutender Schritt zur Selbständigkeit und Befreiung vom fremden Einfluss; es ist der Beginn einer neuen literarischen Richtung. deren weitere Aeusserungen an anderer Stelle in's Auge zu fassen sind.

Um die nämliche Zeit wie jene Sonette wurde eine eigenthümliche Canzone geschrieben, die in derselben Handschrift A (166) steht, beginnend:

Allegramente e con grande baldanza.

mitgetheilt bei Trucchi, 79, und von neuem als ungedruckt von Cherrier, p. 531. Die vaticanische Handschrift nennt den Verfasser Donna rigo, d. i. Don Arrigo, wozu Bembo[3]) schon anmerkte *fris regis hispanie*. Trucchi wollte statt dessen in dem Verfasser Heinrich, den Sohn Kaiser Friedrichs II, erkennen; aber ihm hätte man den spanischen Titel Don schwerlich gegeben, und Don Arrigo ist vielmehr eine ganz bestimmte, wohl bekannte historische Persönlichkeit; man nannte so in Italien den Infanten Don Enrique, Bruder König Alfons' des Weisen und Vetter Karls von Anjou, der 1266 nach Italien kam, zuerst mit Karl eng verbunden, durch

---

[1]) Paris, 1851, vol. IV, p. 527 ff.

[2]) Pozzo, p. 46.

[3]) oder Colocci, von dem nach Monaci (bei D'Anc. p. XXI) diese Anmerkungen in der Hs. herrühren.

seinen Beistand Senator von Rom ward, dann aber mit ihm zerfiel und einer der hauptsächlichsten Urheber und Unterstützer von Conradins Zuge wurde. An Conradin ist das Gedicht gerichtet, und Cherrier hat es als solches ganz richtig betitelt. Die Anspielungen in der Canzone sind so durchaus persönlich, dass man, ohne die Situation dieses Don Enrique zu kennen, den Inhalt gar nicht versteht, wie es offenbar Trucchi ergehen musste. So heisst es z. B. str. IV:

> Mora, per deo, chi m' ha trattato morte,
> E chi tien lo mio acquisto in sua balia
> Come giudeo —

was sich darauf bezieht, dass Heinrich eine Summe von 40,000 Dublonen, die er auf seinen früheren Kriegszügen erspart, in den Zeiten der Freundschaft an Karl von Anjou geliehen hatte, und dieser sie nun nicht herausgeben wollte[1]). Nach der Siegesfreude, welche das Gedicht erfüllt, und den Worten in str. V:

> Alto valore, ch'aggio visto in parte,

muss die Canzone kurz nach der Schlacht bei Ponte a Valle (25. Juni 1268) verfasst sein, welche den Muth der Gibellinen hoch anschwellen liess und sie fest auf den schliesslichen Erfolg vertrauen machte[2]). Auffallen muss es übrigens, dass ein Spanier, der erst seit zwei Jahren in Italien verweilte, in der Sprache dieses Landes dichtete; zwar wäre, wenn der Re Giovanni des Gedichtes D'Anc. XXIV wirklich der König von Jerusalem, Johann von Brienne ist, noch ein Ausländer unter den ältesten italienischen Dichtern; aber sein Aufenthalt in Italien hatte doch wenigstens viel länger gedauert.

Weit häufiger als der politischen Poesie begegnet man bei den Toscanern den Moralisationen. Zwei solche Gedichte befinden sich unter denen Buonagiunta Urbiciani's von Lucca (Val. 1, 479 u. 494), andere dichteten Monte Andrea, Dotto Reali, Pannuccio, Bacciarone, und nur gar zu zahlreich sind die weitschweifigen und trockenen Moralpredigten des *frate gaudente* von Arezzo. Beson-

---

[1]) Cherrier. l. c. IV. p. 160.
[2]) Giov. Villani, VII, 24.

ders gern moralisirte man in den Sonetten, in denen dann ein immer wiederkehrender Gegenstand die Lehre ist, wie man sich beim Glückswechsel gleichmüthig verhalten und in günstiger Lage nicht übermüthig werden soll, wie in Buonagiunta's

> De' uomo alla fortuna con coraggio.   Val. I. 513.

und

> Qual uomo è in su la rota per ventura.   ib. 515.

oder den beiden des Pucciarello von Florenz, Val. II. 218 f. Auch diese moralisirende Dichtung, so wenig absoluten poetischen Werth sie besitzen mag, ist doch immer, insofern sie mit realen Interessen des Lebens in Verbindung steht, ein Schritt über die Grenzen der alten Schule hinaus, deren typische Formeln hier ihre Anwendbarkeit verloren, und der Keim für eine neue und selbständige Entwickelung.

II.

Der Einfluss der provenzalischen Poesie.

Dass die Nachahmung der Provenzalen in Italien zuweilen bis zu direkter Entlehnung bestimmter Gedichte, mit geringerer oder stärkerer Modification, gegangen ist, das vermochte schon Diez wenigstens an einem Beispiel nachzuweisen[1]), nämlich dem Sonette des Messer Polo von Amore dem Räuber (Val. I. 128), welches nichts anderes ist als die Bearbeitung einer Strophe aus Perdigon's Gedicht: *Tot l'an mi ten amors d'aital faisso* (*Choix.* III, 348). Nannucci hat gleichfalls die beiden Gedichte zusammengestellt[2]), offenbar ohne von Diez' Vorgange etwas zu wissen. Unter den Liedern, welche Diez noch nicht bekannt sein konnten, findet sich noch mehreres derselben Art. Die 45. Canzone des Cod. Vat. 3793, die dem Jacopo Mostacci aus Pisa beigelegt wird[3]),

---

[1]) Poesie der Troubadours, p. 277.
[2]) in der 2. Ausgabe seines *Manuale*, I, 523 f.
[3]. gedruckt bei Grion, Pozzo, 31, und D'Anc. XLV.

ist in den ersten drei Strophen die sehr genaue Nachahmung eines provenzalischen Liedes, welches beginnt: *Longa sazon ai estat vas amor*, und welche in den Handschriften einer ganzen Reihe verschiedener Dichter zugeschrieben wird[1]. Das italienische Gedicht findet sich übrigens auch in der palatinischen Handschrift, und ist daraus abgedruckt bei Palermo, II. 89 f, theilweise in einer besseren Lesart als die vaticanische, so dass sich durch Vergleichung beider und mit Hilfe des Originals der Text in leidlicher Correktheit herstellen lässt. Es folge hier zunächst die provenzalische Canzone[2]:

1. Longa sazon ai estat vas amor
   Humils e francs et ai fait son coman
   En tot quan puec, qu'anc per negun afan
   Qu'ieu en sofris ni per nulha dolor
   De lieis amar non parti mon coratge,
   Vas cui m'era rendutz de bon talan,
   Tro qu'ieu conuc[3] en lieis un fol usatge.
   De quem dechai e m'a camjat mon sen.

2. Agut m'agra[4] per leial servidor;
   Mas tan la vei adonar ab enjan,
   Per que s'amors nom platz deserenan,
   Nim pot far be, qu'ieu en senta sabor;
   Partirai m'en, qu'aissi m'es d'agradatge,
   Pus qu'elhas part de bon pretz eissamen,
   E vuelh alhors tener autre viatge,
   On restaure so que m'a fach perden.

---

[1] s. nr 276 des Troubadourverzeichnisses in Bartsch's Grundriss zur Geschichte der provenz. Litt., womit zu vergleichen Paul Meyer's *Derniers Troubadours*, p. 149. Gedruckt ist das Gedicht im *Choix*, III, 245 als von Cadenet, M. G. 913 als von Peire Raimon de Tolosa, und nochmals eine Strophe daraus, *Choix*, V, 139, als vom Escudier de l'Isle.

[2] Da der provenz. Text fast ganz nach Raynouard ist, habe ich die Varianten aus M. G. nicht erst dazu gesetzt.

[3] R. conoisc, M. G. conuc.

[4] R. u. M. G. m'aura; der Sinn verlangt m'agra, welches der italienische Text bestätigt.

3. Ben sai, sim part de licis nim vir alhor,

    Que no l'er greu ni s'o tenra a dan,

    E si cug ieu saber e valer tan,

    Qu'aissi cum suelh enansar sa lauzor,

    Li sabria percassar son damnatge;

    Pero lais m'en endreg mon chausimen;

    Quar assatz fai qui de mal senhoratge

    Si sap partir e lunhar bonamen.

Es folgen noch zwei Strophen und Geleit, die hier kein Interesse haben, weil die italienische Nachahmung sie nicht aufnahm. Diese lautet folgendermassen:

    Umile core e fino e amoroso,

    Già fa lungia stagione, c'ò portato

    Buonamente ad Amore;

    Di lei avanzare adesso [1]) fui pensoso

5. Oltre podere; s'eo n'era afanato

    Nè—nde sentia dolore,

    Pertanto non da lei partia coragio,

    Nè mancav' a lo fino piacimento,

    Fin ch'io non vidi in ella folle usagio.

10. Lo quale avea; cangiat' ò lo talento [2]).

    Ben m'averia per servidore avuto,

    Se non fosse di fraude adonata [3].

D'Ancona, XLV = A. Palermo, II. 8° f. = P.

3. Lungiamente. P. al' Am. A. 5. intin ch'era. A. 6. Nonde. A. No ne senza. P. (die Aenderung ist nach dem prov. Texte). 9. Mentre non vidi. A. in essa P. 10. qual l'avea. P. 12. frode adornata. A.

[1]) adesso = immerdar.

[2]) D'Anc.: *Lo quale avea cangiato lo t.*, Pal.: *Lo qual l'avea.* Vermuthlich stand ursprünglich: *Lo qual m'avc cangiato lo talento;* doch schien die Aenderung zu stark.

[3]) Dem Verse fehlt eine Silbe. Was das *adonata* betrifft, so hat Palermo dazu gerade die betreffende Stelle des prov. Originals citirt. aber offenbar nur aus dem *Lerique Roman,* sonst hätte er bemerkt, dass er es mit einer Nachahmung des ganzen Gedichtes zu thun habe. Und doch scheint es, dass gerade dieses *adonare* nicht in demselben Sinne gebraucht sei wie im Original. *la cei adonar ab enjan* heisst: „ich sehe sie dem

Perchè lo gran dolzore

E la gran gioi, che m'è stata, rifiuto.

15. Ormai gioi, che per lei mi fosse data,

Non m'averia savore.

Però ne parto tutta mia speranza,

Ch'ella partia del pregio e del valore;

Chè mi fa uopo avere altra 'ntendanza,

20. Ond' io acquisti, che perdei d'amore.

Però se'n altra intendo e da ella parto,

Non le par grave nè sape d'oltragio.

Tant' è di vano affare;

Ma ben credo savere e valer tanto[1],

25. S'eo la soglio[2] avanzare, ca danagio

Le saveria trattare;

Ma non mi piace adesso quello dire,

Ch'eo ne fosse tenuto misdicente;

13. Di quello gran. P. 14. Or lo gran bene . . . stato. P. i'la rifiuto. A.
15. Giamai . . . . da lei. P. 16. favore. A. sapore P. 17. A ciò diparto
. . . . intendanza. P. ne porto. A 18. Ke la partì vie da honore. P. paria A.
19. Ke me non pote aver. P. 20. La'nd'eo . . . ciò k'eo. P. ciò che. A.
21. Se da llei parto e inu altra intendo. P. 22. No le sia greve e no le
sia oltr. A. 24. Ma io mi credo valere e savere t. P. 25. Poi la. A. solea
P. und ca fehlt. 26. La. P. contare. A. 27. 'desso . . . dare. P. In A ist
dieser und der folgende Vers verstümmelt:

Se non fosse nella qual eo
Dir tanto misdicente.

Truge sich zugesellen, sich mit ihm abgeben", wie sonst *s'adonar* gebraucht
wird, M. G. 1161, 2:

Et ab neguna gent bona
No s'atrai ni no s'adona.

In der italienischen Umarbeitung dagegen steht es im Sinne von „besiegen,
bezwingen", wie bei Dante. *Inf.* VI, 34 u. *Purg.* XI. 19, einer Bedeutung.
die freilich dem Provenzalischen ebenfalls nicht fremd ist, so z. B. M. G.
604. 4, sowie *Lex. Rom.* III. 11 und Diez. Et. W. II, 1. Vielleicht war
dem italienis en Dichter die andere Bedeutung des prov. Wortes nicht
bekannt, und so behielt er die Vocabel bei, indem er sie etwas anderes
sagen liess.

[1]) Der Reim fehlt, sowohl nach A als nach P.

[2]) soglio hat A., P. setzt *solea*; aber *soglio* im Sinne des Präteritums
ist wie provenz. auch altitalienischer Gebrauch.

C'assai val meglio, chi si pò partire
30. Da reo signor e allungiar buonamente.

Om, che si part' e allunga fa savere [1]
Di loco, ove possa essere affanato.
E tràne suo pensero;
Ond'io mi parto e tragone volere.
35. E dogliomi del tempo trapassato,
Che m'è stato fallero.
Ma non dotto; ch'a tale signoria
Mi son donato, ca bon guidardone
Mi donerà, perciò che no m'oblia:
40. Lo bon servente merita a stagione [2]).

29. Ke'sai. P. in A. fehlt chi si pò. 30. Dal reo. P. 32. Da loco . . .
dev'essere. P. 33. E tracta. P. 35. E doglio delo t. A. 36. stato fallire. A.
37—39 ist wieder in A ganz entstellt und sinnlos:
Ma non ò mi spere,
C'a tal segnora son servato.
Che buono guiderdone
Averagio, chè perzò ch'è'n obria.
40. ist nach A., in P. steht: Lo bon servente 'utra'n sua stasione.

Ein zweites Gedicht, welches einem bestimmten provenzalischen Muster direkt nachgebildet worden, rührt von Chiaro Davanzati her und steht nach der vaticanischen Handschrift bei
Trucchi, I, 153 ff. Das Original ist von Sordel und beginnt:

Bel cavaler me plai que per amor [1]).

Aber die Weise der Nachahmung ist hier eine andere gewesen
als bei dem vorigen. Jacopo Mostacci, tief in der Tradition der
sicilianischen Schule steckend, hält sich, wie wir sahen, seinem
Vorbilde sehr nahe, nur hat er dessen letzte Strophen fortgelassen

---

[1]) Diese 4. Strophe stand im Originale nicht.

[2]) no m'oblia unpersönlich, wie die Alten in Analogie mit *mi membra*,
mi sovviene sagten, also: „ich vergesse nicht den Satz der mich tröstet:
Der gut Dienende erhält zur Zeit seinen Lohn", ein häufiger Gemeinplatz.
so M. W. I, 164: *Auzit ai dir . . . . . Que qui ben sier, bon gazardon aten*.
D'Anc. XXVII, 64: *Chè nullo bon servente est' ubriato*.

[3]) Es ist nur in einer Hs. erhalten und danach gedruckt in M. G. 1261
und Herrig's Archiv, vol. 34. p. 401.

und an deren Stelle eine eigene gesetzt, wenn anders uns sein Gedicht vollständig vorliegt. Chiaro Davanzati gehört zu jenen Dichtern, welche den Uebergang der Literatur zu einer neuen frischeren Weise bezeichnen, und besitzt zugleich eine viel bedeutendere persönliche Begabung, wie das beweist, was sonst von ihm bekannt ist. Obgleich daher seine Nachahmung an einzelnen Stellen sich bis auf die Beibehaltung von Worten erstreckte, ja ihn sogar verleitete, einen cruden Provenzalismus, wie *gillo a mio danno* (*gel a mon dan*) im Sinne von „ich verschmähe" anzuwenden, so ist er doch im Ganzen sehr frei mit seinem Original umgegangen. Er fand ein Gedicht von zwei kleinen Strophen mit Geleit; der darin enthaltene immerhin etwas originellere Gedanke, ein Ritter sei an Liebe gestorben, das werde wohl die Frauen bekehren und sie mitleidsvoller machen, mochte ihm gefallen, und er verwendete ihn, mit Hinzufügung vieles Eigenen, für eine weit umfangreichere Canzone. Man könnte denken, das provenzalische Gedicht sei ursprünglich länger gewesen; aber die Art, wie Chiaro es benutzt hat, spricht dagegen: der Inhalt und theilweise die Worte jener zwei Strophen sind bei ihm in alle vier seines Gedichtes zerstreut:

Sordel.

1. Bel cavaler me plai que per amor
   Morie l'autrer en Flandres; car l'aman
   En seran trop mielhs crezut derenan
   Per las dompnas, quels tenon en error.
   Ben volgra, fos ab lui morta s'amia;
   Pois cascuna so que no cre creiria,
   Que on plus fan los fins amans languir,
   Plus van tarzan so que degran complir.

2. Per dreit pot om apelar fals' amor.
   Car m'aueis un ses un, al meu semblan;
   Car per nulh mal tan adreit non estau
   Dui mort ensems cum per cela dolor.
   Et esteram, se ad amor plazia,
   Melh viu jauzen; mas pois plai quels aucia.

Ad amor prec. no volha un sol aucir;
Quel vius trai peitz no fai l'autr' al morir.

Gel. Per que prec lei, que pot longar ma via,
Quem socorr', ans quel mals d'amor m'ancia,
Que, sel socors nom ven ans del morir,
A mon dan get lei e son repentir.

Chiaro Davanzati.

1. Non già per gioia ch'aggia mi conforto,
Ma perch' io veggio un uom morto d'amore
Per dritto amare ed esser servidore
A suo poder di donna tuttavia.
Ormai le donne, che il vedranno morto,
Ciascuna più pietanza avranno in core,
Veggendo, per assempro, lo dolore
Del buon amante, chi il tiene in obblia.
Ciascuna crederà veracemente
Quello, onde sono state miscredenti,
Che null' uom possa per amor morire.
Così fosse piaciuto all' alto sire,
Che la donna, per cui morto è l'amante,
Fosse morta con lui insieme avante,
Perchè ciascuna fosse poi credente.

2. In tanto posso dell' amor misdire,
Quanto ha morto un per lealmente amare,
E non l'ha già voluto accompagnare;
Che, se fosse, saria più gioi la morte,
Che all' amante saria maggior desire:
Se la donna con lui, al trapassare
D'esto secol, com' ei, volesse andare,
Già lo morir non gli saria sì forte;
E gli amador, che gioia van sperando,
Non viverian[1] languendo pur tardando:

_____

[1]. Tr. _ri rerrian._

Che l'altre donne non avrian dottanza [1].
E moverian lor cori a più pietanza,
Veggendo d'aguaglianza il guiderdone
Del danno e il pro, là ove amor li pone.
E credo a lor varria mercè chiamando [2].

3. Ancor d'un' altra cosa amor riprendo:
Da poi due ne congiunge in un piacere,
L'un pur tormenta e facelo dolere,
E l'altro non costringe di paraggio.
E molti n'odo, van di ciò dolendo,
Che non accompie mai lo lor volere.
Da poi ch'è morto, che val lo pentere [3]?
Ciò che ha sperato puote uom dir dannaggio.
Però, se amor piacesse [4], crederia,
Che più valore e pregio gli saria,
S'ammendasse di ciò ch'aggio contato.
Ancor che gentil cor lungo aspettato [5]
Non dispera per lunga sofferenza;
Ma dell' amor mi credo più valenza
Fora il donar là, ove il mistier pur sia.

4. Alcun poriami dir: folle, che fai?
Riprendi amor? non hai conoscimento.
Risponderò: sì hae valimento,
Che uccide ed altoreggia [6] cui gli piace;
Che m'ha fatto sentir delli suoi guai,
Ma ha ritenuto a sè lo piacimento;

[1] Der Sinn verlangt eher: *n'avrian dottanza*.

[2] besser wohl *alor curria*, d. i. *allora r. mercè chiamando* statt *il chiamar mercè*, das Gerundium statt des substantivischen Infinitiv wie sehr oft, besonders bei Guittone.

[3] Tr. *lo potere*, vgl. Str. 4: *che mi corrà di poi pentere*.

[4] *amor* wäre Casus obliquus ohne Praeposition als Dativ, wie die Alten öfters sagten: *se Dio piace*; aber hier stand wohl ursprünglich *s'u amor piacesse*, wie im prov. Original.

[5] *aspettato*, Subst., im Sinne von *aspettazione*.

[6] *altoreggiare* scheint identisch mit dem bekannten *altoriare = ajutare*.

A tal m'ha dato e messo a servimento,

Tardando assai languir forte mi face,

Però che allungar può [la] mia vita;

Se non provvede, innanti che perita

Sia, che mi varrà di poi pentere?

Gitto a mio danno il parlare e il vedere,

E se mia vita regna per languire [1]),

E non mi dona, me faria fallire [2]),

Se il suo valor di gioia non m'invita.

Gel. Va, canzonetta, a chi sente d'amore,

Che deggia Dio pregar per l'amadore,

Che morto e d'esta vita è trapassato,

Che ajuti lui ed ogni innamorato,

Ed alle donne umili lor durezza,

Che a' loro amanti donin più larghezza;

Non sempre sia lor vita con dolore.

In noch anderer Weise als hier ist die Entlehnung geschehen in einer Canzone des Notaro Giacomo:

Troppo son dimorato.

bei D'Ancona, IX, wo aber die beiden letzten Strophen fehlen, die nach Val. I, 277, zu ergänzen sind. Das Original ist von Perdigon: *Trop ai estat mon bon esper no ci*, gedruckt M. G. 512. 513[3]). Die Identität des Inhaltes ist augenscheinlich; in beiden klagt der Dichter über seine Entfernung von der Dame, schuldigt sich an, dass er thöricht genug war, sie zu verlassen; aber er selbst habe auch allen Schaden davon, u. s. w. Auch im Einzelnen zeigen sich allenthalben dieselben Gedanken, jedoch in einer ganz verschiedenen Reihenfolge, und ohne so auffällige Uebereinstimmungen des Wortlautes, wie bei den oben angeführten Gedichten. Man möchte daher denken, der italienische Dichter habe von dem pro-

---

[1]) *regnare* „daneru": wenn mein Leben in Schmachten sich fristet.

[2]) wahrscheinl. *me' saria fallire* = *meglio sarebbe morire*.

[3]) und auch *Lex. Rom.* I, 419. Arch. 35, 436: 36. 446: eine Strophe auch bei Stengel, Die Provenz. Blumenlese der Chigiana. Marburg, 1878, Nr. 89.

venzalischen Vorbilde nur eine nicht ganz bestimmte Erinnerung im Kopfe gehabt. An dem direkten Einfluss der Canzone Perdigon's auf diejenige des Notars kann aber kein Zweifel sein, wie die Zusammenstellung folgender Einzelheiten darthut:

str.	Jacopo.	str.	Perdigon.
I.	Troppo son dimorato	I.	Trop ai estat mon bon
	I' lontano paese . . .		esper no vi.
	E dico che follia	ib.	Car tan me luenh de la
	Me n'ha fatto allungare.		soa companha
			Per mon fol sen, don ane
	Lasso! ben vegio e sento,		jorn nom jauzi.
	Morto fosse, dovria	III.	Que s'agues mortz estat un
	A Madonna tornare.		an,
			Silh degra pueis venir de nan.
II.	Ca s'io sono allungato,	I.	Mas sivals leis no costa re,
	A null' om non afesi		Quel dans torna tetz sobre
	Quant' a me solo, ed i' ne so'		me,
	al perire,		Et on ieu plus m'en vau
	E ne so' il danegiato,		lonhan,
	Poi Madonna mi sfesi[1],		Meins n'ai de joi e mais
	Mio è 'l danagio ed ogne languire.		d'afan.
III.	Dunqua son io storduto[2]?		
	Ciò saccio certamente		
	Com quelli, c'à cercato ciò che	II.	Qu'ieu soi com cel qu'en
	tene . . .		mieg de l'aigas banha
	Cotanto di dolzore,		E mor de set . . .
	Amore e bona voglia	ib.	Qu'eu n'agra tot so qu'en
	Ch'io l'ò creduto avere.		deman,
			Si, quan fugim fos traitz
			enan.

---

[1] l. mispresi?

[2] so Val.: bei D'Anc. stordato.

IV. Lasso! chi m'ha tenuto?
    Follia deh veramente . . .
    Occhi e talento e core
    Ciascun per sè s'argoglia.

III. Ailas, quals foldatz mi rete.
    (M. G. 513).

Gel. 1. Cel que ditz, qu'al cor non
    sove
    D'aisso qu'om ab los huelhs
    no ve,
    Li meu l'en desmenton ploran
    El cor planhen e sospiran.

V. Senza Madonna, di cui moro
    stando . . .
    . . . morraggio,
    Se più faccio tardanza.

III. Quar no vei leis, que de
    mort me gueri.
ib. Grans merces es, quar mor-
    rai enaissi.

Jede einzelne Stelle beweist hier wenig; aber das Uebereinstimmen so vieler in demselben Gedichte kann nicht zufällig sein.

Ob nicht noch andere solche umfangreichere Entlehnungen sich unter den bereits publizirten Texten vorfinden mögen, wage ich nicht zu entscheiden; denn selbst das aufmerksamste Durchlesen genügt hierzu nicht, da, bei dem Charakter dieser Gedichte, welche zum grössten Theil einander so ähnlich sehen, es schwierig ist, aus der Menge die zusammengehörigen herauszufinden. Kürzere Stellen, die entlehnt worden, lassen sich indessen noch mehrere nachweisen. Eine Canzone des Stefano Protonotario, Val. I. 202, beginnt:

Assai mi piaceria,
Se ciò fosse, ch'Amore
Avesse in sè sentore
D'intendere e d'audire;
Ch'eo li rimembreria,
Come fa servitore
Perfetto a suo signore,
Meo lontano servire,
E fariali a savire
Lo mal, di che non oso lamentare.

Verse, welche ihm eingegeben worden durch Richart de Barbezieu's (Choix, III, 457, M. G. 1418):

Be volria saber d'amor.

S'elha ve ni au ni enten,

Que tan l'ai requist francamen

Merce, e de re nom socor . . .

Quar aten hom de bon senhor,

Cui serf de bon cor leialmen,

Tan tro que razos li cossen

De far ben a son servidor.

und hierbei bestätigt sich zugleich eine Bemerkung von Diez[1]), dass nämlich derselbe italienische Dichter mit demselben provenzalischen mehr als einen Zusammenhang zu zeigen pflegt; das Bild von der Tiegerin in jenem citirten Gedichte Richart's, str. 4:

Si cum la tigra el mirador, etc.

mag der Anstoss zur Anbringung desselben in Stefano's sicilianischer Canzone (bei Barbieri) gewesen sein, str. 2:

Quandu eu la guardu, sintiria dulzuri,

Ki fa[2]) la tigra in illu miraturi.

Aber in jener zuerst genannten Canzone Stefano's beschränkt sich die Gemeinsamkeit mit der provenzalischen auf den Anfang, der Rest ist in beiden ganz verschieden. So begann auch Bondie Dietaiuti ein Gedicht (Trucchi, I, 100) mit einem Bilde, welches ihm bei Bernart de Ventadorn (Chrest. 52) gefallen hatte, um sich dann sofort von ihm zu entfernen:

Bernart de Ventadorn.

Quan vei la lauzeta mover

De joi sas alas contral rai,

Que s'oblid' es laissa cazer

Per la doussor, qu'al cor li vai.

Ailas, quals enveia m'en ve

De cui qu'en veia jauzion.

Bondie Dietaiuti.

Madonna, m'è avvenuto simigliante

Com de la spera all' uccelletta avviene,

[1]. Poesie der Troubadours, p. 280.

[2]. Barbieri: *fu*.

Che sormonta guardandola in altura,

E poi dichina lassa immantinante[1])

Per lo dolzor, che a lo cor le viene,

E frange[2]) in terra, tanto s'innamora.

Die Entlehnung einzelner Bilder haben auch Diez und Nannucci in grösserer Zahl nachgewiesen, und bei anderer Gelegenheit ist auf sie zurückzukommen.

Dante da Majano fand zu Anfang eines Gedichtes von Aimeric de Pegulhan (M. G. 1001 und anderswo) in den Versen

Nulhs hom no sap, que s'es gangz ni dolors,

S'en son poder non l'a tengut amors;

Mas ieu sai be la dolor el turmen,

E res no sai, quals es sa benanansa . . .

einen Gedanken angedeutet, den er nun in einem Sonette weiter ausführte. Val. II, 486:

Null' uomo può saver, che sia doglienza,

Se non provando lo dolor d'Amore,

Nè può sentire ancor, che sia dolzore,

Finchè non prende della sua piacenza.

Ed eo amando voi, dolce mia intenza[3],

In cui donat' ho l'alma e'l corpo e'l core,

Provando di ciascun lo suo sentore

Aggio di ciò verace canoscenza.

Ein Sonett des Loffo Bonaguidi (Val. II, 261) ist, wie ich

---

[1]) Trucchi: *immantinente*.

[2]) *frangere* heisst hier „sich niedersenken, niederstürzen", eine Bedeutung, für die ich sonst kein Beispiel kenne; transit. — „lenken, wenden" kommt es aber öfters vor, so Grion, Serventese, p. 43:

Vattene a la chiù gente,

Che per su' amore mi frange in suo loco.

Cherrier, IV, 527:

S'è ita contro a noi largo suo corso

Ventura, encontra or tutta par lo fragna d. i. il corso.

(bei Cherrier *So ita* und *la fragna*).

[3]) *dolce mia intenza* „mein süsses Begehren".

glaube, entsprungen aus ein Paar Versen von Aimeric de Belenoi
(M. G. 191 und anderswo). Freilich hat Loffo, ein Dichter der
Uebergangszeit, und wohl sogar schon der neuen florentinischen
Dichterschule zuzurechnen, den Gedanken noch freier behandelt,
als es Chiaro Davanzati gethan:

Aimeric de Belenoi.

Aissi col pres, que s'en cuja fugir,
Quant es estortz, e pueis hom lo repren,
E li dobl' om son perilhos turmen.
Cugei ab genh de sa preison eissir
D'amor, que m'a tan duramen repres,
Que per nulh genh estorser nolh puesc ges;
Anc mais no fui en tan mala preiso,
Que genhs o sens nom degues tener pro.

Loffo Bonaguidi.

Com' nom, che lungamente sta in prigione
In forza di signor tanto spietato,
Che non ama drittura nè ragione,
Nè mercè nè pietà non gli è in grato,

Tener si puote a fera condizione,
Se 'n altra guisa non cangia suo stato:
In simil loco Amor lunga stagione
M'avea tenuto, ond' era disperato.

Or m'era per ingegno dipartuto
Del periglioso loco, ch' aggio detto,
E della pena in gran gioi rivenuto.

Più che davanti tenemi distretto;
Or come faragg' io in questo punto[1]).
Lasso, dolente me, che son sì stretto?

Aber, wenn man hier schon nicht mehr ganz sicher ist, ob
Loffo auch wirklich das bezeichnete Gedicht vor sich gehabt hat,
als er sein Sonett verfasste, so ist noch viel weniger die An-

---

[1] es fehlt der Reim.

nahme eines bestimmten einzelnen Originals am Platze bei der
grossen Menge der Stellen, an denen aus der provenzalischen
Lyrik wohl bekannte Gedanken erscheinen. Die provenzalische
war selbst eine Dichtung der Gemeinplätze; sie schwirrten gleich-
sam in der Luft, waren jedem Einzelnen geläufig und fanden sich
überall ein, ohne dass man sie von einem bestimmten Vorbilde
zu entlehnen brauchte, wenn sie auch freilich irgendwo zuerst zum
Vorschein gekommen sein müssen. Es ist eben ein umfangreiches
Repertorium, in welches ein Jeder hineingreift, um nach seiner
Bequemlichkeit zu nehmen, was er braucht. Die Conventional-
und Modepoesie hat dergleichen immer hervorgebracht; man denke
nur an die Petrarchisten. Es giebt kaum einen Troubadour, der
nicht seiner Dame gesagt hätte, er wolle lieber sie, auch ohne
jeglichen Lohn, lieben, als von einer anderen die höchste Gunst
erhalten, so z. B.

Folquet de Marselha, M. W. I. 330:

> Vos die, miclhs m'ave,
> Que per lieis ieu suefra jasse
> Mon dan, sitot a licis non cal,
> Qu' autram des s'amor per cabal.

Arnaut de Maruelh, ib. 155:

> Mais am de vos sol un desir
> E l'esperans' el lonc esper
> Que de nulh' altra sou jazer.

Gaucelm Faidit, M. G. 101, 2:

> E platz mi mais per leis pena durar,
> Que de nulh' autr' aver tot mon talen.

Und so folgte Guido delle Colonne dieser allgemeinen Gewohn-
heit, wenn er sang, D'Anc., p. 37:

> Che meglio m'è per ella pene avere
> Che per un' altra bene con baldanza.

und Dante da Majano, Val. II, 444:

> Meo cor più ama e vuole
> Di voi, dolce mia amanza,
> Istare in disianza,
> Che d'altra aver compita gioi d'amore.

und ein anderer, D'Anc. XCIV, 29:

> Che meglio vale aver di voi speranza,
> Che d'altre donne aver ferma certanza.

ib. 39:

> Meglio mi sa per voi mal sostenere,
> Che compimento d'altra gioia avere.

und so noch oft, immer in derselben Weise. Kaum einen Trou-
badour giebt es, der nicht einmal versichert, er wolle nicht mäch-
tiger Fürst, nicht König der Welt sein, sollte er darum seine
Dame verlieren, wie beispielsweise

Pons de Capduelh, M. G. 1035, 2:

> Que neis no vuelh esser reis poderos
> De tot lo mon per tal que sieus no fos,
> Ni que de lieis servir cor mi sofranha.

und so D'Anc. XL, 43:

> E non vorrei essere lo segnore
> Di tutto il mondo, per aver perdita
> La sua benivoglienza.

und, wenn Arnaut Daniel, M. W. II, 72, betheuert:

> E no vuelh ges ses lieis aver Lucerna
> Nil senhoriu del rene per on cor Ebres.

so versichert ein Sicilianer, D'Anc. XXIII, 45:

> Ca se tutta Messina fosse mia,
> Senza voi, donna, niente mi saria.

Die Beschäftigung mit all diesen stets wiederkehrenden Ge-
danken und Wendungen hat sicherlich nicht viel Anziehendes, und
es ist nicht zu verwundern, dass man für die alten italieni-
schen Lyriker dergleichen Zusammenstellungen nur gelegentlich
gemacht hat, wie dies Nannucci in seinem *Manuale* that. Aber
eine solche Betrachtung ist nicht ohne Nutzen, ja sogar nothwen-
dig, wenn man sich über den Grad der Abhängigkeit von den
Provenzalen und über den durchaus typischen Charakter dieser
Poesie klar werden will. Zugleich vermag die Aufzählung, nicht
etwa aller, aber einer Auswahl solcher Gemeinplätze zur Ergänzung
und Erläuterung dessen zu dienen, was oben nur in aller Kürze

über den Gedankenkreis der sicilianischen Dichterschule gesagt
worden ist.

Der Dichter versichert die Dame seiner unverbrüchlichen
Treue: er dient und gehorcht ihr wie der gute Vasall seinem
Lehnsherrn; daher nennt er sich mit dem feudalen Ausdruck
ihren Mannen:

Bern. de Ventadorn, M. W. 1, 21:

> Domna, vostr' om sui e serai,
>
> Al vostre servizi garnitz,
>
> Vostr' om sui juratz e plevitz.

G. Faidit, M. G. 189, 5:

> Vostr' oms juratz e plevitz
>
> Sui en faitz et en parvensa.

D'Anc. XXIV, 1:

> Donna, audite, como,
>
> Mi tegno vostro omo
>
> E non d'altro segnore.

Val. 1, 256:

> Ben so, che son vostr' uomo,
>
> S'a voi non dispiacesse.

Sie steht hoch über ihm, und er wäre unwerth, ihr zu dienen;
nur seine Treue macht ihn dessen würdig:

Bern. de Ventadorn, M. W. 1, 42:

> Mas no s'eschai.
>
> Qu'ilh am tan bassamen;
>
> Pero ben sai,
>
> Qu'assatz fora avinen;
>
> Quar ges amors segon ricor no vai.

Bonifaci Calvo, M. G. 616, 1:

> Tant auta dompnam fai amar
>
> Amors, e qu'es tan bell' e pros,
>
> Que sol dignes [1]) de desirar
>
> S'amor no sui [2]) ni vol razos.

---

[1]) M. *deingnes.*

[2]) M. *sui.*

Val. II, 5:

> Per servire a voi non seria degno;
> Ma voi, sovrapiacente,
> In vostra mente, solo nel meo guardo
> Conoscete, che in cor fedele regno.

und er tröstet sich damit, dass oft der Niedere emporsteigt und Grosses erreicht:

Choix, III, 317:

> Qu'amors me ditz, quant ieu m'en vuelh estraire.
> Que mantas vetz puei' om de bas afaire
> E conquier mais que dregz nol cossentria.

D'Anc. III, 10:

> Ca spesse volte vidi ed è provato,
> Como di poco affare,
> Per venire in gran loco,
> S'ello sape avanzare,
> Moltiprica lo poco conquistato.

Raimon Jordan, M. G. 786, 6:

> .... qu'ieu vei manhtas sazos
> l'aubr' enrequir per bon afortimen,
> Per qu'ieu en vos afortisc mon coratge.

D'Anc. XXVIII, 15, verbessert mit B, 237:

> Ca povero omo avene
> Per aventura a bene,
> Che monta ed ave assai di valimento;
> Però non mi scoragio [1]).

Duldet er auch Pein, so will er doch ausharren; denn wer liebt, der muss dulden:

Peirol, M. W. II, 28:

> Grieu er d'amor jauzire.
> Qui non es francs sufrire.

---

[1]) vgl. auch M. G. 288, 3; die *cobla* bei Stengel, *Riv. di Fil. Rom.* I, 40, no 73; D'Anc. LXXXIII, 3; Dante da Majano, Val. II, 449.

Dante da Majano, Val. II, 445:

> Cui ben distringe Amore in veritate,
> Sofferirlo convene,
> S'acquistar vuole ciò, che va cherendo.

Val. I, 134:

> Qualunque vuole amare,
> Sia in amor giachito e sofferente.

Dulden führt an's Ziel: *Que bos suffrire Conquier suffren*, sagt Pons de Capduelh (Mussafia, *Cod. Est.* XIII, 3) und Brunetto La-tini, Trucchi, 167:

> Che lo buon sofferente
> Riceve usatamente
> Buon compimento dello suo desire.

Und hierbei ist wieder stehend das Bild vom treuen Diener, wel-cher Lohn zu erwarten hat, und vom guten Herrn, der die Dienste wohl vergilt:

Arnaut de Maruelh, M. W. I, 164:

> Auzit ai dir, per quem sui conortatz,
> Que, qui ben sier, bon gazardon aten,
> Ab quel servirs sia en luec jauzen.

D'Anc. LXIV, 6:

> Confort' agio del mio intendimento;
> Che ben conosco, e già agio provato,
> Ch'ogne bono servire è meritato,
> Chi serve a buon segnore a piacimento.

Peire Vidal, XIII, 5:

> Qu'ab servir et ab honrar
> Conquier hom de bon senhor
> Don e benfait et honor.

Val. II, 8:

> Ca lo dispero non ave podere,
> Acciò ch'allo signor di valimento
> Non fall' avvedimento
> Di provvedere li leai serventi.

Die Anbetung so hoher Dame geschieht mit Schüchternheit, mit Besorgniss zu missfallen und zugleich in steter Sorge um die ungestörte Dauer der Liebe. Rechte Minne muss sich mit Furcht paaren, sagten die Troubadours:

Arnaut de Maruelh, M. W. I, 164:

> Que mielhs ama selh que prega temen,
> Que no fai selh, que prega ardidamen.

Bern. de Ventadorn, ib. 16:

> Mas greu veiretz fin' amansa
> Ses paor e ses duptansa.

G. Faidit, M. G. 460. 5:

> Com non pot ben amar
> Lialmen ses duptar.

D'Anc. XLII, 12:

> C'amar sanza temer non si convene.

Raimon Jordan, M. G. 786. 1:

> Quar qui non tem, non ama coralmen.

D'Anc. XLVII, 14:

> E chi non teme, non ama san faglia.

Chiaro Davanzati, Cod. A. 572:

> Chi non teme, non pò essere amante.

Val. I, 152:

> Chè Amore è piena cosa di paura.

und dieser Satz wiederholt sich bis zum Ueberdruss:

Val. II, 415:

> Ch' Amore è piena cosa di dottanza.

ib. I, 175:

> Amor pien' è e cresce di paura.

Dante da Majano, Val. II, 175:

> Ch' uomo, ch' ama di core, è temoroso.

u. dgl. m.

Daher wagt der Liebhaber seine Leidenschaft der Dame nicht zu gestehen; oft wohl ist er entschlossen, hat seine Erklärung in Bereitschaft, aber in ihrer Gegenwart verstummt er, ihr Anblick verwirrt ihn, lässt ihn alle wohlgesetzten Reden vergessen:

G. Faidit, Chrest. 144:

> Car maintas sazos m' ave.
> Qu' ab tota fait' acordansa
> Domnaus eug preiar de me,
> E pois, quan mos cors vos ve,
> M'espert e non ai membransa
> Mas sol de vos esgardar.

Arn. Daniel, M. W. II, 75:

> Qu' ades ses licis dic a licis cochos motz,
> Pois, quan la vei, no sai, tant l'am, que dire.

Val. I, 317:

> Assai fiate mi muovo coraggioso
> Di dirvi, come dicon gli altri amanti;
> Poichè so' 'nanti a voi, viso amoroso,
> Li miei pensier di parlar sono affranti [1]).

D'Anc. XXXIX, 25:

> Così Amor m'assicura,
> Quando più mi spavento,
> Chiamar merzè a quella a cui son dato;
> Ma, poi la veo, ublio zò c'ò pensato.

---

[1] *affragnere* = „berauben", wie an vielen andern Stellen:
Val. II, 185:

> E ben seria di bon savere affranto.
> Chi fredda neve giudicasse foco.

Nan. Man. I, 113:

> Condotto l'Amor m'ave
> In sospiri ed in pianto,
> Di gioia m'ha affranto — e messo in pene.

Tommaso da Faenza, Zambrini, *Op. volg.* p. 385:

> Rinchius' ài fra lo pecto
> Cosa ke t'àe del ver dire affranto.

Cino da Pistoja (im Sonett: *Ahi doloroso*):

> E ciascun giorno rinovello in pianto
> E son affranto — d'ogni allegramento.

affragnere auch intransit. „fehlen", wie prov. *sofranher*:
Dante da Majano, Val, II, 488:

> E voglia d'amar lei sì mi distringe,
> Che temo, el tempo in ciò sol non m'affragna.

Aber wagt er es nicht mit Worten sich zu erklären, so spricht
sein Antlitz deutlich genug, in seinen Mienen mag also Madonna
lesen, wie treu er ihr ergeben, und was er von ihr ersehnt:

Folquet de Marselha, M. W. I. 329:

> Per so nous aus mon cor mostrar ni dire,
> Mas a l'esgart podetz mon cor devire.

Aimeric de Pegulhan, M. G. 1002, 4:

> e ma simpla semblansa
> Podetz saber mon fin cor ses duptansa,
> E vos, sius platz, prendetz n'esgardamen.

D'Anc. LXXXIII. 37:

> Però, donna avenente,
> Per Dio vi priego, quando mi vedete,
> Guardate me, cosi conoscerete
> Per la mia cera ciò che 'l mio cor sente.

Möge sie ihm geben, auch ohne dass er verlangt; denn das
angenehmste Geschenk ist dasjenige, welches ungefordert darge-
boten wird:

Albert de Sestaro, M. G. 785, 3:

> Quar, qui ben fai, non es dregz quel car venda:
> Qu'assatz val mais ez es plus saboros,
> Quan ses querre es fachz avinens dos,
> Quez ab querer, sol qu'om trop noi contenda.

Dante da Majano, Val. II. 475:

> Ma quello è 'l dono, ch' uom più ave in grato,
> Qual senza dimandar trova piacere.

Ders. ib. 483:

> Ma doppio dono è donna (l. d'uomo?) per usanza,
> Che dà senza cherer al bisognoso.

Der Preis der Dame, die Schilderung ihrer Schönheit und
ihres Werthes geschieht in allgemeinen Ausdrücken; alle treff-
lichen Eigenschaften sind in ihr, Anmuth, Liebreiz, Verständigkeit
und feine Sitte: sie wird die Blume und der Spiegel der Frauen
genannt:

Peirol, M. W. II, 30:

> Qu'ilh es miralhs e flors
> De totas las melhors.

G. Faidit, M. G. 488, 3:

> Quar vos etz flors e miralhs de valor
> D'autras domnas.

D'Anc. XVII, 40:

> quella, ched è 'l fiore
> Di tutte l'altre donne, al meo parere.

Friedrich II, Val. I, 55:

> voi, che siete fiore
> Sor l'altre donne e avete più valore.

D'Anc. LIII, 143:

> Istella d'albore,
> E siete miratore.

Val. II, 5:

> D'ogni valor gradita,
> Di beltate e di gioia miradore,
> Dove tuttore — prendono mainera   (Val. prendendo),
> L'altre valente donne di lor vita.

Sie ist das Musterbild der anderen Frauen, an dem sie sehen, wie sie sich zu benehmen haben, und so nennt sie Bondie Dietaiuti (Trucchi, 1, 101) geradezu *chiaro miraglio ed amoroso*.

Dergleichen Ausdrücke kehren unendlich oft wieder; die italienischen Dichter nennen ihre Dame besonders häufig *rosa, rosa ardente, rosa fresca, rosa colorita, rosa di maggio,* u. s. w., und so die *Rosa fresca aulentissima* des sogenannten Ciullo d'Alcamo. Oder man sagt von ihr, sie übertreffe die lieblichsten Frauen, wie die Rose die anderen Blumen:

Peire Vidal, V, 31:

> Que bel' es sobre las gensors
> Plus que rosa sobr' autras flors.

D'Anc. VIII, 23:

> Passate di bellezze ogn' altra cosa
> Come la rosa passa ogn' altro fiore.

Die Dame gleicht dem Morgenstern (*stella d'albore*, *stella d'oriente*, *stella Diana*): sie ist die *chiarita spera*, d. h. ihr Antlitz gleicht der leuchtenden Sonnenscheibe; sie glänzt schöner als Edelsteine:

Cadenet, M. G. 303, 1:

> Ai doussa flors benolens,
> Plus clara que flors de lis
> ‚Ni miracdes ni robis
> Ni carboncles resplandens.

D'Anc. XLIII, 24:

> . E passa perle, smeraldo e giacinto.

ib. LXXXV, 19:

> Quella, c'avanza giachinto e smeraldo.   (Val. *che passa*.)

ib. LXXXII, 31:

> Che vostri assettamente
> Passassero giachinti stralucente.

Es ist immer dasselbe Bild abstrakter Vollkommenheit, erstarrt in conventionellen Prädikaten, ohne Leben und Bewegung; ihre Reize werden nur in den allgemeinsten Zügen geschildert; von einer Individualität der Frau findet sich hier natürlich keine Spur. Diese ganz äusserliche Lobpreisung sucht durch Hyperbeln zu ersetzen, was sie durch innere Kraft nicht zu leisten vermag. Die Dame ist so herrlich, sagen die Dichter, dass es ihres Gleichen nicht geben kann: Gott hat kein so vollendetes Werk geschaffen wie sie:

Peire Vidal, XXXVI, 27:

> Qu'anc deus no fetz tant avinen jornal
> Cum aicel jorn queus formet de sa man.

A. de Pegulhan, M. G. 604, 5:

> Anc dieus non fetz sa par ni antretau.

D'Anc. XXXI, 6:

> C'altra più bella o pare
> Non poria rinformare
> Natur' a suo podire.

Gott setzte besondere Kunst darein sie zu bilden; er dachte an nichts als sie, da er sie erschuf:

Peire Vidal, IV, 64:

> E quan la vole bastir
> Deus, mes i son albir,
> Q'en ren als no l'avia.

Val. II, 237:

> Non credo veramente,
> Ched altro avesse a mente,
> Quando fe Dio si bella criatura.

Sie ist so einzig in ihrer Vollkommenheit, sagt ein anderer, dass, würde er ihre Reize beschreiben, er damit schon verrathen hätte, wen er liebe; denn jeder würde sie aus der Schilderung erkennen, auch ohne dass sie genannt wäre:

Blacasset, M. G. 151, 2:

> Car s'ieu lauzan vostre gen cors dizia
> So que per ver faissonar i poiria,
> Sabrion tuich, de cui sui fis amans,
> Per qu'eu en sui de vos lauzar doptans.

Raimon Jordan, Choix, V. 381:

> De lieis lauzar no serai trop parliers,
> Qu'entendrion, de cui sui cavaliers,
> S'ieu dizia lo quart de sa valensa.

D'Anc. XLVII, 21:

> E poi ch'io fosse da tal donna amato,
> Com' eo, che se contare lo volesse
> Le sue bellezze certo non porria,
> Poi si savria,
> Qual' este quella donna, per cui canto.
> Die ersten Zeilen scheinen verdorben.)

Niemand hat so hohe Liebe wie er, der die Einzige anbetet:

Raimb. de Vaqueiras, M. W. I, 365:

> Anc non amet tant aut cum ieu negus
> Ni tan pros domna.

4

D'Anc. XCII, 9:

> Null' om si altamente
> Credo sia 'namorato
> Nè si coralemente
> Agia amore incarnato,
> Com' agio in voi, sovrana.

Daher ist überschwänglich seine Empfindung für sie; seine Pein führt ihn zum Tode, von dem sie allein ihn retten kann:

G. Faidit. M. G. 180, 2:

> Que totz mos coratges m'en pen
> Vas celieis, quem pogra guerir.
> E s'ilh non a de me merce,
> Pot saber, que morai dese.

D'Anc. LXXVII, 7:

> Ben mi poria campare
> Quella, per cui m'avene
> Tutto questo penare.

Er stirbt; aber süss ist ihm selbst der Tod, wenn es ihr gefällt:

Peire Vidal, XXXVI, 32:

> Si m'aucizetz, honratz sui e jauzens.

Val. II, 7:

> Sed eo prendesse morte
> A vostro grado, me ne piaceria.

Blacasset, M. G. 151, Gel.:

> Sius platz, dompna, que fin' amors m'aucia
> Vos desiran, ja nous cuidetz, quem sia
> Enois en re, ans, sius es plazers grans,
> Serai totz temps de ma mort desirans.

Nan. Man. I, 70:

> che non è noia
> Morir, s'ella n'ha gioia;
> Chè sol viver mi piace
> Per suo servir verace.

Sie hat ihn so gefesselt, dass er nicht von ihr lassen kann, und so mag sie nicht fürchten, dass er sich je einer anderen zuwende:

G. Faidit, M. W. II. 105:

> Ja ma doua no eug, de licis me vir,
> Ni altr' amors ja lim tolha ni m'aia . . .

Dante da Majano, Val. II. 440:

> Nè già per altra lo meo cor non svio
> Nè si poria allegrare.
> Sì aggio fermo in voi, bella, el volere.

Die Liebesbezeugung einer anderen hilft ihm nichts:

Uc de S. Circ, M. G. 78. 5:

> S'ella nom val, ja autra no m'aint
> Ni me .volha nim fassa bel semblan;
> Car s'il nom vol, autre joi non deman.

D'Anc. XLI. 15:

> Non m'è neente,
> Sed io son d'altr' amato . . . .
> E giamai dal mio core non si parte,
> Nè altra donna amar no mi sovene.

Er trägt ihr Bild in seinem Herzen, und, ist er fern von ihr, so erblickt er sie dort wie in einem Spiegel:

Aimeric de Belenoi, M. G. 57. 3:

> Que mos leials cors m'es
> Miralhs de totz sos bes.
> Que, quand alhors cortei,
> Pensan ab licis dompnei.

Ders. ib. 194. 2:

> Que mon cor m'es miralhs de sa faisso.

D'Anc. XLI, 31:

> Membrandomi la sua cera piagente,
> Veder la creo tutta per sembianti;
> Com' om, ca lo specchiare tene mente. [1])
> Così mi pare ch'io l'agia davanti.

---

[1]) nicht c' *a lo sp.*, wie D'Anc. setzt; denn *tener mente, por mente* „anschauen" haben bei den Alten das Objekt ohne Präposition.

Nan. Man. I. 196:

> Com' uomo nello speglio
>
> Si vede affigurato,
>
> Così il suo stato — paremi vedere.
>
> wozu bei Nannucci noch andere Parallelstellen).

Im Traume glaubt er oft bei der geliebten Dame zu sein:

Aim. de Belenoi. M. G. 899. 5:

> Mot me tine per pagatz d'un ser,
>
> Qu'en fui entre sous poderos;
>
> Ai dieus, e com era joios,
>
> Quim laisses dormir a lezer.

Arn. de Maruelh, M. W. I. 165:

> Soven m'aven la nueg, quan sui colgatz;
>
> Qu'ieu sui ab vos per semblan en durmen;
>
> Adones estauc en tan ric jauzimen,
>
> Qu'ieu non volgra ja esser rissidatz.
>
> vgl. auch M. G. 657, 5 u. 211, 5).

D'Anc. XLI. 25:

> Perzò m'avenc,
>
> Ca, s'io sogno, la veio;
>
> Dormo e donneo.
>
> Vegliar mi creo;
>
> Mai non desio
>
> D'aver null' altro bene.

Wäre er gegen Gott so treu, wie er es gegen sie ist, das Paradies wäre ihm gewiss:

Guillem de Cabestanh. M. W. 1, 114:

> S'ieu per crezensa
>
> Estes vas dieu tan fis,
>
> Vius ses falhensa
>
> Intrera en paradis.

Guittone, son. 93:

> Che se verace sì fuss' io ver Deo,
>
> Com son ver voi, vivrei senza timore.
>
> — Ne gire' a[l] loco, ov' è Santo Matteo[1]).

---

[1] oder   *Ne girea loco* = *ne giria loco,*
wo *loco* das bei den Alten gebräuchliche Ortsadverbium wäre.

Aber ihre Liebe ist ihm theurer als das Paradies selber:

Arnaut de Maruelh, M. W. 1, 169:

> Que sim lais dieus s'amor jauzir.
>
> Semblariam, tan la desir,
>
> Ab lieis paradis us desertz.

d. h. „so wahr Gott mich ihre Liebe geniessen lassen möge, mit ihr würde mir eine Oede das Paradies scheinen". Vielleicht ist aber in *Ses lieis* zu ändern: dann wäre es ein Gedanke, der mit feinerer Wendung wiederkehrt in dem Sonette des Jacopo da Lentini: *Io m'aggio posto in core a Dio servire*. Val. 1, 319.

Raimon Jordan versteigt sich zu der oft angeführten Ketzerei: Choix, V, 380 (*Parn. Occit.* 202):

> Que s'era cochatz de mort.
>
> Non querri' a dieu tan fort,
>
> Que lai el sieu paradis
>
> > M'aculhis,
>
> Com quem des lezer
>
> D'una nueg ab lieis jazer.

D'Anc. XCVII, 49:

> Si forte mio Dio siete,
>
> Che d'altro paradiso
>
> Giamai non metto cura.

D'Anc. Son. 11:

> Potendo vostro servo dimorare
>
> Più paradiso lo mio cor non crede.
>
> > (D'Anc. vermuthet *chiede*.)

(s. auch D'Ancona's Bemerkung, *Propugnatore* VII, 1°, 56 f.)

Die Dame war ihm gnädig; sie hat begonnen, ihn zu belohnen, und da *Amore* sich ihm freundlich zeigt, so geziemt es sich, dass er seine Freude kund thue und singe:

B. Calvo, M. G. 616, 5:

> Nom puesc tener de parven far.
>
> Com sui ben amans e joios;
>
> Car amors m'a volgut honrar
>
> Mais d'amador, c'anc el mont fos.

D'Anc. L. 1:

> Ben mi degio alegrare
>
> E far versi d'amore.
>
> Ca, cui son servidore,
>
> M' à molto grandemente meritato.

Er singt in der schlimmen Jahreszeit wie in der guten, nicht bloss im Mai, wie die schlechten Liebhaber:

M. G. 249, 1 (Peire Vidal. Anh. III):

> Ges per lo freit temps no m'irais.
>
> Ans l'am tan com fatz la calor;
>
> C' altresi pose aver d'amor
>
> En envern bon' escarida.

D'Anc. XXIII. 53:

> Cà s'eo canto la state.
>
> Quando lo fiore apare.
>
> Non poria ubriare
>
> Di cantar al freddore.
>
> Così mi tene Amore — il cor gaudente.

vgl. über den Gemeinplatz von den Sommersängern Matzner.
Altfrz. Lieder, p. 117.

Wohl hat er lange Pein erduldet; aber die Freude nach den Schmerzen ist nur um so süsser; gesegnet seien daher die vergangenen Leiden:

Perdigon, Choix. III, 344 (M. G. 1413, 1):

> Ben aiol mal e l'afan el cossir.
>
> Qu'ieu ai sufert longamen per amor;
>
> Quar mil aitans m'en au mais de sabor
>
> Li ben, qu'amors mi fai aras sentir.

D'Anc. XXII, 25:

> E per un cento m' à più di savore
>
> Lo ben, e'Amore mi face sentire.
>
> Per lo gran mal, che m' à fatto soffrire.

Perdigon, ib.

> si lo mals no fos
>
> Ja negus bes no fora saboros.
>
> Dones es lo mals melhuramens del be,
>
> Per qu'usquecs fai a grazir quan s'ave.

D'Anc. ib. 37:

> Xeiente vale amor sanza penare;
> Chi vuole amar, convene mal patire,
> Onde mille mercè n'agia lo male.

D'Anc. L. 7:

> Ben agia lo martore,
> Ch' io per lei lungiamente agio durato.
> und dgl. öfters.

Allein häufiger erscheint die Dame als grausam und unerbittlich. Sie hat alle trefflichen Eigenschaften, nur Liebe und Gnade fehlt:

Folquet de Marselha, M. W. 1, 324:

> Car ilh val tan, sous plevis,
> Que, si sol merces i fos,
> Ren als non es, quei sofranha.   (M. qui m s.)

Val. 1, 262:

> Quella, che senza intenza[1]
> Tuttor s'agenza di gentil costumi,
> Fuor ch' ella d'amar nega.

Dasselbe ist offenbar der Sinn von D'Anc. XXXIX. 70:

> Là donde ogne ben sol merzè saria.

wo Val. *Là onde* hat, d. h. *onde* für *dore*, auf die prov. sicil. Weise: *Là dore sarebbe ogni bene, sol che ci fosse mercede,* und vielleicht zu ändern in *con merzè*. oder:

> Là' nd' è ogne ben, sol merzè [vi] saria.

Vgl. G. Faidit. M. G. 125, 4:

> Res mas merces non es a dire,
> Domna, qu'ab merce solamen
> I serian complidamen (nämlich *honors, pretz,* etc.).

Richart de Barbezieu in der Canzone: *Atressi cum l'olifans,* str. 4:

---

[1] *senza intenza* „ohne Vergleich", eigentlich „ohne Wetteifer, Rivalität". S. die Stellen für *intenza* in dieser Bedeutung gesammelt von S. Bongi in Zambrini, *Catalogo di Opere Volgari,* Bologna, 1857, p. 297.

Lai on bentatz e jovens e valors
Es, que noi falh mas un pauc de mercc.
Que noi sion assemblat tuich li be.

Aim. de Belenoi, M. G. 890, 2:

vostre cors, qu'es complitz
De totz bes mas sol de merce.

Dante da Majano, Val. II, 443:

D'ogni valor compita
Fora vostra bontate,
S' un poco di pietate
Fosse in vostro cor misa.
Nè cosa altra gradita
Alla vostra biltate
Manca. Donna, sacciate,
Che pieta, ciò m'avvisa.

Und dennoch, wo sich alle Vorzüge vereinigen, wie kann da Milde
und Erbarmen fehlen?

G. Faidit, M. W. II. 84:

Meravilh me, pus ab mi dons es tan
Pretz e valors, plazers e digz cortes.
Com pot esser, que noi sia merces;
Em meravilh de lieis, on es honors,
Sens e beutatz, que ja noi sia amors.

Ders. M. G. 100, 4:

Que lai, on es beutatz e pretz valens,
Non deu falhir merces ni chausimens.

Val. II, 84:

Chè fallir non porria
Mercè nè senno nè tutt' altre virtute.
1. Mercè u' è senno, ec.

ib. II, 10:

sì conforto,
Che non seria diporto [1]
Tant' adunato in parte per natura
For pietate.

---

[1] diporto „Reiz“, wie so oft piacere bei den Alten.

Und sie sollte nicht so hart sein; denn säumt sie lange mit der Gnade, so stirbt er, und nach dem Tode ist alle Hilfe umsonst:

Cadenet, M. G. 99, 5:

> Eu dic e sai, que mais valria.
> Que dompnal sieu acorregues enan
> La mort que pois; car, sitot a talan
> De revenir, pois non a ges poder.

Val. 1. 118:

> Chè l'uom, da poi ch' è morto,
> Non vale alcuna gioia dimostrare.
> Che ritornare — il possa nel suo stato.

D'Anc. XCV. 59:

> Merzè, anzi ch' io mora in vostra mano:
> Porgesi invano — al morto medicina [1]).

Er gehört ihr ganz zu eigen, und es ist nicht schön, seine Härte an dem Unterworfenen zu zeigen:

Giraudo lo Ros, Choix, III, 11 (M. G. 438. 3):

> E nom par ges valors ni galhardia,
> Qui destrui so que trob' apoderat.

D'Anc. VII. 4:

> Non è valenza far male a sofrente.

Aehnliches stand an einer verdorbenen Stelle Messer Polo's, Val. I, 134. Dieselbe lautet nach der Lesart von B, 163, wie diese auch schon Crescimbeni (III, 69 genau wiedergegeben:

> Ch' audit' ò tenzonare:
> Colui è da blasmare,
> Che suo pregio dannea ed a tormento.
> Poichè s' è messo in sua confidanza.

zu bessern in:

> Ch' audit' ò tenzonare: (l. menzonare?)
> Colui è da blasmare.
> Che suo preso dannea e dà tormento.

„zu tadeln ist, wer seinen Gefangenen schädigt und peinigt".

---

[1]) Ueber diese triviale Klage der Liebenden spottet die schelmische *Gemma leziosa* des Ciacco dall' Anguillaia; sie verspricht ihrem Anbeter, wenn er gestorben, für ihn Messen beten zu lassen.

Da er Madonna's Eigenthum, so ist es, wenn er stirbt, nur ihr
Schade; sie verliert dann, was ihr zugehört, und man wird sie
deshalb schelten:

Blacatz, M. W. II. 136:

· Per vos, domna, morrai,

Quar me trobatz verai,

Vos en prendetz lo dan,

E non es benestan,

Qu' om eis los siens aucia.

M. G. 916, 2:

Mas plus greu m'es, quar ieu sai,

Que blasme n'aura jasse,

Sim fai murir, que pert me.

D'Anc. XXXVIII, 21:

Ca, s'io troppo dimoro, aulente cera,

Pare, ch' io pera, e voi mi perderete.

Val. I. 284:

Ca, s'eo mi moro, ell' ha lo perdimento.

D'Anc. LXVI, 63:

E se pur m'aucidete,

Saràvi mispresciauza.

So noch Petrarca (Canz. *Nel dolce tempo*, str. 5):

Non son mio, no; s' io moro, il danno è vostro.

Die Feinde der Liebe, diejenigen, welche das Glück des Lieb-
habers verhindern oder zerstören und ihn beständig mit Furcht
erfüllen, sind die bösen Zungen, die *rei parladori* oder *lusingatori*
(*lauzengier*). Von ihnen sagte G. Faidit, M. G. 31, 6:

C' ab los fals brais

Dels lauzengiers savais,

Cui dieus abais,

Se vir' amors en caire

E frauh e fen.

und Friedrich II, D'Anc. LI, 14:

Che paura mi metto

Ed ò sospetto — dela mala gente,

Che per neiente — vanno disturbando

E rampognando — chi ama lealmente.

Was die *lauzengier* eigentlich sind, zeigen auf's beste die Worte des Arnaut de Maruelh. M. W. I, 158:

> Aitan se pert, qui cuja plazers dire
> Ni lauzengas per mon cor devinar.

Es sind also solche, welche zu Munde reden, um die Geheimnisse der Liebenden herauszulocken, weshalb sie eben auch *devinador* heissen, die Errather der Herzensgeheimnisse. Um ihretwillen aber soll man nicht von feiner Liebe lassen:

Peirol, M. W. II, 4:

> Lauzenga ni devinalha
> D'ennios nom cal temer.
> Sol pessar de licis nom falha.

D'Anc. XVIII. 31:

> A mio vivente, Amore,
> Io non ti falliragio
> Per lo lusingatore,
> Che parla di tal fallagio. l. *di fall.?*
> Ed io si t'ameragio
> Per quello [1], ch' è salvagio.

Von ihren falschen Reden soll die Dame sich nicht bestricken lassen, wenn sie sie glauben machen wollen, der Liebhaber sei ihr untreu geworden.

Raimbaut de Vaqueiras, M. W. I, 374:

> Belha domna valens,
> Cortesa e conoissens.
> Non crezatz lauzengier
> Ni gilos mal parlier
> De me, qu'ab vos remanb . . .

---

[1] *per quello* „trotz ihm", vgl. D'Anc. XLVI. 41:

> Canto amorosamente
> Per quella ria gente, (so Val.; d'Anc. *Perch' è la*
> Che mi vanno incherendo
> La gioia, ond' io son fine benvolente.

(die Freude, d. h. die Liebliche, deren Freund ich bin).

D'Anc. LVI, 21, wo die Verse so herzustellen sein werden:

> Oi bella dolzetta mia.
>
> Non far sì gran fallimento
>
> Di credere a (la) gente ria
>
> De' lor falso parlamento.
>
> Le lor parole sono viva lanza.
>
> (Che) li cori van pungendo
>
> E dicendo — per mala indivinanza.
>
> Donna, merzè, ch' io 'ncendo
>
> [Pur] vegendo — partir sì dolze amanza[1].

Um dieser bösen Feinde willen, welche sie umlagern und ihr Thun ausspähen, müssen die Liebenden vorsichtig und diskret sein. Heimlichkeit ist neben Treue und Geduld das Gesetz für den echten Liebhaber; er soll *servir, amar, celar e soffrir* (M. G. 439, 2); durch Kundwerdung sinkt die Minne herab:

> Qu' amors per decelar dechai.   M. G. 468, 5.
>
> Amor si de' celare . . .
>
> Se vene in pala, perde sua vertute. D'Anc. XLVII, 29.

und so versichert der Dichter die Dame, dass kein Wort von ihrer Liebe über seine Lippen kommen soll:

Guiraut de Calanso, Choix. III, 389:

> Nis eug. quem pas las dens
>
> Uns motz descovinens.

Val. II, 5:

> Per mevi tardo palese coraggio
>
> Fatto seria, sacciatelo per certo.

Er will wohl singen, aber mit Vorsicht und Klugheit, und ohne zu verrathen, wem der Gesang gelte:

Lanfranc Cigala, M. G. 715, Gel.

> Ja no dig' om, qu'eu fassa falhimen.
>
> S'ieu chan d'amor ni fatz d'amor parvensa;
>
> Qu'aissi chantan sai la celadamen
>
> Cubrir, don nais mos jois ni m'entendensa.

[1] vgl. D'Anc. LVII, 81:

> Tutto 'ncendo
>
> Pur vegendo.

D'Anc. XLII. 1:

> Allegramente canto
> Certo ed a gran ragione
> Com' amador, c' à gioia a suo volire;
> Ma non ch' io già per tanto
> Dimostri la cagione
> Dela mia gioi, chè ciò saria fallire.

Hinter dem Liebesstörer steckt, wie bei den Troubadours, häufig der eifersüchtige Gatte; daher sagt die Dame, D'Anc. LIX. 49:

> Cà sì distretto mi tene
> Quelli cui Cristo confonda.
> (Poi) non m'auso fare ala porta. . . .

und damit erklärt sich eine schwierige Stelle, ib. LXVIII. 43 ff.

> Chi 'ntra noi partimento
> S'intramise di fare [1]),
> Agian [2]) da Dio tal guerra,
> Che non (n')apara piui [3]).
> Così come lo vento
> La polver fa levare,
> Che face dela terra,
> Si divegna di lui!
> (E) no le sia più marito,
> Moia non soppelito.

also: er, der Böse, sei nicht mehr ihr Gatte; sie möge ihn verstossen, da er ihr ihre unschuldigen Freuden stört. Es liegt hierin ungefähr die Lehre, welche Uc de Mataplana dem Raimon de Miraval gab, als dieser seine Frau verstiess:

> Car maritz, a cui platz jovens.
> Deu sofrir per so c'atressi
> Sofran lui sici autre vezi.   Arch. 34, 195.

[1) s'intramettere di fare, wie prov. s'entremetre de faire == sich mit etwas abgeben.

[2]) Die Hs. hat agiano; es stand wohl agia; doch ist agian == agia-ne denkbar.

[3]) non apara più „dass er verschwinde, vergehe". D'Anc. non n'à para.

die Lehre der gegenseitigen Duldung in der Ehe für ausserhalb
derselben liegende Verhältnisse. In der That ist ja die Liebe
der Troubadours durchaus nicht die zwischen Gatte und Gattin:
im Gegentheil ist es ein Verstoss gegen die conventionellen Regeln
der Minne, dass dieselbe hier stattfinde; das schon vorhandene
Band schien die freie Aeusserung der Empfindung zu beeinträch-
tigen. Die Liebe hat mit der Ehe nichts zu thun, steht vielmehr
zu ihr im Gegensatze; der Gatte und die Gattin sind jener Dich-
tung unpoetische Elemente. Es war daher nur der der ritter-
lichen Minne unkundige Copist, welcher in der vaticanischen Hand-
schrift über Mazzeo Ricco's Gespräch zwischen Messere und Madonna
(D'Anc. LXXIX) die Worte setzte: *Mazeo di Ricco e la Moglie*,
und Borgognoni that nicht wohl, das für baare Münze zu nehmen.

Die Minne selbst ist bei den Troubadours ein abstraktes
Wesen, zu dem sie sprechen, das sie preisen, über das sie sich
beklagen. Zu einer bestimmteren Personification ist es freilich
nicht gekommen; wie alle übrigen Gestalten dieser Dichtung ist
auch *Amore* eine leere Allgemeinheit geblieben, und allgemein und
typisch, wie immer, ist die Beschreibung der Wirkungen, welche
er ausübt. Von *Amore* geht alle Trefflichkeit aus, und niemand
kann tüchtig sein, wenn er nicht von Liebe erfüllt ist:

G. Faidit, M. W. II. 105:

> Nulhs hom no pot, ses amor, far que pros.
>
> Si noi enten o noi a s'esperansa:
>
> Quel jois d'amor es tan fis e tan bos,
>
> Qu' encontra lieis non es mais benenansa.

Ser Pace, Val. II. 406:

> E chi non ama, non puote avanzare
>
> Valor e pregio nè esser benestante,
>
> E partesi da tutta beninanza.

Amore macht den Gemeinen tüchtig, den Thörichten klug, den
Geizigen freigebig:

Aim. de Pegulhan, M. W. II. 165:

> Enquera truep mais de be en amor,
>
> Quel vil fai pros el nesci gen parlan
>
> E l'escars larc . . . . .

Buonagiunta, Val. I. 510:

> Chè Amore ha in sè vertode.
> Del vil' uom face prode,
> S'egli è villano, in cortesia lo muta,
> Di scarso largo a divenir lo aiuta.

Macht *Amore* furchtsam und vorsichtig, so verleiht er doch auch Kühnheit:

Cadenet. M. G. 676. 1:

> Ah, cum dona ric coratge
> De preiar ed ardimen
> Amors . . . .

Ser Pace, Val. II, 408:

> Amor dona coraggio e ardimento.

D'Anc. VI. 9:

> Grande arditanza e coragiosa
> In guiderdone Amor m' à dato.

Amore lohnt alle Pein, die man erduldet, wenn man ihm nur treu ergeben ist:

Guillem de S. Didier, M. W. II, 40:

> Us bellis respiegz me vai recofortan.
> Qu'en petit d'ora aiuda son fizelh
> Gentils amors, qui l'enquier merceian.

D'Anc. XXXIII, 19:

> Non mente ··· [Amor] a quelli, che son suoi,
> Anti li dona gioi [1],
> Come fa buon segnore a suo servente.

---

[1] Dieser Reim *gioi : suoi*, und andere dergleichen: *gioi : poi*, D'Anc. XXIII, 9; *gioi : roi*, XXXVIII, 18; *gioi : poi*, LXVIII, 17, ebenso Val. I. 454, und *gioi : roi*, Val. I, 500, beweisen wohl, dass an den vielen Stellen, wo *gioia* im Verse für eine Silbe zählt, *gioi* gesprochen wurde, wie es Bembo (*Prose*, III), Crescimbeni (*Com.* I, 9), Quadrio (I, 669), Affö *Dizionario Precet.* p. 293) annahmen, während Andere an Auflösung des *j* in einen Vocal und Sprechung eines Triphthongs dachten. In den Handschriften ist im Verse meist *gioia* ausgeschrieben, doch auch *gioi*, z. B. in A. LXIX. 17, B, 155, str. 2 u. 4, oder *gio*, A, ib. 9; B. 245, str. 1 u. 3; 131. u. öfters; freilich auch *gioa* A. LXX. 20. Was aber für *gioia* gilt, nämlich die Apo-

Darum soll man über *Amore* nicht Klage führen:

M. G. 468, 7:

> Ja d'amor nos den hom doler,
> Que plus que nulh jorn no forfai
> Esmend' a sazos en un ser.

D'Anc. XXXIII. 15:

> Però la tegno grande scanoscenza,
> Chi rimproccia al᾽amore i suo tormente.

Und hiezu im Gegensatz spinnt sich dann gerade die umgekehrte Gedankenfolge ab: die Klage über *Amore*, weil er den Dichter so heftig peinigt, und duldet, dass Madonna grausam bleibe:

Aim. de Pegulhan, M. G. 740, 1:

> Amors, a vos meteissam clam de vos,
> Quar etz en mi intrada solamen.

Monte Andrea, Val. II, 24:

> Di te medesmo, Amore, mi richiamo.

Cod. B, no 350, *Propugnatore*. XI. 1º. p. 228:

> A te medesmo mi richiamo, Amore,
> Di te, se 'nver di me fai fallimento;
> Ch' amar mi fai madonna di bon core,
> E 'l meo servire è contra 'l suo talento.

D'Anc. LXXII. 1:

> Amor, non saccio, a cui io mi richiami,
> Si laido m' ài feruto,
> Se non a quelli, cui dimostri c' ami.

Amore that Unrecht, ihn so hoch lieben zu lassen, von wo er keine Hoffnung auf Erhörung hat:

cope des Endvocals, wird dann auch für die andern oft angeführten Worte anzunehmen sein, in denen der Endsilbe *jo, ja, je* ein betonter Vocal vorangeht, und die ganze Gruppe als eine Silbe betrachtet werden konnte. *Pistoja* bei Petrarca, *noia* bei Boccaccio; *migliajo, primajo* u. s. w. bei Dante (vgl. auch *Opere Minori* I, 97, n. 2), *marinajo*, Nan. Man. I, 113; *moio*, einsilbig, Val. I, 76; *aie* desgleichen, Guittone, son. 157, *orgoi* (*orgojo, orgoglio*), derselbe, son. 33, u. dgl. m. Vgl. das bei den Alten so häufige *mei* = *meglio, coi* = *coglio*.

Bern. de Ventadorn, M. W. 1. 38:

> Ab amor m'er a contendre,
> Qu'ieu no m'en puesc mais tener,
> Qu'en tal luec m'a fag entendre.
> Don ja nulh joi non esper.

Val. I, 210:

> Blasmomi dell' Amore,
> Che mi donao ardimento
> D'amar sì alta amanza.

Hier dann auch die Umkehrung jenes Bildes vom guten Herrn: es ist thöricht, einem schlechten Herrn zu dienen, welcher die Treue nicht belohnt:

Uc de S. Circ, M. G. 1153, 1:

> Be fai granda follor,
> Qui met en fals senhor
> Tot son cor ni s' amor.

G. Faidit, M. G. 460, 3:

> Ben fai grans follors,
> Qui renh' ab mals senhors.
> Don neguna honors
> Non aten quel n'eschaia.

D'Anc. LXXII, 31:

> A me è adivenuto per inganno,
> Como a manti[1] avene;
> Ch' a reo segnore omo perde l'affanno,
> Laonde aspetta bene.

Er möchte wohl ablassen; aber Amore ist unwiderstehlich:

R. de Miraval, M. G. 1083, 1:

> Res contr' amors non es guireus
> Lai, on sos poders s'atura,
> E noi vol autra mesura,
> Mas qu' om siegal totz sos talens.

D'Anc. LXXXI, 7:

> C'Amore, che sormonta ogne ardimento.
> Mi sforza e vince e mena al suo talento.

---

[1] Ms. *amante*, D'Anc. [ad] *amante*.

Wobei der häufige Gemeinplatz. Madonna möge, wenn sie über seine Liebe zürne, nicht ihn darob anklagen, der nichts dafür könne, sondern *Amore* und ihre Schönheit, welche ihn gewaltsam fesseln:

Aim. de Pegulhan, M. G. 739, 4:

> Vostra beutat blasmatz, que m'abelhi.
> E pueis blasmatz amors, que m'enanti.
> E s'ieu i fatz nescies ni folhor,
> Non blasmetz me, mas vos eis ez amor.

Val. I. 212:

> S'io però son mispriso,
> L'Amore ne biasmate
> E la vostra beltate,
> Che m' ha d'amor sì priso.
> (vgl. D'Anc. LXXXIII. 21.

Zum Uebel hat der Dichter mit Minne Bekanntschaft gemacht:

Pons de Capduelh, M. W. I. 349:

> Mas mal vi s'amistansa,   (d. i. *Amors*)
> Qu' auc non aic benanansa.
> Nom tornes pueis a dan.

D'Anc. I, 16:

> Amor, vostr' amistate vide male. (sah ich zum Unglück.)

Zum Uebel schaute er die Reize der Dame:

Peire Vidal, XLIV, 17:

> Mala vi sa gran beutat
> E sa cortesia.

Guittone, son. 80:

> Ahi! com mal vidi sua beltà piacente
> E suo chiar viso e suo dolce avvenire.

Seine Augen, welche sie anblicken wollten, tragen die Schuld, dass er nun so viel Schmerzen leidet:

Raimon de Salas, Choix. V. 394:

> E donc mei olh cum la pogron vezer,
> Car n'ai perdut d'els e de mi poder!
> So m'an ilh fag, don mos cors vai ploran.

D'Anc. LXXIII, 10:

> Gli occhi mei ci 'ncolparo,
> Che volser riguardare,
> Ond' io n'ò ricevuto male a torto.
> Quand' egli s'avisaro (sich begegneten)
> Cogli occhi micidare.

Und warum bekämpft und peinigt *Amore* nur immer ihn, der ihm doch schon unterworfen ist, und nicht lieber Madonna, welche ihm Widerstand leistet:

Raimon Jordan, M. G. 787, 5:

> Amors, ben faitz volpilhatg' e falhensa,
> Quan mi, que sui vencutz, venetz ferir,
> E laissatz leis, cui non pot convertir
> Dieus ni merces ni dregz ni conoissensa.

Guittone, son. 26 (zu *Amore* redend):

> E sempre mi combatti ogni stagione;
> Perchè lo fai, poi sono a tua balia?
> Che non fier quella, che contra te pone
> Suo senno e suo talento e te guerria?

Derselbe Gedanke dann noch bei Petrarca, umgeformt nach seiner Weise, son. *Era 'l giorno*:

> Però, al mio parer, non gli fu onore
> .   Ferir me di saetta in quello stato,
> E a voi armata non mostrar pur l'arco.

Mag *Amore* doch auch sie einmal seine Macht fühlen lassen, dass sie wisse, was er leidet, und Erbarmen mit ihm habe:

Peirol, M. W. II, 19:

> D'altre trabalh prec deu que lam defenda,
> Mais un sol jorn volgra qu'ela sentis
> Lo mal qu'eu trai per lei sers e matis.

Val. I, 464:

> A mia donna, che neute
> Cura, perchè non sente
> Delle mie pene amare,
> Falline, Amor, saggiare,
> Ch' aggia di me pietanza.

Ein beliebter Gegenstand dieser alten Lyrik ist die Frage nach dem Wesen der Minne, nach ihrer Entstehung und der Weise ihrer Wirkung im Menschen. An irgend welche Tiefe der Beobachtung ist hier so wenig zu denken wie sonst wo. Uc Brunet sagt, Choix, III, 315:

> Amors, que es us esperitz cortes,
>
> Que nos laissa vezer mas per semblans;
>
> Quar d'uelh en huelh salh e fai sos dous lans,
>
> E d'uelh en cor e de coratge en pes.

welche Stelle wohl Guido delle Colonne im Sinne hatte, als er sang, Val. I, 186:

> Amore è uno spirito d'ardore,
>
> Che non si può vedire;
>
> Ma sol per li sospire
>
> Si fa sentire a quello ch' è amadore.

Minne entsteht aus Sehen und Gefallen, dieses ist die triviale Erklärung für den Ursprung der Liebe, die von den Provenzalen überkommen bei den Dichtern der sicilianischen Schule sich unablässig wiederholt findet:

Aim. de Belenoi, M. G. 904, 3:

> Qu'amors non es mas plazers.

ib. 4:

> Que fin' amors, so sapebatz,
>
> Non es als mas voluntatz,
>
> Qu'adutz ins el cor vezers,
>
> Don la rete bels plazers,
>
> E viu de dous pessamen.

Also: der Anblick lässt die Liebe entstehen, das Wohlgefallen am Geschauten hält sie im Herzen fest, und sie nährt sich von süssen Gedanken: gerade wie Uc Brunet sagt, sie gehe vom Auge zum Herzen, von der Empfindung zum Gedanken. Aehnlich auch Aimeric de Peguilhan, M. G. 737, 5:

> Sapchan qu'amors es fina bevolensa,
>
> Que nais del cor e dels huelhs ses duptar.

D'Anc. XXXV, 25:

> Ma lo fin piacimento,
>
> Di cui l'amor discende,
>
> Solo vista lo prende.
>
> Ed i' cor lo nodrisce.

Val. I. 308:

> Amore è un desio, che vien dal core
>
> Per l'abbondanza di gran piacimento.
>
> E gli occhi in prima generan l'amore,
>
> E lo core li dà natricamento.

Ser Pace, Val. II, 415:

> Amor discende [1] e nasce da piacere
>
> E dona all' uomo pena ed allegranza,
>
> E 'l suo cominciamento è per vedere.

Bondie Dietaiuti, Trucchi, I, 101:

> Però, canzon, va a dire ad ogni amante,
>
> Che lo veder mi par la prima cosa,
>
> Per ch' uom più s'innamora per usanza,
>
> Avvegnachè il piacere è l'affermante, ...

Daher heissen die Augen die Boten des Herzens:

Aim. de Pegulhan, M. G. 737, 4:

> Quar li huelh son drogoman
>
> Del cor, e l'uelh van vezer
>
> So qu'al cor platz retener.

Partimen de Guiraut e de Peironet. Meyer, *Recueil d'anc. text.* p. 97:

> Car li huelh son totz temps del cor messatge.

Val. I, 196:

> Gli occhi allo core sono li messaggi
>
> De' lor cominciamenti per ventura.

---

[1] Auch das Wort *discende* ist hier typisch, so auch Guidi Guinicelli. Val. I, 81:

> E' par, che da verace piacimento
>
> Lo fino amor discenda.

vgl. das *Partimen* Guirants und Peironets, *Recueil d'anc. text.* p. 98:

> Car per los huelhs amors el cor deissen.

Val. II, 381:

> Gli occhi, che son messaggi dello core . . . .

Trucchi, I, 248:

> Gli occhi, che dello cor son messaggieri . . . .

Die italienischen Dichter haben an diesem Gegenstande ganz besonderen Geschmack gefunden; vorzüglich beschäftigt sie auch die Frage, ob *Amore* wirklich ein reales Wesen oder nur die menschliche Empfindung selber sei. Mazzeo Ricco, D'Anc. LXXXI, 18, behauptet, *Amore* sei nichts anderes

> Se non distretta voglia solamente . . .
> C'Amor non prende visibolemente,
> Ma par che nasca naturalemente.

Die Empfindung entsteht innerlich im Menschen ohne Einfluss einer wirklichen äusseren Macht, die *Amore* wäre. Und Jacopo Mostacci in einem Fragesonette (Val. II, 208) ist derselben Ansicht, dass Minne nichts an und für sich sei (*non per sè mi pare*). Auf dieses Sonett scheint fast die Antwort jenes dem Pier delle Vigne zugeschriebene zu sein: *Però ch' Amore non si può redere* (Val. I, 55), welches die Realität *Amore's*, trotz seiner Unsichtbarkeit, vertheidigt. Ein anderes Sonett (Val. I, 310): *Feruto sono iscariatamente*, das, auch nach der vaticanischen Handschrift, von Jacopo da Lentini sein soll, tadelt die Dichter, welche *Amore* als Gott bezeichnen, und die toscanischen Dichter sind gleichfalls eifrig, die Gottheit *Amore's* zu leugnen und die Wirkungen desselben auf natürlichem Wege zu erklären, so Maestro Francesco: *Molti l'Amore apellano dictate*, D'Anc. Son. V; Maestro Torrigiano: *Nè volentier lo dico nè lo taccio* und *Chi non sapesse ben la reritate*, Trucchi, 4, 131, f.

Die Theorieen über die Liebe sind für die weitere Entwickelung der italienischen Poesie nicht ohne Bedeutung gewesen; an sie knüpft sich die Reform der Dichtung, welche von Bologna ausging: Guido Guinicelli, der sich im Anfang zu den alten Gemeinplätzen von *redere* und *piacere* bequemte (in dem Gedicht: *Con gran desio pensando*, Val. I, 81), verfasste dann seine Canzone von *Amore* und *cor gentile*, in welcher ein neuer Ideenkreis zum Vor-

schein kam. *Amore* und *cor gentile* wurde darauf das Schlagwort
seiner Nachfolger, und Dante führte seine Gedanken in einem So-
nette aus, während Guido Cavalcanti die Theorie der Liebe zum
Gegenstande seiner wissenschaftlichen Canzone: *Donna mi prega*
machte.

Wenn sich bei Betrachtung dieser Gemeinplätze allenthalben
der Zusammenhang mit den Provenzalen zeigte, so soll damit
nicht durchaus geleugnet werden, dass die Italiener zu der
Masse conventioneller Ideeen auch ihrerseits neue Beiträge geliefert
haben mögen, obgleich die Constatirung im Einzelnen unthunlich
ist, weil beiderseits uns die Denkmale nur zum Theile erhalten
sind. Gewiss ist dieses, dass bei den Italienern, wie es bei den
Nachahmern nicht anders zu erwarten, der Gedankenkreis viel
enger wurde; sie nahmen bei weitem nicht alle Elemente des um-
fangreichen Repertoriums auf, das die Provenzalen verwendeten.
Daher zeigt sich hier eine Monotonie, wie sie in solchem Grade
doch bei den Troubadours nicht zu finden ist.

Diesem in so enge Grenzen eingeschlossenen Ideeenkreise ent-
spricht die Ausdrucksweise der Dichter, welche sich zum grossen
Theile aus conventionellen Phrasen und Formeln zusammensetzt
und bei jedem Einzelnen denselben allgemeinen Charakter trägt.
Manche Worte und Redensarten haben hier eine eigenthümliche
Bedeutung, welche sich speziell in Beziehung auf die in dieser
Dichtung dargestellten Verhältnisse entwickelt zu haben scheint.
So verwandte man sehr häufig, um die Bedrängniss zu bezeichnen,
in welcher sich der Liebende befindet, den Ausdruck *errore* oder
erranza, z. B. M. W. II, 119:

> De gaug li fora plazentiers;
> Mas trop mi ten en gran error.

M. G. 1281, 4:

> Desiran torn en error
> Soven, car tan luenh m'estai.

M. G. 499, 3:

> Ans sui per vos en tal error
> Cum aicelh, qu'a mal de calor.

D'Anc. XXXV, 1:

> Vostra orgogliosa cera
> E la fera sembianza
> Mi tra' di fin' amanza
> E mettemi in errore.

Val. I, 524:

> E poco stando un sospiro si misi
> Per te, ch' hai messa l'anima in errore.

D'Anc. XCI, 1:

> L'animo è turbato   l. m'è t.?)
> E 'l core in grande erranza . . .

Dem prov. *mal traire* „Uebles dulden", oder auch *traire martire* (M. W. I, 137) u. dgl. entspricht das *trarre pene*, D'Anc. LXII, 62, *trarre martire*, XXXIII, 34, und Guittone d'Arezzo gebrauchte geradezu *mal trare*, son. 110 und 121.

Von der Dame sagten die Troubadours mit eigenthümlicher Wendung, Werth und Trefflichkeit geleite sie, z. B. M. W. I, 161:

> Belha domna, cui jois e jovens guida.

und so D'Anc. XL, 24:

> Senno la guida e 'l fin pregio amoroso.

oder in gleichem Sinne *inviare*. XLII, 30:

> Vostro gran pregio v' avanza ed invia.

Die Wirkung *Amore's* auf den Liebenden ist ein *affinare* „feiner, edler, trefflicher machen"; die Unterwürfigkeit wird bezeichnet mit dem *servire a talento, a grato* oder *a gradire* oder *a piacimento:* die Annahme der Werbung von Seiten der Dame heisst *ritenere* (D'Anc. XLVI, 52, Val. II, 258) oder *ritenere a servidore* (D'Anc. XXX, 33), wie man prov. sagte *retener a servidor* oder *retener a sos ops*, d. h. „bei sich behalten", wie jemanden, der sich angeboten, und den man in seinen Dienst aufnimmt. Sehr häufig drücken die Troubadours das Verhältniss der Unterwürfigkeit durch das Wort *aclinar* oder *esser aclis* aus:

> Qu'ades l'acli e grans merces li ren.   M. W. II, 105.
> On es cela, vas cui eu sui aclis.   Peire Vidal, XLII, 9.

Die italienischen Lyriker gaben dieses *aclinar* durch *inchinare* wieder, wie Friedrich II, Val. I, 54:

> Valimento mi date, donna fina,
> Chè lo meo core adesso a voi s'inchina.

und transitiv:

> Di. ch' eo tuttora 'nchino sua valenza. Val. II, 210.
> .... l'amor, che m' inchina. Val. I, 224.
> (amor im Sinne von amante).

D'Anc. LII, 8, heisst es:

> Di colei. cui sono al chino,
> Di sospir mai no rifino.

das *al chino* also wohl nur ungeschickte Wiedergabe des prov. *acli*, vielleicht auch aus einem *acchino* oder *acclino* entstellt.

In derartigen conventionellen Ausdrucksweisen liegt, wie D'Ancona bemerkte[1]), oft der Grund der Schwierigkeiten, welche das Verständniss der Gedichte uns heute darbietet, und nur ein sorgfältiges vergleichendes Studium derselben kann diese Dunkelheiten beseitigen.

Und so wie ein Repertorium von Gedanken und Ausdrücken gab es auch ein solches von Bildern und Vergleichen. In der conventionellen Poesie dient das Bild nicht mehr seinem eigentlichen Zwecke, die dargestellten Gegenstände anschaulich zu machen, sondern es ist ein äusserlicher Putz, den der eine vom anderen herübernimmt, ein bequemes Füllwerk für die an Gedanken und Empfindungen so armen Strophen. Die Liebe wird natürlich tausendmal mit dem Feuer verglichen, und der Liebhaber verfeinert sich in Minne, wie Gold im Schmelzofen:

Peirol, M. W. II, 5:

> Per qu'ieu devenh tota via.
> Cum fai l'aurs el fuec, plus fis.

G. Faidit, ib. 104:

> aissi for' afinatz
> Ves lieis, cum l'aurs s'afina en la fornatz.

Eine anonyme ungedruckte Canzone in A, 103, beginnt:

> Cosi afino ad amarvi
> Com' auro a la fornace.

---

[1]) *Rime Antiche Volgari*, I, p. XIV f.

Val. I, 167:

>Com' oro in foco affina,
>Così mi fa affinare
>L'amoroso pensare.

ib. II. 397:

>Com' auro, ch' è affinato alla fornace. . . .

ib. I, 158, der Dichter zu *Amore*:

>E sì raffinerai com' oro al foco.

Sehr viel wurden Bilder von der See und der Schifffahrt verwendet, wie auch dieses schon bei den Provenzalen geschah. Madonna hat den Liebenden in Noth versetzt, wie das Schiff, das auf dem Meere vom Sturm befallen worden; der Liebhaber verliert aber, wie der gute Seemann, nicht den Muth, sondern harrt aus, auf besseres Wetter wartend. Ist Madonna ihm gnädig, so vergleicht er sich dem, welcher aus der drohenden Gefahr sich an das Land gerettet hat. Bei den italienischen Lyrikern speziell ist sehr häufig die Unruhe des Meeres als Bild für die Aufregung der Leidenschaft gebraucht:

Val. I, 154:

>Tempesto più che mare.

Pietro Morovelli, Grion, Pozzo, p. 39:

>A ciò non poso,
>Tempesto sì come mare.

Lapuccio Belfradelli, ib. p. 44:

>Che sono in tempestate
>Più fera che di mare.

Val. I, 163:

>Amor, poich' a Madonna tormentare
>Mi fai come lo mare,
>Quando è di gran tempesta.

ib. 509:

>Che non posa (l. *poso?*) giammai se non com' onda.

ib. 172:

>Nullo giorno ho di posa
>Se non come 'n mar l'onda.

ib. 344:

> Che si come in mar l'onda
> Non aggio poso.

Im Allgemeinen trifft man bei diesen Dichtern selten ein Bild, das sich nicht wenigstens einmal noch anderswo wiederfände, sei es bei einem Italiener selbst, sei es bei einem Provenzalen, worin sich zwar durchaus nicht immer die direkte Entlehnung des einen vom anderen zeigt, wohl aber auch hier wieder der typische Charakter der ganzen Dichtweise und das Vorhandensein eines gemeinsamen Vorrathes von poetischen Mitteln, aus dem der Einzelne schöpfte. Peire Raimon von Toulouse sagt (M. W. I, 137), wie die Kerze, sich selbst zerstörend, Anderen Licht spende, so singe er, während er Pein empfinde, den Anderen zu Gefallen:

> Atressi cum la candela,
> Que si meteissa destrui
> Per far clardat ad autrui,
> Chant, on plus trac greu martire,
> Per plazer de l'autra gen.

und so heisst es in dem Gedichte: *Appena pare ch' io saccia cantare*, D'Anc. XLIV, 19, Guittone, Canz. LI, str. 2:

> Cosi come candela, che rischiare,
> Prendendo foco dà ad altr' a vedere,
> Cosi divegno da voi adotrinato,
> Ch' eo canto e faccio altrui gioia sentire [1].
> E però canto si amorosamente
> A ciò che sia plagente
> In bona fede e con pura leanza [2].

----

[1] Dieser Vers, an dessen Stelle bei D'Anc. ein hieher aus str. 5 verirrter steht, sowie *E* statt *Ma* zu Anfang des folgenden sind aus der Lesart bei Guittone, die auch sonst sehr stark abweicht.

[2] Dasselbe Bild von der Kerze auch im *Ritmo Cassinese*, wie Navone. *Riv. di Fil. Rom.* II, 109, anmerkt:

> Et arde la candela sebe libera
> Et altri mustra bia dellibera.

Peire Vidal, an einer Stelle, XIII. 25, welche Guittone in seinen Briefen (p. 58) übersetzt hat, sagt, er ziehe aus kaltem Schnee helles Feuer, um auszudrücken, dass er durch Ausdauer an's Ziel gelange, und ähnlich heisst es bei ihm. XXXV. 21:

> Tenrai m'al ús de l'enoios romen,
> Que quier e quier, car de la freida neu
> Nais lo cristals, don hom trai for arden:
> E per esfortz venson li bon sufren.

Auf diese seltsame naturwissenschaftliche Vorstellung des Zeitalters, dass aus dem Schnee der Krystall entstehe, der dann als Brennglas dient, spielen mehrere italienische Stellen an:

Mazzeo Ricco, D'Anc. LXXXIII, 15:

> Ma questo m'assicura,
> Che dentro l'agua nasce foco arzente,
> E par contra natura.

ib. 43:

> Ch' io non mi credo giamai snamorare;
> Chè lo cristallo, poich' è ben gelato,
> Non pòi aver speranza,
> Ch' ello potesse neve ritornare.

Tommaso di Sasso, D'Anc. XXI. 41:

> Da poi che cristallo aven la neve,
> Squagliare mai non deve — per ragione.

Buonagiunta, Val. I. 520:

> [Di] dentro dalla nieve esce lo foco,
> E dimorando nella sua giatura,
> E vincela lo sole a poco a poco, (?)
> Divien cristallo l'aigua, tant' è dura.

Bei Arnaut de Maruelh heisst es (M. W. I. 171), das Klagen thue ihm wohl, auch wenn es keinen Erfolg bei der Dame habe, sowie der Kranke sich durch sein Jammern erleichtert fühle:

> Quel malautes, quan se planh,
> Si nol val, si se refranh.

und ähnlich, D'Anc. XXXIX, 37:

E piango per usagio,

Come fa lo malato,

Che si sente agravato

E dotta in suo coragio,

Che per lamento li par spesse fiate,

Li passi parte di ria volontate.

Peire de Cols d'Aorlac (Choix, V. 309) vergleicht die Wirkungen der Liebe mit denen der Sonne, die um so mehr erwärmt, je höher sie steht:

Si col solelhs, nobles per gran clardat,

On plus aut es, gieta mais de calor

Els plus bas luecs destrenh mais per s'ardor . . . .

und Guido delle Colonne ermahnt seine Dame, trotz ihrer hohen Stellung, Milde zu üben, wie die hochstehende Sonne am schönsten strahle. Val. I. 195, verbessert bei Nan. Man. 1, 75:

Lo Sol sta alto e si face lumera

Viva, quanto più in alto ha da passare.

Aimeric de Pegulhan, in der Canzone: *Si com l'albres que per sobrecargar,* klagt, seine Dame halte ihm nicht ihr gegebenes Wort, sowie man ein Kind mit Versprechungen beruhige und sie ihm hernach nicht erfülle; derselbe Vergleich findet sich wieder bei einem Italiener, Val. I, 497, freilich auch hier, wie meistentheils, nicht in so genauer Uebereinstimmung, dass das Zusammentreffen nicht ein zufälliges sein könnte. Dagegen ist der Vergleich mit dem Baume, welcher durch Ueberlastung bricht, zu Anfang desselben Gedichtes Aimeric's, unzweifelhaft in einem italienischen Liede nachgeahmt worden (Val. II, 77), wie Diez an dem wörtlichen Zusammentreffen zeigte [1]), und ebenso wies Diez die Entlehnung nach für das Bild vom Schmetterlinge und der Flamme. Val. I. 297, dessen Original in der Canzone des Folquet von Marseille: *Sitot me sui a tart apercenbutz,* steht [2]). Dieses Bild vom Schmetterling findet sich noch oft, aber nirgend so genau mit

---

[1]) Poesie der Troubadours, p. 278.
[2]) ib. p. 279.

Folquet's Worten übereinstimmend, wie an der von Diez bezeich-
neten Stelle.

Vergleiche, welche bei den Italienern selbst sich mehrfach
wiederholen, sind z. B. der vom Lichtstrahl, der durch das Glas
fällt, ohne es zu theilen (Val. I, 315, ib. 366; II, 82), der der Re-
den und Seufzer des Liebenden mit dem Ballast, den das Schiff
in der Noth auswirft, sich zu erleichtern (D'Anc. I, 49 u. XXXIX. 43) [1]),
endlich der vom guten Maler, welcher das ganze Bild in treue Ueber-
einstimmung mit der Natur zu bringen sucht (D'Anc. I, 41; LXXX, 31,
und in der Ballade bei Grion, Serventese, p. 43). Solche Zusam-
menstellung vermag bisweilen dunkele Stellen aufzuklären, und so
ist es, wie ich glaube, in folgendem Beispiel. Mazzeo Ricco sagt,
D'Anc. LXXIX. 40:

> Omo non si poria
> Negli occhi compartire,
> Che ne vedesse due 'n una figura;
> Tanto coralemente
> Non mi poriano amare,
> Che 'n altra parte gisse lo mio core.

also: wie untrennbar die Sehkraft der beiden Augen, welche nicht
jedes ein besonderes, sondern beide zusammen ein Bild des ge-
schauten Gegenstandes ergeben, so seien untrennbar ihre Herzen.
Derselbe Vergleich nun liegt ohne Zweifel vor in dem sehr ver-
dorbenen Gedichte, D'Anc. LXV, 13:

> Mostriam qui sumiglianza: (wir wollen ein Gleichniss geben.)
> Per fermo ben sapete.
> Ched un occhio vedere
> Non poria per certanza,
> Che ciascuno visagio
> Da lui avesse veduta:
> Così da voi partuta
> Non faria'l mi' coragio.

„ihr wisset wohl, dass ein Auge nicht so sehen kann, dass jedes

---

[1] Ein ganz ähnlicher Vergleich auch in der von Grion publizirten
italienischen Bearbeitung des *Bestiaire d'amour*, *Propugnatore*, II, 1°, p. 284.

Gesicht von ihm ein Bild empfinge". *risagio* hier für jedes der beiden zum Sehen bestimmten Organe.

Andere Vergleiche hingegen sind in sehr zahlreichen Beispielen vorhanden. Die Anziehungskraft des Magneten, die hier so oft als Bild für die Macht *Amore's* oder der Geliebten dienen muss, ist wohl zu allen Zeiten zu gleichem Zwecke verwendet worden; aber eigenthümlich dieser alten Dichtung ist die Vergleichung des getreu und hoffnungsvoll ausharrenden Liebhabers mit dem wilden Manne, der beim schlechten Wetter lacht und singt in der Hoffnung auf die Wiederkehr des besseren. Der Trost des wilden Mannes beim schlechten Wetter war damals sprichwörtlich, wie denn Amanieu de Sescas in seiner mit Sentenzen vollgestopften Liebesepistel (Choix, V, 20 ff.) sagte:

> .. apres la plueia fara bel,
> So ditz homs salvatges. [1])

Vom *conort del salvatge* redet Sordel. M. G. 1273, 3, und Raimon Jordan, M. G. 786, 4:

> E grazirai bes e mals eissamen,
> Qu'aissi farai lo conort del salvatge.

Ausführlicher Raimbaut del Beljoc, Choix, V, 400:

> En Peire, m'er lo conortz del salvatge,
> Que chant' al temps, en que plorar deuria,
> E plor' a cel, que noill fai(ll) nul dampnatge,
> Ans per son grat per tot temps estaria.

so D'Anc. III, 23:

> Si com' omo salvagio
> Faragio, com' è detto ch' ello face:
> Per lo reo tempo ride,
> Sperando, che poi pera
> La laida ara, che vide . . .

und ähnlich noch sehr oft [2]).

---

[1]) Diese Stelle gehört übrigens einer späteren Zeit an, da die Epistel zwischen 1285 und 1291 geschrieben worden, als Jacob von Aragonien König von Sicilien war.

[2]) Val. I, 137: II, 160; ib. 270; Trucchi, I. 64; Allacci. 201 (Cecco Angiolieri), Cod. A, 521. Dieser wilde Mann erscheint dann in komischer

Speziell dem Geiste jener Zeit entspricht auch das Bild vom Assassinen, der für den Alten vom Berge blindlings in den Tod geht, als Ausdruck für die treue Ergebenheit des Liebenden[1]). Bernart de Ventadorn verglich den Kuss, welchen er von seiner Dame empfangen, mit Peleus' Lanze, deren Wunden nur dann heilten, wenn sie nochmals die verletzte Stelle berührte, M. W. I, 17:

> Atressi m'es per semblansa,
> Cum fo de Peleus la lausa,
> Que de son colp no podi' om guerir,
> Si per eis loc no s'en fezes ferir.

und so Nan. Man. I, 358:

> Ch' a Peleus la posso assomigliare;
> Feruto di sua lauza
> Non guerria mai, se altr' ore
> Con ella il loco non si riferisse.

wo sich also, wie schon Nannucci bemerkte, wieder theilweis wörtliche Uebereinstimmung zeigt. Aber das Bild von Peleus' Lanze kommt auch sonst mehrfach vor[2]), und so steckt es gewiss in einer verdorbenen Stelle, Guittone, Canz. LI. 4:

> Ch' nomo di pregio non poria guarire
> Quell' uom, che di sua lancia l' ha piagato,
> S' ello non fina poi di riferire.

Das Richtige weiss ich nicht herzustellen; aber ungefähr muss es das Folgende sein:

> Como Peleo non poria guarire
> Quell' uom, che di sua lancia ave piagato,
> S' ello non torna poi a riferire.

Zahlreich sind die Vergleiche, die aus der classischen Tradition des Mittelalters oder aus den Erzählungen der französischen

---

Weise bei Bojardo persönlich und kämpft dort mit Brandimarte (Orl. Inn. l. I, c. 23, str. 6).

[1]) A. de Pegulhan, M. G. 1169, 4; Val. II. 78; diese Stellen führte Diez an, Poesie der Tr. 279. Andere sind, D'Anc. XXIII, 23; XCVII. 41; Val. I, 194.

[2]) Val. II, 101; Cod. A. 596.

Ritterromane stammen oder endlich aus der heiligen Schrift,
alles in buntem Gemische durcheinander, nach der mittelalterlichen
Weise. Als Muster der Schönheit erscheint typisch der biblische
Absalon, Salomo als das der Weisheit, Simson als das der Stärke,
und als das der Freigebigkeit Alexander; das Ideal des tapferen
Ritters ist Lancelot oder auch andere Helden der Tafelrunde.
Die Bilder für glühende Liebe sind Paris und Helena, Pyramus
und Thisbe, am häufigsten aber, wie schon bei den Troubadours,
Tristan und Isolde. Dante da Majano verglich seine Dame auch
mit Blanchefleur, Val. II. 457:

> Nulla bellezza in voi è mancata,
>
> Isotta ne passate e Blanziflore,

wo auch die Form des Namens noch die Spuren der französischen
Herkunft an sich trägt, und so scheint in der Stelle, D'Anc.
XXIX. 46:

> Altresi finemente
>
> Com Narcisi per sua spera vedere,
>
> Cosi s' innamorao,
>
> Quando là si sguardao,

und zu Anfang des ungedruckten Sonetts von Chiaro Davanzati,
A, 558:

> Come Narcissi in sua spera mirando,

die Form *Narcisi* eher provenzalisch als italienisch, wie Bern. de
Ventadorn (M W. I. 32) sang:

> Qu' aissim perdei, cum perdet se
>
> Lo bels Narcezis en la fon.

Am meisten aber beliebt und charakteristisch für den Ge-
schmack des Zeitalters sind die Thierbilder, geschöpft aus den
fabelhaften Erzählungen von den Gewohnheiten und Eigenschaften
der Thiere, die man in den weitverbreiteten und wegen ihrer
Wunderberichte viel gelesenen Bestiarien fand. Die Thierbücher
selbst gaben häufig allegorisch moralische oder religiöse Deutungen
ihrer Erzählungen, und die Lyrik übertrug dieselben, oft seltsam
und grotesk genug, auf die Verhältnisse der Minne. Der Liebende
lebt im Feuer, ohne zu verbrennen, wie der Salamander:

6

Peire de Cols d'Aorlac, Choix, V. 310:

> Quel fuoex, que m'art, es d'un' aital natura,
> Que mais lo vuelh, on plus lo sen arden,
> Tot enaissi cos banha doussamen
> Salamandra en fuec et en ardura
> En tra son noirimen.

D'Anc. I. 27:

> La salamandra andivi
> Ca nello foco vivi — stando sana:
> Così fo per long' uso,
> Vivo in foco amoroso[1]).

Die Dame tödtet mit dem Blicke, wie der Basilisk, oder, wie der Basilisk im Spiegel sich selbst sehend stirbt, so der Liebhaber, wenn er die Dame anschaut[2]). Der Dichter gleicht dem Schwane, der singt, bevor er stirbt:

Peirol, M. W. II. 1:

> Atressi col signes fai,
> Quan dei murir, chan,
> Quar sai, que plus gen murrai
> Et ab menhs d'afan.

D'Anc. LXXVIII. 42:

> Ma vadomi allegrando,
> Si come fa lo cecer, quando more,
> Che la sua vita termina in cantando[3]).

Wie der Vogel Phönix möchte er sterben und sich erneuern, um dann vielleicht der Dame besser zu gefallen:

Richart de Barbezieu, Canz. *Atressi cum l'olifans:*

> E s'ieu pogues contrafar
> Fenix, don non es mas us,
> Que s'art e pois resortz sus,
> En m'arsera, car sui tant malanans, . . .

---

[1]) s. noch Val. I. 70; 76; 136; Trucchi. I. 91.

[2]) Rostanh Berenguier in P. Meyer. *Derniers Troubadours*, § X. 3. Aim. de Pegulhan in der Canz. *Si com l'albres*; Val. I. 203; 290; 299; Trucchi. I. 101.

[3]) auch Rostanh Berenguier an derselben Stelle. Aimeric de Belenoi. M. G. 905. 2: D'Anc. XCVIII. 7; Val. I. 290.

D'Anc. XCVI. 59:

> Ca s'io potesse a simile natura
>
> Fenice contrafare.
>
> Volentier lo faria
>
> Per sodisfar, s'ofesa ò fatta alcuna[1]).

Wie die Tiegerin, der man ihre Jungen geraubt, den Schmerz vergisst, wenn sie sich im Spiegel erblickt, so er, wenn er die Geliebte anschaut:

Richart de Barbezieu, M. G. 1418. 4 (Choix. III. 458):

> Si cum la tigra el mirador,
>
> Que per remirar son cors gen
>
> Oblida s'ira e son turmen.
>
> Aissi, quan vei lieis, cui azor,
>
> Oblit mos mals, e ma dolors es mendre.

Stefano di Pronto in der sicil. Canzone bei Barbieri:

> Quandu eu la guardu, sintiria dulzuri,
>
> Ki fa la tigra in illu miraturi[2]),
>
> > Ki si vidi livari
>
> Multu crudilimenti
>
> Sua nuritura[3]), ki illa à nutricatu,
>
> E si bono li pari
>
> Mirarsi dulcimenti

---

[1]) s. D'Anc. XXXIX, 57 wo Fene Nominativbildung): XCVIII. 39; Val. I, 137; 290; 297; II, 24; 210; 510; Trucchi, I. 167; Grion, Pozzo. 57; Guittone, Canz. II. 1. Giovanni dall' Orto, Val. II. 100, hat auch den Schwanengesang auf den Phönix übertragen:

> L'uccel Fenis, quando vene al morire,
>
> Dice la gente, che fa dolce canto.

so auch in dem Sonette, das als von Cecco d'Ascoli bei Trucchi, I. 269.

[2]) Barbieri: Ki fu. Das in illu miraturi = tose. innello miratore, also genau das prov. el mirador; Grion, Serventese. 40, that demnach nicht wohl zu ändern. Man bemerke zugleich, dass dieses wohl das einzige Beispiel bei den Alten dafür, dass die Periode von einer Strophe der Canzone in die andere übergeht.

[3]) Barbieri: meritura; Grion setzte criatura; aber nuritura ändert weniger stark und ist wohl denkbar im Sinne von „Junges", prov. noiredura; norire gab es auch altital.; sicil. noch heut' nurrizza, nurrimi.

6*

Dintru unu speclu, chi li esti amustratu,
Ki l'ublia siguiri [1]. 1. K' ill' ublia?

Der Panther, der durch seinen süssen Duft die anderen Thiere
anlockt [2], der Hirsch, der, müde gehetzt, gegen die Jäger umkehrt
um zu sterben [3], das Junge des Löwen, das todt zur Welt kommt,
und das der Alte durch sein Gebrüll zum Leben erweckt [4], der
Elephant, der nicht aufstehen kann, wenn er gefallen [5], der Löwe,
der mit dem Besiegten Grossmuth übt [6], und noch manche an-
dere dieser wunderbaren Nachrichten der Thierbücher dienten zu
dem nämlichen Zwecke, und man ward nicht müde, sie zu wieder-
holen.

Alle diese Bilder und Vergleiche zusammen bilden eine grosse
Masse conventioneller Elemente, welche in Italien weit üppiger
gewuchert hat als in der Provence selbst; wenigstens in der uns
erhaltenen Literatur ist stets die Zahl der italienischen Beispiele
eine grosse, während man provenzalisch deren kaum eines oder
zwei auftreiben kann, und zuweilen gar keines. Es ist auch
nicht nöthig, dass hier überall im Einzelnen ein Muster in der
provenzalischen Lyrik vorhanden gewesen sei: man konnte auch
unmittelbar aus denselben Quellen der Thierbücher und Romane
schöpfen, aus denen die Troubadours diesen Aufputz ihrer Lieder
entnommen. Es war eben eine besondere Geschmacksrichtung, die
von den Vorbildern herübergekommen nunmehr gar sehr über-
trieben wurde. Dennoch sind viele Gedichte gänzlich frei von

[1] Andere Stellen, wo dasselbe Bild, Choix, V, 64; D'Anc. XCVI, 21;
Val. II, 447; Trucchi, I, 146.

[2] *Eissamen cum la pantera*, anonymes Gedicht, Chrest. 224; D'Anc.
XXIII, 16, Val. I, 70; 129; 137; D'Anc. XCVIII, 31.

[3] Rich. de Barbezieu: *Atressi cum l'olifans*, str. 5; Val. I, 203; II, 25;
76; 108; Nan. Man. I, 298; Brunetto Latini bei Trucchi, I, 168; Tommaso
da Faenza bei Zambrini, Op. volg. 385; auch Guido Guinicelli, Val. I, 78,
wo aber statt *cerro* — *nomo* gedruckt steht, das Richtige s. *Otto Canzoni
di G. Guinicelli*, Ferrara, Taddei, 1876, p. 18.

[4] Rich. de Barbezieu: *Atressi cum lo leos*, und Val. II, 77.

[5] Rich. de Barbezieu: *Atressi cum l'olifans*; D'Anc. XCVIII, 47.

[6] Bertran de Born gebraucht das Bild in Bezug auf Richard Löwen-
herz. M. W. I, 315; vgl. Peire Cardenal, M. G. 1254, 2; D'Anc. VIII, 32.

diesen Dingen geblieben; anderswo aber lässt sich wieder die
Neigung zu denselben bei dem nämlichen Dichter durch mehrere
Lieder hindurch verfolgen, so bei Stefano di Pronto durch alle
drei Gedichte, welche seinen Namen tragen, die sicilianische Can-
zone bei Barbieri, die bei Val. I. 202: *Assai mi piaceria*, und die
bei D'Anc. XXXIX: *Assai cretti celare*. Dieses macht zugleich die
Zusammengehörigkeit aller drei wahrscheinlich, und man wird der
vaticanischen Handschrift Recht geben müssen, welche eben das
letzte dem Stefano beilegt, während es bei Serassi und Valeriani
als von Pier delle Vigne steht.

Aber auch schon bei den Provenzalen selber ist ein solcher
Unterschied zwischen den Dichtern in Bezug auf die Vorliebe für
diese typischen Bilder vorhanden; denn, wenn auch gar manche
sie vereinzelt anwendeten, wie Peirol das vom Schwan und Folquet
de Marselha das vom Schmetterling, so zeigt sich doch nur bei
wenigen eine absichtlich gehäufte Wiederholung derselben. Zu
den letzteren gehört vor allen Richart de Barbezieu, von dem die
provenzalische Lebensnachricht [1]) ausdrücklich bemerkt, *qu' el se
deleitava fort de dire en sas chansos similitudines de bestias e
d'auzels e del solelh e de las estelas per dire plus novellas razos
c'autre non agues ditas ni trobadas*. Man sah ihn also als den
Erfinder oder wenigstens Ausbilder dieser Manier an, und dass er
allgemein in diesem Rufe stand, zeigt sich auch darin, dass ihm
die Handschriften öfters Gedichte Anderer beilegen, weil sie mit
einem Vergleiche beginnen [2]). Er begnügte sich nicht damit, ein
solches Bild hier und da anzubringen. In der Canzone: *Atressi
cum l'olifans*, enthält jede einzelne Strophe einen besonderen Ver-
gleich, die 1. den vom Elephanten, die 2. vom Bären, die 3. von
Daedalus (oder, nach Barbieri und Galvani: Simon Magus), die
4. vom Phönix, die 5. vom Hirsch und den Jägern. Und gerade
von diesem Dichter und der Entstehung dieser Canzone erzählen
die *Cento Novelle Antiche* (nr 61) eine oft wiederholte Geschichte

---

[1]) Mahn, Biographieen der Troub. nr 23.
[2]) s. das Troubadourverzeichniss in Bartsch's Grundr. zur Gesch. der
prov. Lit. nr 337, 1; 355, 5; 366, 2.

und geben das Gedicht selbst in seiner ganzen Ausdehnung wieder. Richart war also ganz besonders wohl bekannt in Italien, und man wird nicht fehl gehen, wenn man jener seiner Canzone einen bedeutenden Einfluss auf die Bildung einer solchen Geschmacks- richtung in der ältesten italienischen Lyrik zuschreibt. Ausser bei Richart ist unter den Troubadours selbst diese Neigung, wenn auch in schwächerem Grade, wohl sichtbar bei Aimeric de Pe- gulhan, namentlich in der Canzone: *Si cum l'albres que per sobre- cargar*, und dieser Dichter lebte lange in Italien, und sein Ge- dicht war dort eines der bekanntesten; denn Dante citirt es im Buche *de vulg. el.* (II, 6), und der Anfang desselben ward, wie oben bemerkt, von einem Italiener fast wörtlich nachgeahmt. Reich an mannichfaltigen Vergleichen ist auch des Venetianers Bartolommeo Zorgi Lied: *Aissi col fuecs consuma totas res* (Chrest. 269), und sehr eigenthümlich in dieser Beziehung desselben Dich- ters lange Canzone: *Atressi com lo gamel* (M. G. 308), wo die zoologischen Bilder sich mischen mit solchen der heil. Geschichte und der Ritterromane: das treue Cameel, die Schlange, die den nackten Menschen flieht, und daneben Gott und Abel, Tristan und Isolde, Sara und Abraham, u. s. w. [1]

Italienische Gedichte mit solcher wunderlichen Häufung von conventionellen Vergleichen sind vorzüglich das von Inghilfredi Siciliano: *Audite forte cosa, che m' avvene*, Val. I, 136; das von Stefano di Pronto: *Assai mi piaceria*, ib. 202; und das: *Lontan ci son, ma presso c' è lo core*, Val. II. 76, welches nach der pala- tinischen Handschrift (p. 104) von Amorozzo da Firenze, nach der vaticanischen (171) von Carnino Ghiberti. Chiaro Davanzati dich- tete einen Cyclus von Sonetten, deren jedes einen derartigen Ver- gleich enthält; sie sind, ausser dem einen von der Tiegerin (bei Trucchi, I. 146), sämmtlich noch ungedruckt, im Cod. Vat. 3793, nr 556—563, dazu gehörig offenbar auch nr 354 vom Hirsche und 575 vom Drachen, vielleicht auch 596 von Peleus' Lanze.

---

[1] Theilweise erinnert dieses Gedicht an das des Peire Vidal (XIV): *Bem pac d'ivern e d'estiu*, wo am Schlusse jeder Strophe eine Anspielung auf die heil. Geschichte.

In der Canzone bei D'Anc. XCVIII:

> Dogliosamente e con gran malenanza.

sind die zahlreichen Thierbilder zu einem anderen als dem gewöhn-
lichen Zwecke verwendet. Es klagt hier jemand darüber, aus dem
Glück in das Elend herabgestürzt zu sein. Auf dieses Lied hat
ein anderer Dichter, Arrigo Baldonasco (Val. II, 67), in sehr bit-
terer Weise, auf die Reime, geantwortet, das Unglück, das jener
bejammerte, als die gerechte Vergeltung für dasjenige darstellend,
welches er selbst ehedem Anderen bereitet. Er wiederholt dabei
spottend theilweise die Thierbilder, die jener gebraucht hatte. Der
Verfasser des ersten Gedichtes sagte, wenn der gefallene Elephant
sich nicht aufrichten könne, so sei er nicht zu tadeln, und der
des zweiten erwidert, wohl sei er zu tadeln, wenn er durch eigene
Schuld gefallen:

> Se 'l leofante cade, ogni nom lo 'ntenda,
> Per [la] sua falla, ben si de' biasmare.

Jener spielte auf den lockenden Geruch des Panthers an:

> Chè la pantera à 'n sè tale natura,
> Ch' ala sua lena tragon gli animali.

und dieser macht sich über seinen Vergleich lustig:

> Paretemi di gente da ventura,
> A trovar sempro delle bestie eguali.

Die beiden Gedichte beziehen sich jedenfalls auf eine politische
Umwälzung, welche den Verfasser des ersten einer Machtstellung
beraubt hatte. Das beweist die 4. Strophe:

> Faccia 'n tal guisa[1], che naturalmente
> Vadan le doglie[2], ch' ò non per ragione[3].
> Cà non è gioco d' essere servente
> A chi è meno di sua condizione.

---

[1] es ist die Rede von der Fortuna.

[2] „dass die Schmerzen ihren natürlichen Gang nehmen, nicht mich
treffen, sondern die, welchen sie zukommen."

[3] so Val.; D'Anc. *ch' ònde per r.*

und die Antwort:

> Sacciate, che le doglie certamente
>
> Hanno stagion [1]; chè per lunga stagione
>
> Mantenete li mal comunalmente
>
> E fate star fuor delle sue magione
>
> A molti, ch' eran buon, de' comunali
>
> Di Toscana e della fede pura.

Und, da hier Toscana erwähnt wird, und gleich zu Anfang der Reim *fermessa* (*fermezza*): *essa* vorkommt, so muss Arrigo Baldonasco ein Lucchese oder Pisaner gewesen sein, und daher ist denn auch die Attribution des ersten Gedichtes an einen Fredi da Lucca gewiss als richtig anzunehmen, wie sie in der palat. Hs. (p. 104) geschieht, während in der vaticanischen das Lied anonym ist [2]).

Das Aeusserste in der Aufspeicherung solcher Gemeinplätze hat der Verfasser des *Mare Amoroso* geleistet, einer Liebesepistel in *versi sciolti*, die von Grion veröffentlicht worden [3]). Trucchi und Grion haben dieselbe etwas voreilig dem Brunetto Latini zugeschrieben, weil sie sich in derselben Handschrift mit Werken dieses Dichters befindet: dass in Brunetto's Canzone gleichfalls mehrere der conventionellen Vergleiche vorkommen, beweist nichts, da diese Manier ja damals allgemein war. Andere hielten Boccaccio für den Verfasser [4]). was wohl ebenso wenig richtig ist. Jedenfalls wäre man, nach der Form des Gedichtes, eher geneigt, es in das 14. Jahrhundert zu setzen. Grion machte auf die Verwandtschaft mit dem *Bestiaire d'amour* des Richard de Fournival auf-

---

[1] l. *ragion?*

[2] Zu den Versen D'Anc. XCVIII, 14:

> Si falsamente m' ingannò lo sguardo.
>
> Si come lo leone lo lepardo,
>
> C' a tradimento li levao lo manto.

vgl. Guillem Ue d'Albi, Choix. V, 199:

> Atressi col laupartz ancire
>
> Sap en la forest lo leo . . . .

[3] *Propugnatore*, I, p. 593, ff.

[4] s. *Rime e Prose del Buon Secolo*, Lucca, 1852, p. XVIII.

merksam; aber eine unmittelbare Nachahmung desselben ist das italienische Gedicht nicht: die Sammlung der Gemeinplätze ist hier eine viel mannichfaltigere; der Autor hatte offenbar die alten Lyriker fleissig gelesen und sich nun daran ergötzt, alles Mögliche, was er bei ihnen vorfand, in langer Kette aneinanderzureihen.

Die bei weitem grösste Zahl der Gedichte, welche von der sicilianischen Schule herrühren, sind, in ewiger, einförmiger Wiederholung, Gnadenrufe an Madonna und *Amore*, Klagen über die Härte der Dame, Flehen, endlich sich erbitten zu lassen; seltener schon wird die Freude über erhaltene Gunst besungen. Einige provenzalische Gattungen, welche nach dem besonderen in ihnen behandelten Gegenstand einen bestimmten Charakter und danach besondere Namen erhalten hatten, sind hier in wenigen Beispielen vertreten, so der *Comjat* oder die Dienstaufsage, der Gegensatz zum Gnadeflehen der meisten Gedichte, und der *Planh*, das Trauerlied um den Tod der Geliebten oder eines Freundes. Im *Comiato* betheuert der Dichter, dass er die Dame treu geliebt und niemals gegen sie gefehlt habe; sie schien die Trefflichste zu sein; aber sie war falsch; daher hat er sich von ihr gewendet und nun eine andere Dame gefunden, die ihn besser belohnt. Zu dieser Gattung gehörte die Canzone, welche Iacopo Mostacci aus dem Provenzalischen entlehnte. Derart sind ferner die Gedichte D'Anc. LXXXII, und C. In dem ersteren, welches von Mazzeo Ricco, erinnert ein Vers (19):

S'eo tardi mi so' addato.

an den Anfang von Folquet's de Marselha nahe verwandtem Liede: *Sitot me sui a tart aperceubutz*, welches dem italienischen Dichter wohl vorschweben mochte: denn, wie in der ersten Strophe Folquet's findet sich auch in der Canzone Mazzeo's ein Bild vom schlechten Schuldner und eines vom Spieler, wennschon das letztere mit verschiedener Wendung.

Ein Beispiel des *Pianto* ist das Gedicht von Giacomino Pugliese: *Morte, perchè m'ài fatta sì gran guerra*. D'Anc. LV: es sind die trivialen Wehklagen über die Grausamkeit des Todes, der ihm in der Dame alle Freuden und alles Glück geraubt hat. Origineller ist das Trauerlied des Pier delle Vigne: *Amando con*

fin core e con speranza, Val. 1, 49. und sogar von einer gewissen
Wärme des Affektes und gewandterer Form das des Florentiners
Pacino Angiolieri: *Qual è, che per amor s'allegri o canti* (Trucchi,
I, 116: Nan. Man. 1, 221). Zwei anonyme Gedichte dieser Art in
der Sammlung D'Ancona's (LXXIV und LXXV) sind im Munde einer
Frau auf den Tod eines Mannes und einander so ähnlich, dass
man vermuthen muss, sie seien von demselben Verfasser und bei
derselben Gelegenheit gedichtet [1]).

Mit demselben Rechte wie die beiden genannten kann man
auch als besondere Gattung die Scheide- und Sehnsuchtslieder auf
den Abschied von der Dame und das Weilen in der Ferne von
ihr betrachten, obgleich ein besonderer Name für sie aus der pro-
venzalischen Literatur nicht bekannt ist; nach der grossen Zahl
der erhaltenen Gedichte scheint diese Gattung in Italien einen
reichlicheren Anbau gefunden zu haben als in der Provence.
Dies kann wohl seinen Grund in den besonderen Verhältnissen
der Dichter, ihren Fahrten und Reisen, haben, und man könnte

[1) Theilweise stimmen sogar die Worte, wie

LXXIV, 40: Ch' era servente di buoni a tutt' ore.

LXXV, 32: . . . . . piano

Ali boni ad ogne mano

E tuttor serventese.

Daher kann man den Text des einen aus dem andern verbessern; im ersten
heisst es:

Morte, in te nulla mercede

Nè pietà si può trovare

Nè umiltà, sanza fede,

Non val c'om ti possa fare,

Che non ancide a tua 'ntenza

Qual vuoi . . . .

„nichts nützt es, was man auch thun mag, dass du nicht nach deinem Be-
lieben tödtest, wen du willst" — also ist zu lesen im zweiten Gedichte.
LXXV, 3:

Se non ti val preghera

Nè merzede chiamare,

C' om ti faccia, sì se'dura,   D'Anc. *Conti faccia.*)

Che d' anzider non ài cura.

Quale t' è in talento.

hier eher als anderswo Bezüge auf ihr Leben suchen und für
dasselbe Schlüsse aus dem Inhalte der Lieder ziehen wollen. Das
erste Gedicht dieser Art, dem wir in der Sammlung D'Ancona's
begegnen, ist das von Iacopo da Lentini (IX): *Troppo son dimo-
rato*, und Borgognoni (l. c. p. 55) folgerte in der That aus ihm
eine lange Abwesenheit Iacopo's, vielleicht in einer *vicaria* oder
podesteria für den Kaiser. Aber gerade dieses Gedicht ist, wie
oben gezeigt worden, eine Anlehnung an eine Canzone Perdigon's.
und, wenn es nun freilich möglich ist, dass Iacopo über seine
eigenen Erlebnisse mit Benutzung eines fremden Vorbildes dich-
tete, so konnte er doch auch nachahmen nur eben um nachzu-
ahmen. Das Gedicht XIX ist *al Regno* gesendet, ein Zug, der
zweifellos auf reale Verhältnisse deutet; freilich wird unsere Kennt-
niss dadurch nicht sehr bereichert. Interessanter wäre die Can-
zone Rugerone's von Palermo: *Oi lasso, non pensai* (D'Anc. XLIX).
wenn sich nicht etwa einmal auch von dieser herausstellt, dass sie
ein provenzalisches Original hat. Der Dichter spricht hier von dem
sehnsüchtigen Schmerze, den er, während seiner Reise, auf dem
Schiffe empfunden, und am Schlusse sendet er sein Lied an die
Blume Syriens, *alla fior di Soria*. Borgognoni meinte allerdings.
Soria sei hier für die Bezeichnung der Landschaft von *Sora* in
Unteritalien zu halten: denn es sei nicht denkbar, dass der Dichter
sich in eine Sarazenin verliebt und ihr sicilianische Gedichte in's
Morgenland gesendet habe; diese Einwände jedoch schwinden.
wenn man nur an die wunderbare Geschichte Jaufre Rudel's
denkt; die Gräfin von Tripolis war doch auch keine Sarazenin,
und Rugerone konnte einen Kreuzzug mitgemacht und die Liebe
zur Blume Syriens mit nach Hause gebracht haben. Viele andere
Gedichte, wie das König Enzo's, D'Anc. LXXXIV, oder das des
Buonagiunta, Val. I, 501, zeigen wie gewöhnlich die triviale Wie-
derholung typischer Ideeen und Formeln. Mazzeo Ricco verfasste
ein Gespräch zwischen Messere und Madonna, die sich aus der
Ferne gegenseitig ihre lieberfüllten Herzen senden (D'Anc. LXXIX).

Der Ausdruck der Sehnsucht pflegt in eine Rückerinnerung
an die letzte Freude vor dem Scheiden überzugehen, an die letzte
Zusammenkunft mit der Dame, an ihre Rührung, die Worte, die

sie damals gesprochen; es ist eine sehr natürliche Wendung, welche sich bei vielen Dichtern auch anderer Zeiten findet, und die Aehnlichkeiten, die man hier wahrnimmt, wird man für ganz zufällig entstandene halten dürfen. Gaucelm Faidit sagte sehr schön (Chrest. 139):

> Qu' anc nom poc plus dir,
> Quan vene al partir,
> Mas sa caralh vi cobrir.
> Em dis sospiran:
> A deu vos coman.

und Bernart de Ventadorn, M. W. I. 35:

> Mantas vetz m'es pueis membrat
> L'amor, quem fetz al comjat.
> Qu'iel vi cobrir sa faisso.
> Qu'anc nom poc dire razo.

oder M. W. I, 47:

> Que non es jorns, qu'ieu no sospir
> Per un dous semblan, quel vi far,
> Quan me dis: „Ont amaria,
> Que fara la vostr' amia?
> Amics, cum la voletz laissar?"

So sagt die Dame, D'Anc. LX. 13:

> Messer, se venite a gire,
> Non facciate addimoranza;
> Chè non è bona usanza
> Lasciar l'amore e partire.

und LXII. 18:

> Diciavatemi sospirando:
> Se vai, meo Sire, e fai (a)ddimoranza
> Ve', ch' io m'arendo e faccio altra vita.

LXIX. 13:

> Se vai, amor, e me lasci in tormento,
> Io n'averò pensiero e cordoglienza . . . .

Die zuletzt angeführten drei italienischen Gedichte gehören zu den selbständigeren der Schule; sie gefallen sich in einer breiteren Ausmalung der letzten Zusammenkunft mit ihren einzelnen

Umständen, und hierbei kommen gewisse der Realität entnommene Züge zum Vorschein, die man sonst in dieser Dichtung nicht gewohnt ist. Da ist von Herzen und Küssen die Rede, und Giacomino Pugliese erinnert daran, wie die Geliebte aus dem Fenster ihres Palastes in seine Arme herabgestiegen ist (LXII. 34):

> Membrando, ch' ei te, bella, alo mio brazo,
> Quando scendesti a me in diporto
> Per la finestra delo palazo.

Der Ton ist hier ein leichterer und volksthümlicherer, und so ist es auch in einem anderen Gedichte, in welchem die Abschiedsscene der Liebenden selbst sich in der Form der Tenzone darstellt. Es trägt in der vaticanischen Handschrift den Namen *Re Federigo*, beginnend: *Dolze meo drudo, e vattene*, D'Anc. XLVIII[1]). Grion[2]) glaubte, es Friedrichs II Sohne, König Friedrich von Antiochien, zuschreiben zu müssen und nicht dem Kaiser, wohl deshalb, weil der Verfasser *Re* betitelt ist; aber in der palatinischen Handschrift wird Friedrich II selbst *Re Federigo* genannt in der Ueberschrift zweier Canzonen, von denen wenigstens die erste ihm allgemein zuerkannt ist. In jenem Abschiedsgespräche bei D'Ancona sagt der Liebhaber, er scheide nicht aus freien Stücken, sondern auf Geheiss seines Herrn:

> Chè mi convene ubidire
> Quelli che m'à in potestate.

Hierzu nun bildet das Gegenstück eine Canzone bei Valeriani, I. 64, welche demselben Friedrich II beigelegt wird (nach der palat. Hs.), und in der That machen die Gedichte den Eindruck, als ob sie beide als zu einander gehörig abgefasst seien. Die

---

[1]) Bilancioni hat (*Propugnatore*, VIII. 2°, p. 281 ff.) die Form in Ottonarien hergestellt, wie sie fast tadellos in der Hs. stand, und auch einiges an der Lesart verbessert; v. 23 war jedoch *per null' altr' od amare* zu setzen, wie Grion gethan (*per . . ad*, wie altfz. *par . . à*, span. *para* und v. 34 war das *sauza tenore* der Hs. nicht in *sanza tenore* zu ändern; *senza tenore* heisst „ohne Aufenthalt, Säumen", wie D'Anc. XXIV, 97; LXXVII, 39; vgl. Mussafia. Zur Katharinenlegende, Wien, 1874, Glossar, s. v. *tenere*.

[2]) Böhmers Romanische Studien, I, p. 110.

Trennung, welche auf Geheiss des Herrn dort erst stattfinden
sollte, ist hier vollzogen, und der Dichter klagt in der Ferne.
Der Anfang ist bei Val. entstellt, und von Salvini missverstanden:
aber Trissino gab in seiner Poetik[1]) die ersten zehn Verse in
correcterer Lesart. und danach ist die erste Strophe folgender-
massen herzustellen:

Per la fera membranza

Dello mio gran disio

Malamente fallio,

Che mi fece partire   l. *Chi mi f.?*

E dipartire — la gran gioi ch' i' avea.

Ma senza dubitanza

Lo mio Signor sentio.

Allor che mi partio,

Del mio pregio gradire.

Che fallire — non vuole e non porria.

E non comportaria,

La mia pena sapesse.

Che tanto mi stringesse.

Quanto temesse — della vita mia.

Perchè si converria,

Che tal gioia si desse,

Che s' altri l' aprendesse. Val. *la prendesse*

Dir non potesse — che li fosse ria.

Freilich, wenn man diese Klagen als aus einem wirklichen Erleb-
niss entsprungen auffassen will, so könnten die beiden Lieder nicht
vom Kaiser sein: denn wer wäre da jener Gebieter, dem er zu
gehorchen hätte? Doch reicht dieser Grund allein nicht aus, sie
ihm abzusprechen, da das Ganze sehr wohl als eine Fiction an-
gesehen werden kann: Friedrich mochte hier einem bekannten
Typus nachsingen, so gut wie er ja' in den andern ihm zugeschrie-
nen Liedern der modischen Weise folgte und nicht seine persön-
lichen Empfindungen ausdrückte. Diese Gestalt des Gebieters,
welcher die Trennung der Liebenden veranlasst, erscheint nämlich

---

[1] Trissino, *Opere*, II, 65.

auch noch in **anderen Gedichten**. In der letzten Strophe der
Canzone D'Anc. XLIV, heisst es[1]):

> La disianza non si può astutare
>
> Sanza di quel chend' ave lo podere
>
> Di ritenere e di darmi comiato,
>
> Come la cosa si possa compiere.
>
> Dunque meglio conven mercè chiamare,
>
> Che ci provegia e no lasci perire
>
> Lo suo servente di gioi prolungato;
>
> C' a fino Amor faria a dispiacere;
>
> Ma io son certo, ch' egli è benvogliente,
>
> C' Amor gioi li consente,
>
> Ed è gioioso e di gioi concrianza[2]).
>
> (er ist Entstehung, Quelle von Freude),

und in dem anonymen Gedichte, D'Anc. LXIX, 19:

> Lo mio gire, amorosa, ben sacciate,   (D'Anc. *amoroso*)
>
> Mi fu contra volere in tutte gnise;   (D'Anc. *fa contra*)
>
> A voi ritornar gran disiro ajo,
>
> Ma [a]lo meo sire, che m' à in potestate,
>
> A lo 'ncominciamento l' impromise
>
> Di ritornare a Lentino di majo.

In dieser letzten Stelle macht die präcise Orts- und Zeitangabe den
persönlichen Bezug gewiss, und zugleich kann kaum Zweifel sein,

---

[1]) verbessert nach der Lesart desselben Gedichtes, Guittone, Canz. LI.

[2]) Gewisse Aehnlichkeit mit dieser Stelle hat die des Gaucelm Faidit,
M. G. 486, 4, wo der Dichter vom Grafen Gottfried sagt, dass er ihn bei
sich zurückhalte, aber schwerlich ihm die Heimkehr zur Geliebten versagen
würde, wenn er sie wünsche:

> E si no fos mossenhel coms Jaufres,
>
> Quim reten sa en son cortes pais,
>
> Ja per honor ni per be, quem vengues,
>
> Non estera qu'ieu ades no la vis:
>
> Vas autra part mon fin cor no merceia;
>
> El coms sap be, que non pot ren saber
>
> De fin' amor, qui amador guerreia,
>
> Ni drutz non deu ad amie dan tener,
>
> Per qu'ieu no cre, qu' el m'auzes retener.

dass das Gedicht von Iacopo da Lentini herrührt, der es liebte, seine Vaterstadt in seinen Versen zu nennen.

Die Form des Gesprächs, welche in diesen Scheideliedern zur Darstellung der letzten Zusammenkunft diente, ward auch sonst mehrfach im Minnegedichte verwendet. Bekannte provenzalische Beispiele sind der Dialog des Albert de Sestaro: *Domna, a vos me comau*, und der des Raimbaut de Vaqueiras mit der Genueserin. Es sind dieses wirkliche Tenzonen, oder, wie man sie italienisch nannte, *Contrasti;* der Liebhaber drängt die Dame, um von ihr Erfüllung seines Wunsches zu erhalten, sie aber bleibt unerbittlich und weist ihn zurück. In einem Gespräche des Giacomino Pugliese dagegen (D'Anc. LIX) beklagt sich der Liebende über die Dame, dass sie ihn täusche, und trotz ihrer Bethenerungen verharrt er in seinem Misstrauen. Die Toscaner liebten für diese Dialoge die Balladenform[1]); es müssen also wenigstens im Anfange gesungene und von Tanz begleitete Wechselreden gewesen sein. Den Inhalt bilden immer die süsslichen gegenseitigen Liebesbethenerungen oder Eifersüchteleien, wie im Gedichte Giacomino's. Zu demselben Zwecke verwendete man auch Sonette, von denen das zweite auf das erste antwortete, zu vergleichen der provenzalischen Tenzone von nur zwei Strophen, wie die des Uc Catola ist[2]). Guittone von Arezzo dichtete einen Dialog von 6 Sonetten zwischen Dichter und Dame, der ganz aus gegenseitigen Schmähungen besteht (Son. 103—108), und masslos in der Form, wie er es war, hat er dann gar in nicht weniger als 32 Sonetten (Son. 54–85) eine ganze lange Liebesgeschichte ausgesponnen, in welcher sich Gespräche mit der Dame zwischen Bethenerungen und Lamentationen mischen. Die Wechselreden innerhalb eines und desselben Sonettes, wie bei Val. I. 312; II. 19 u. 21, entsprechen den *coblas tensonadas* der Provenzalen[3]). Zwei solche Gedichte hat Trucchi (I. 119 f.) von Ser Iacopo da Leona publizirt, welcher nach des Herausgebers Versicherung deren besonders viele gedichtet hat.

---

[1]) s. die von Saladino, Val. I. 435, 442; Albertuccio della Viola, ib. II. 228; Dante da Majano, II. 440.

[2]) Chrest. 59. Ein Sonettengespräch von Messer Polo, Val. I. 130 f.

[3]) *Leys d'amors*, I. 325 u. III. 396 f.

Von diesen Liebesgesprächen ganz verschieden ist diejenige
provenzalische Gattung, welche man gewöhnlich unter dem Namen
der Tenzone versteht. Jene Dialoge rührten in Rede und Wider-
rede von einem und demselben Dichter her; diese dagegen waren
Unterhaltungen und Diskussionen verschiedener Dichter unter
einander. Provenzalisch waren sie ebenfalls in Canzonenform ge-
bunden, so dass jedem der Theilnehmer abwechselnd eine Strophe
zufiel, und das Geleit meistens die Personen bezeichnete, welche
die Dichter zu Schiedsrichtern ihres Streites bestimmten. Aber
in der späteren Zeit der provenzalischen Literatur war es auch
Sitte, dass der eine Dichter eine einzelne Strophe sendete, auf
welche der andere dann mit demselben Reimen erwiderte. Solcher
Strophen mit Antworten sind nach einer vaticanischen Handschrift
eine ganze Reihe publizirt im *Archiv*. vol. 34, p. 105 ff. Es han-
delt sich um persönliche Fragen oder um Scherze; meistens aber
ist es herber Spott, den der eine Troubadour gegen den anderen
schleudert, und den dieser in der Erwiderung zu überbieten sucht,
wobei denn allerlei unsaubere Dinge aus dem Privatleben der
Dichter zum Vorschein kommen, freilich nicht alle völlig glaub-
würdig, da diese Verse offenbar Produkte der Berufseifersucht
sind[1]). Diesen correspondirenden Strophen entsprechen genau die
italienischen Sonette mit Antwort, welche auch in der vaticanischen
Handschrift 3793 wirklich Tenzonen genannt werden[2]). Aus dem
Süden sind deren keine bekannt; die Gattung scheint sich erst in
Toscana entwickelt zu haben, als man sich des Sonettes häufiger

---

[1]) s. darüber auch Paul Meyer, *Derniers Troubadours*, § X. 2. wo
einige andere solche Dialoge zwischen Rostanh Berenguier und dem Bort
von Aragon.

[2]) Die Bezeichnung *tenzone* findet sich in der vat. Hs. sowohl bei Ge-
sprächssonetten zwischen zwei Dichtern, als auch bei solchen zwischen Mes-
sere und Madonna, die also von demselben Dichter (die letztern so genannt
z. B. nr. 714 f. u. 735 f.). Räthselhaft sind dabei die Numerirungen *ten-
zone II*, *tenzone III*, *tenzone XVI*, u. dgl., welche ganz bunt ohne Ordnung
verstreut stehen. Dieselbe Nummer kehrt öfters wieder, ja sogar bei dem-
selben Dichter: es giebt da viermal *tenzone III* von Monte Andrea (nr. 683,
690, 698. 768): zweimal *tenzone III* von Chiaro Davanzati (737. 756), und
zweimal *tenzone II* von demselben (688, 735).

bediente. Auch hier findet sich, wiewohl seltener, der persönliche Spott, so in dem Sonette Guittone's an Onesto von Bologna (Son. 209):

> Credo, saprete ben, messer Onesto,
> Che proceder dal fatto il nome dia.

Er ermahnt Onesto, seinen Lebenswandel mit seinem schönen Namen in Einklang zu bringen, oder aber den Namen zu wechseln, worauf Onesto ironisch mit dem Sonette antwortete: *Vostro saggio parlar ch' è manifesto* (Val. II. 145). Durch jene Verse Guittone's mochte wohl auch der Giudice Ubertino zu seinem Schmähgedichte auf denselben angeregt worden sein (Val. I, 452), welches mit der nämlichen Sentenz beginnt wie jene:

> Se 'l nome deve seguitar lo fatto,
> Vera vita è la tua, o Fra Guittone.

worauf dann wieder Guittone (Son. 153) nicht bloss auf dieselben Reime, sondern sogar auf dieselben Worte erwiderte:

> O Giudice Ubertin, in catun fatto,
> Ove pertegno voi, ver son guittone.

d. h. soweit ich euch gleiche, redet mein Name freilich die Wahrheit, bin ich wirklich ein Schuft (*guittone*).

Meistens jedoch bildeten den Gegenstand der Correspondenz allgemeine Fragen verschiedener Art: der eine Dichter bat den anderen um Aufklärung über irgend einen ihm problematischen Punkt, und dieser theilte seine Ansicht in der Antwort auf die Reime oder auch ohne diesen Zwang mit. Zuweilen ging dieses Fragen und Antworten mehrmals hin und her, wo man dann eine Kette erhält, die wieder der gewöhnlichen ausgedehnten provenzalischen Tenzone entspricht. Und, ebenfalls wie in der provenzalischen Tenzone, nahmen auch mehr als zwei Dichter an der Unterhaltung Theil, indem der erste Fragende sein Sonett zugleich an verschiedene sandte. Mehrfach handelt es sich, wie in den meisten derartigen Gedichten der Troubadours, um gewisse subtile Entscheidungen über die Angelegenheiten der Minne. Bartolommeo Notajo fragt Bonodico von Lucca (Val. I. 535), welchen von zwei Rittern eine Dame bevorzugen müsse, den, welcher kühn seine Empfindung kund thue, oder den, welcher fürchte und schweige;

Bonodico antwortet mit dem Gemeinplatz, dass Liebe aus Wohlgefallen (*piacere*) entstehe; also mag die Dame den wählen, der ihr gefällt. Buonagiunta Urbiciani fragt (Val. I, 529) einen Ungenannten, welches das erste Leid sei, das Liebe verursache. Dante da Majano will von Tommaso Buzzuola erfahren, welches der grösste Schmerz in der Liebe sei (Val. II. 492), und jener antwortet, es sei der zu lieben und nicht wieder geliebt zu werden (ib. 252); Dante da Majano setzt dann (ib. 493) von neuem fragend die Diskussion fort, worauf die Rückantwort fehlt. Und dass das erste Sonett hier zugleich an mehrere Dichter gesendet worden, sieht man daraus, dass noch ein anderer, Mino del Pavesajo (Val. II. 386) auf dasselbe antwortet, und zwar mit der nämlichen Entscheidung wie Tommaso; auch hierzu findet sich die erneute Frage Dante da Majano's (Val. II. 494). So sendete dann der junge Dante Alighieri in seinem ersten Sonette eine Vision zur Erklärung an die berühmten Dichter seiner Zeit, und vor oder nach ihm hat Dante da Majano mit einem Traume desgleichen gethan (Val. II. 499 ff.).

Aber auch mit anderen Fragen gab man sich in diesen Gesprächen ab; Gonnella degli Interminelli und Buonagiunta wechseln vier Sonette über das Problem, wie Eisen mit Eisen gefeilt werden könne (Val. I. 530 ff.). Francesco Ismera befragt jemanden darüber, woher es kommen möge, dass der Sonnenstrahl durch Glas und Wasser fallend Feuer erzeuge (Allacci. 346):

> Mette lo Sol nell' acqua e träne il foco,
>
> O del foco coll' acqua il Sol si sciovra?
>
> Adoperavi il vetro assai o poco
>
> O l'esca, fuor che 'l prende o mette in ovra?

Es handelt sich dabei um jene mit Wasser gefüllten Glaskugeln, welche das Alterthum und Mittelalter als Brenngläser verwendete. Bei Guittone und seinen Nachahmern herrscht auch hier das Moralisiren vor; Natuccio Anquino von Pisa fragt Bacciarone (Val. I, 414 f.), warum Sünde mehr beliebt sei als Rechtthun; Meo Abbracciavacca peinigt den Dotto Reali gar mit dem theologischen Problem, woher die Seele der Verderbniss verfallen könne, da sie doch von dem höchsten Gute stamme (Val. II. 20 u. 52). An Guit-

7*

tone selbst ergingen mehrfach solche moralische und theologische Fragen. Diese Sonette sind, bei dem Ungeschick in der Behandlung so schwieriger Gegenstände und dem Zwang der Form, fast immer sehr dunkel, und gar die Antworten auf die Reime oft nicht zu enträthseln.

Von der politischen Tenzone bietet interessante Beispiele die lange Reihe von Correspondenzen verschiedener florentinischer Dichter über die Ereignisse des Jahres 1268, von denen schon an anderer Stelle die Rede gewesen ist.

Die Troubadours antworteten auch mit ganzen Gedichten auf die Reime eines gegen sie gerichteten Angriffsservontes. In dieser Weise vertheidigte sich Raimon de Miraval gegen das Lied des Uc de Mataplana, der ihm Vorwürfe wegen der Verstossung seiner Frau gemacht hatte[1]). Bartolommeo Zorgi nahm mit einem Gedichte seine Mitbürger, die Venetianer, gegen ein Serventes Bonifacio Calvo's in Schutz (Choix. IV. 226 ff.). Albert de Sestaro verfasste ein Schmähgedicht gegen die Liebe (Arch. 32. 407), gegen welches Aimeric de Belenoi eine Vertheidigung derselben dichtete (M. G. 101). Gerade dieser letzte Gegenstand nun ist auch in Italien in Correspondenzen von ganzen Canzonen auf die Reime behandelt worden. Tommaso Buzzuola vertheidigte zweimal die Trefflichkeit der Minne, das erste Mal gegen den Angriff Monte Andrea's[2]), das zweite gegen den des Giovanni dall' Orto von Arezzo[3]). Umgekehrt erwiderte auf eine Canzone des Galletto Pisano (Val. 1. 449), in welcher dieser sich seiner Liebe rühmte, Leonardo del Guallacco aus Pisa mit einer Schmähung *Amore's* und der Frauen (ib. 445)[4]).

---

[1] Arch. 34. 195 f. vgl. Diez. Leben und Werke der Troub. p. 387.

[2]) Monte's Gedicht steht Val. II. 31, Tommaso's Antwort, ib. 248: Monte antwortete dann von neuem, wie die Angabe des Cod. A zeigt, mit dem Gedichte Val. II. 28. wiederum die Liebe schmähend: dieses letztere ist aber nicht *sulle rime.*

[3]) Giovanni dall' Orto's Gedicht steht in C. 33, und ist, wie Manzoni angiebt, in Trucchi's Sammlung von *Rime* Fazio degli Uberti's Firenze, 1841) gedruckt, die mir unbekannt ist. Tommaso's Antwort in Zambrini. Op. volg. p.385.

[4] bei Val. stehen die Gedichte in verkehrter Reihenfolge, in richtiger dagegen in A. 112 u. 113.

Etwas verschieden von der einfachen Tenzone war das *joc partit* oder *partimen*, in welchem jeder der beiden Dichter die gestellte Frage auf seine Weise beantwortete, und diese Entscheidung vertheidigte; es ist ein leeres dialektisches Spiel, da derjenige, welcher den Streit anregt, dem Gegner die Auswahl zwischen beiden Antworten frei lässt, und die entgegengesetzte Behauptung dann für sich behält. Diese Art der Tenzone ist bei den Italienern weit seltener; es gehören dahin die beiden Sonette des Bandino, Val. I, 428 f., mit welchen die beiden des Gillio Lelli bei Allacci, 352 f., zu verbinden sind. Das Charakteristische des *partimen* zeigt sich in Bandino's Worten:

> Prendi oramai entrambe o l'una o l'altra
> Di mie petizion.

In der That vertheidigt ein jeder eine andere Ansicht; da der Anfang des Disputes fehlt, so ist nicht recht klar, welches der Gegenstand gewesen; wahrscheinlich aber war es dieses, ob es in der Liebe besser sei langsam oder schnell an das Ziel zu kommen[1]). Federigo dall' Ambra hat ein *partimen* von 9 Sonetten mit Ser Pace Notajo über die Frage, ob es räthlicher. Glück und Pein der Liebe dahinzunehmen, oder sich ganz derselben zu enthalten. Federigo gebraucht auch den technischen Ausdruck *partito*[2]) (Val. II, 387):

> Ciascuno ama vertate per natura;
> Ond' eo sol per trovarla disputando
> Mando un partito a voi. Maestro Pace[3]).

Eine echte provenzalische Partimenfrage ist dann die Ricco's an Ser Pace (Val. II, 395 f., die Antworten, 404 f.), ob es besser sei,

----

[1]) Ausserdem, dass das erste Sonett Bandino's fehlt, ist auch die Reihenfolge gestört: auf jenes erste folgte dasjenige Gillio's, welches jetzt die zweite Stelle einnimmt (All. 353), dann das erste von Bandino Val. 428, weiter das erste von Gillio (All. 352) und endlich das zweite Bandino's (Val. 429).

[2]) Aehnlich prov. *partida* bei G. Riquier. s. Bartsch. Grundriss. p. 34.

[3]) Auch hier ist die Reihenfolge der Sonette bei Valeriani gestört: es gehören zusammen das p. 387 mit 406; 388 mit 409; 389 mit 408; 390 mit 407.

ein Mädchen oder eine verheirathete Frau zu lieben: dieselbe Frage richtete ein Verzellino an Dino Frescobaldi (Val. II. 526 f.).

Von der Einwirkung einiger anderer Gattungen, die in der provenzalischen Literatur einen besonderen Namen trugen, finden sich in der alten italienischen Dichtung vereinzelte Spuren. Guittone von Arezzo dichtete einen sogenannten *plazer* (Canz. X), d. h. eine Aufzählung aller der Dinge, welche dem Dichter wohlgefällig waren [1]). Er ist in der äusseren Behandlungsweise ganz nach provenzalischem Muster, aber mit streng moralisch religiöser Wendung des Inhaltes, ein Musterbild tugendsamer Denkweise, das gerade Gegentheil des kriegerisch wilden *plazer's* von Guillem de S. Gregori oder der lockeren Scherze des Mönches von Montaudon. Nur die äussere Gestalt der beliebten Gattung ist geblieben: der Geist, welcher sich in ihr ausdrückt, ist ein ganz anderer. Dem provenzalischen Mönche, der bei Festspielen präsidirte und mit dem Herrgott verfängliche Unterhaltungen pflog, behagte es zu weilen

> a font o a riu
>
> Elh prat son vert el flors reviu,
>
> E li auzellet chanton piu,
>
> E m' amiga ven a celiu . . .   M. W. II. 59.

Dem toscanischen *frate gaudente* dagegen gefällt

> donna, che porta
>
> A suo signor fede amorosa e pura,

und

> Donna, che sottomette a castitate
>
> Bellore e gioventute,

eine Wittwe, die wohl für die Familie sorgt, ein Prälat, der seine heiligen Pflichten erfüllt

> E religioso, poi
>
> Parti del mondo, non nel mondo sede.

[1) Das Gegentheil des *plazer*, einen *enueg*, verfasste der Cremonese Patecto in norditalienischer Mundart, und ihm ahmte wieder der Chronist Salimbene in derselben Gattung nach: s. Mussafia, Jahrbuch für rom. und engl. Litt., VI. p. 222—226.

welches letztere der Mönch von Montaudon gerade am wenigsten
zu erfüllen liebte. Dieser *plazer* Guittone's ist dann wiederum
nachgeahmt worden von Chiaro Davanzati[1] in einer Corona von
Sonetten, von denen zwei schon bei Trucchi (I. 194 u. 197) gedruckt
standen, und nun fast alle von D'Ancona publizirt sind in der
Auswahl von zwanzig Sonetten im *Propugnatore*. VI. 1° nr. VIII
— XVI.[2]). Die Abhängigkeit Chiaro's von Guittone ist leicht zu
erkennen. Guittone sagte str. II:

[1] Chiaro Davanzati hat Guittone öfters nachgeahmt. Ein Sonett des-
selben, D'Anc. Son. VII:

> Molti omini vanno ragionando
> Dicendo, che l'Amore è degna cosa
> E fare il folle assai gire ammendando,
> Lo scarso largo con grazia copiosa.
> Lo nescie ben saccente sermonando,
> Lo vile pro e la noia gioiosa . . .

richtet sich zwar gegen einen allbekannten Satz; aber eher als direkt durch
die Worte Aimeric's de Pegulhan (M. W. II, 165) scheint es inspirirt durch
die Guittone's, Canz. IV. 2:

> Lo vil pro, parlador lo nesciente
> E lo scarso mettente
> E leal lo treccante e 'l folle saggio
> Dicon che fai, e valere 'l selvaggio;
> Ma, chi ben sente, il contrar vede aperto.

Auch von der noch ungedruckten Canzone Chiaro's (A, 224):

> Ahi dolze e gaia terra fiorentina

möchte man glauben, dass sie mit Bezug auf Guittone's: *Ahi dolze e gaia
terra aretina* A. 159) gedichtet sei; doch lautet der Anfang der letzteren
in der Ausgabe Valeriani's (Canz. IX): *O dolce terra Aretina*, und nach dem
Strophenbau richtig.

[2] Das erste Sonett dieser im Cod. A stehenden Kette (nr. 576: *Molto
diletto e piacemi redere* fehlt bei D'Ancona. Bilancioni *Propugnatore*, VII.
1°, 60) glaubte, es gehöre dazu auch das anonyme Sonett: *Vita mi piace
d' uom, che si mantene*, das im Cod. Vat. an ganz anderer Stelle (987) steht
und bei Trucchi, I, 195, unter Chiaro's Namen publizirt ist, wonach bei
Nannucci, I, 299, irrthümlich als von Guido Orlandi). Aber diese Zugehörig-
keit ist sehr zu bezweifeln; denn, während in Chiaro's *plazer* gesagt wird,
wie es in diesem oder jenem Stande, dieser oder jener Lebenslage geziem-
lich sei sich zu benehmen, ist das fragliche Sonett nur ein allgemeiner
Preis des segnenden Einflusses der Liebe. Dazu hat dasselbe die bei den

> E bello vergognar veglio e dolere
>
> Di che fu peccatore
>
> Contra nostro signore.
>
> E bel, se emendar pugna a suo podere.

und Chiaro, Son. IX:

> Ancor mi piace veglio canoscente
>
> Di ciò ch' egli à fallato ripentuto,
>
> E ritornare a Dio umilemente.

Guittone, str. III:

> E mercante, che vende
>
> Ad un ver motto e non sua robba lauda.

Chiaro, Son. X:

> Ancor mi piace veder mercatante
>
> Ad un sol motto vender su' mercato.

Guittone, str. IV:

> E ogni donna e donzella,
>
> Che rado e umil favella
>
> E ch' ha temente e vergognoso aspetto.

Chiaro, Son. XII:

> E sì mi piace vedere pulzella
>
> Piana ed umil, con bello reggimento,
>
> Bassare gli occhi suoi, quando favella.

u. dgl. mehr. Aber Chiaro, weit begabter als Dichter und gewandter in der Form, hat die kurzen moralischen Sätze Guittone's aus ihrer einförmigen Dürre befreit und zu ansprechenden kleinen Bildern erweitert.

Die Behandlung des provenzalischen Lehrgedichtes (*ensenhamen*) zeigt sich in der Anweisung für das Benehmen in der Liebe, die bei D'Anc. LXVII. D'Ancona vermuthete, dass es eine Nachahmung provenzalischen oder französischen Originals sei: und darauf deutet in der That das Wort *somonire* (prov. *somoner* oder *somonre*, frz. *semondre*) v. 21. und *rire* statt *ridere*, v. 56. Ueber die Regeln der Minne, das Benehmen des Liebhabers gegen die

---

ältesten Dichtern wenig übliche Reimordnung a b b a, während alle Sonette jener Corona die Ordnung a b a b befolgen.

Dame und deren Umgebung. die Mittel, ihre Gunst zu gewinnen, handelte Guittone in einer langen Sonetten-Corona. einer ganzen sehr platten *ars amandi*, mit mannichfaltigen Lehren und Rathschlägen, je nach dem verschiedenen Stande der Geliebten[1]).

Bemerkenswerth ist zum Schlusse noch das Gedicht. D'Anc. XCV, mit Personificationen abstrakter Wesen, wie die Literaturen Frankreichs sie liebten, und Brunetto Latini und später Francesco da Barberino sie in grösseren Werken verwendeten. Der Dichter klagt über *Mercede*, die für ihn ihre Kraft verloren habe: *Mercede* antwortet. ihn an *Pietate* verweisend: diese wiederum betheuert, ihm nicht nützen zu können, weil sie in Madonna's hartem Herzen keinen Platz finde, nur *Amore* vermöge ihm zu helfen, und an diesen wendet sich endlich der Dichter um Beistand flehend.

Die Nachahmer einer dichterischen Manier ergreifen meist am bereitwilligsten die Fehler und Auswüchse derselben, und so hat bei den Italienern auch besonderen Anklang gefunden, was an der provenzalischen Poesie Affektation und Künstelei war. Sehr beliebt wurde die Spielerei mit Worten, die *bisticci* von *amore* und *amaro*. welche schon in dieser Zeit überaus häufig begegnen, ferner die beständige Repetition desselben Wortes oder Wortstammes durch einen ganzen Vers oder ein ganzes Gedicht, die *replicacio* der Provenzalen[2]), wie sie z. B. Guittone anwendete in dem Sonette (54):

---

[1]) Diese Reihe beginnt Son. 175 und geht bis 198; aber Son. 183—185 sind hier irrthümlich eingeschoben, und 185 ist nur eine Wiederholung von Son. 86 nach anderer Hs., was Valeriani nicht bemerkte, weil hier das erste Wort *Poi* statt *Voi*.

[2]) s. *Leys d'amors*, besonders III, p. 62; Beispiele der *Replicacio* giebt Paul Meyer, *Derniers Troubadours*, § XXII. Eine provenz. *cobla*. publizirt von Stengel, *Riv. di Fil. Rom.* I, 43, zeigt die Replication desselben Wortes. wie die obige Guittone's:

> Fis gaugz entiers, plazens e amoros.
> Ab vos es gaugz, per que totz bes revia.
> E non a gang el mon tan agradiu.
> Quel vostre gaugz fal segle tot joios....

> Tuttor ch' io dirò gioi, gioiva cosa.
>
> Intenderete, che di voi favello,
>
> Che gioia sete di beltà gioiosa
>
> E gioia di piacer gioivo e bello . . .

Darf man den Herausgebern trauen, so hätte schon der Sicilianer Iacopo da Lentini dergleichen geliebt. Val I, 292:

> Lo viso e son diviso dallo viso,
>
> E per avviso credo ben visare. . . .

Am weitesten brachte es wohl in dieser Kunst ein Maglio aus Florenz, dessen Sonett Grion (Pozzo, 45) publizirte:

> O alta del'altezze più altera,
>
> Cortese di cortese cortesia,
>
> Plagente di plagere plagentera,
>
> Contita di contezze secontia (?)[1]).

Eine ähnliche Spielerei ist die Häufung der Binnenreime, welche bei den Provenzalen selbst niemals in der Ausdehnung verwendet worden sind wie von den ältesten italienischen Dichtern; man begnügte sich nicht damit, nur einmal den Schluss jedes Verses innerhalb des folgenden anklingen zu lassen, sondern wiederholte den Reim mehrfach im Verse selber:

> Similemente, — gente — criatura,
>
> La portatura — pura — ed avvenente
>
> Faite plagente — mente — per natura,
>
> Si che 'n altura — cura — vo' la gente.

so der Pisaner Pucciandone Martelli[2]).

> La fior(e) — d'amor'e) — veggendola parlare
>
> Innamorar(e) — d'amare — ogn' nom dovria,
>
> Dolzore — nello cor(e) — dovria portare,
>
> Qual asservar(e) — donar(e) — sua segnoria (?).

so Dante da Majano (Val. II, 465).

---

[1]) Ein bekanntes, poetisch freilich viel höher stehendes Beispiel der Replication bei Petrarca ist das Sonett:

> Dolci ire, dolci sdegni e dolci paci,

[2]) s. Redi, Annot. zu v. 428 des *Ditir.*, Val. I, 456.

Guittone von Arezzo scheute sich nicht, die Spielerei der Binnenreime und Replicationen selbst in ernsten moralischen und religiösen Gedichten anzuwenden (Son. 1 u. 20), und übertrug diese, wie die anderen Geschmacklosigkeiten seiner Dichtung, auch in die Prosa seiner Briefe. Er hat einmal auch die sogenannten *rims deriratius* der Provenzalen[1]) nachgeahmt, d. h. in allen Reimen die gleichlautende Stammsilbe mit wechselnder Endung, nämlich Son. 88:

Ahi, come ben del mio stato mi pare,

Mercede mia, che non è folle a paro;

Ch' io mostro amor in parte, che m' è spare,

E là dov' amo, quasi odioso paro, . . .

Ein Produkt der Affektation war die dunkele oder schwere Dichtweise der Troubadours hervorgegangen aus dem Streben nach etwas Neuem und Ausserordentlichem innerhalb eines schon erschöpften Kreises von Gedanken und Empfindungen: die Tiefe und Bedeutung, welche der Gegenstand nicht mehr darbot, suchte man wenigstens äusserlich herzustellen durch die Umschreibung der gewohnten Ideeen mit neuen und schwierigen Ausdrucksweisen, aus denen man den Sinn nur mit Mühe herausfand. Der Hauptvertreter dieser Richtung, Arnaut Daniel, war in Italien vorzüglich angesehen, wie die Lobpreisung desselben bei Dante beweist, und so hat auch die dunkele Poesie Nachahmer gefunden. Diese Dichtweise ist jedoch, wie so manches andere der Provence Entlehnte, erst bei den Toscanern reichlicher angebaut worden. Nur eine derartige Canzone, D'Anc. XCIX:

Del meo voler dir l'ombra

Cominzo scura rima.

wird einem südlichen Dichter, dem Inghilfredi Siciliano, zugeschrieben[2]). Diez machte schon darauf aufmerksam[3]), dass auch die technischen Bezeichnungen dieser Dichtweise bei den Italienern

---

[1]) *Leys d'amors*, I, 184; vgl. M. G. 1210–1212 u. 1193.

[2]) nämlich in der palat. Hs. (p. 92), und so bei Val. I, 141; Trissino, Poetik, p. 36. Im Cod. Vat. ist sie anonym.

[3]) Poesie der Troub. p. 277.

dieselben waren wie bei den Troubadours. nämlich *chiuso parlare* und *scara rima*. Pannuccio dal Bagno beschliesst ein solches Gedicht (Val. I. 368) mit den Versen:

> Gel. 1. Lo meo dir parlo chiuso.
>> Perchè quello in lui chiuso
>> Visisi[1]) quasi fiore;
>> Se di pregio ogni fiore   (l. *Chi di?*).
>> In lui contensi e conta
>> Sovra ciascuna conta.

d. h. „da in ihm (dem Gedichte) die Blume alles Werthes (die Dame) enthalten und dargestellt ist, die lieblich (*conta*) über jegliche". Das zweite Geleit ist wahrscheinlich so zu lesen:

>> So, che porea dir uomo
>> Me. perchè parlat' ho mo
>> Voi non sentendo, folle;
>> Dico 'n ciò, come folle
>> Venta. quando semena.   (Val. *si mena*)
>> Così voglia mi mena.

d. i. *nom potrebbe chiamarmi folle. perchè mò ho parlato coi non sentendo (senza che coi lo intendeste): così come folle seminando gitta al rento il seme*[2])*. così fo io. gitto al rento le mie parole. parlando senz' essere inteso.* Anderswo giebt derselbe Pannuccio als Grund seiner dunkelen Rede an. dass er sein Gedicht nicht habe wollen in den Mund aller und jeder kommen lassen. (Val. I, 371.)

Auch *dittato forte* wird die Dichtweise genannt (Val. I. 419). und Guittone bezeichnet sie als *sottile*[3]). wo er Fra Giacomo da Leona (Canz. XXII, 2) preist:

>> Tu, Frate mio. ver bon trovatore
>> In piana ed in sottil rima ed in chiara
>> E in soavi e saggi e cari motti.

---

[1]) *risare* „betrachten". vgl. Val. I, 340: 363: Guittone. Canz. XIV. 10.
[2]) *rentare* „in den Wind werfen". wie alttz. *renter*. prov. *rentar*.
[3]) so *Esent prim chantar e sotil*. Lanfranc Cigala. M. G. 551. 1.

Mit dieser Dunkelheit der Rede pflegen sich alle möglichen Künsteleien der Form zu paaren, die Binnenreime, die Alliteration und Replication. besonders aber die gesuchten und schwierigen Reime (*rims cars*), auf welche wohl jener Ausdruck Guittone's *motti cari* anspielt. Die italienischen Gedichte der dunkelen Weise haben fast sämmtlich als Charakteristicum die Reime von Homonymen (*rims equivocs*) oder an Stelle derselben noch öfter die Wiederholung des nämlichen Wortes im Reime; es war dies eben der Versuch, die theueren Reime der Troubadours nachzuahmen. In solchen *rime equivoche* ist, ausser den schon genannten Pannuccio's. auch die Canzone von **Guido Guinicelli**: *Lo fin pregio avanzato* (Val. I, 69) geschrieben [1]). ferner die des Meo Abbracciavacca: *Amor, tegnomi matto* (Val. II, 11) und noch verschiedene andere Canzonen und Sonette. Ein Gedicht des Dotto Reali, welches er *novo trovare* nennt (Val. II, 49): *Di ciò, che 'l meo cor sente*, hat zwar nicht diese Eigenthümlichkeit, dafür aber eine wahnsinnige Häufung von Binnenreimen. Guittone verfasste eine Canzone XXXV theils in *rims equivocs*, theils in zusammengesetzten Reimen (*rims contrafagz*), theils mit männlichen Versen (*rime tronche*), also lauter Gesuchtheiten, und fügte im Geleite hinzu:

Scuro saccio che par lo

Mio detto, ma che pario   *ma che* = ausser dass

A chi sa, intende ed ame; [2])

Che lo 'ngegno mio dàme.

Che in me pur provi d'onne

Mainera, e talento honne.

Ihm und seinen Nachahmern machte man vorzüglich den Vorwurf der Dunkelheit, wie das Sonett des Geronimo Terramagnino an einen Schüler Guittone's und dessen Antwort (Val. II. 53 f.) beweist, sowie ein anderes Sonett an Guittone (Val. II. 16). nach dem Herausgeber von Meo Abbracciavacca, der freilich sich selbst in

---

[1]) Im Cod. Vat. (nr. 129) steht es anonym, und Grion sprach es Guido Guinicelli deshalb ab, vermuthend, es sei von Buonagiunta; aber Guido legen es bei die Hss. P: B. 6: C. 6. und so die Redianische. nach Molteni, *Giorn. di Fil. Rom.* 1, 51.

der dunkelen Rede versuchte. Eher noch aber hätten diesen Vorwurf die drei Pisaner, Pannuccio, Bacciarone und Lotto di Ser Dato verdient; denn sie haben nicht bloss in den Gedichten, welche speziell der dunkelen Manier angehörten, sondern allenthalben eine so gewundene und geschraubte Ausdrucksweise gebraucht, dass sie dem Verständniss die grösste Schwierigkeit bereiten. Nannucci theilte von den vielen Gedichten Pannuccio's in seinem *Manuale* (1. 201) nur ein Sonett mit, weil alle anderen in der florentiner Ausgabe von zu verdorbener Lesart seien. Allein er täuschte sich, und im Gegentheil gehören diese Gedichte zu denen, welche verhältnissmässig gut in Ordnung sind, wie schon die meist wohl erhaltene Form beweist. Die Schwierigkeit liegt hier, wie öfters bei diesen Alten, nicht in der Corruption des Textes, sondern in der Manier des Dichters, der absichtlich das Gewundene und Schwerfällige suchte[1]). Pannuccio sagt (Val. I. 336):

> Degn' esser quanto fo non for' amato
> Da voi, Donna piacente.
> Sì veramente. — com' eo credo fiso . . . .

statt: *non fora nessuno degno d'esser amato da voi, quanto fo io* (*fo* verb. vicar. = *sono degno*): oder (ib. 348):

> Fermo avendo coraggio
> D'altera donna di servir natura.

d. i. *di servir donna d'altera natura.* Und in solchen unnatürlichen Windungen dreht sich der Gedanke durch die ganzen langen Gedichte hindurch. Hier mögen daher wohl die Verfertiger der *Carte d'Arborea* ihre kühnen Transpositionen erlernt haben.

In diese Künste Pannuccio's und seiner Genossen kann man, sobald man ihr Wesen einmal erkannt hat, mit dem Verständniss fast überall eindringen, wenn anders man die undankbare Mühe nicht scheut. Die Produkte der eigentlichen dunkelen Manier da-

---

[1]) Eine Ausnahme macht aber immerhin Pannuccio's Canzone: *La gran sorrabbondanza*, Val. I. 371: obgleich auch hier die Transpositionen nicht fehlen, ist doch im Ganzen das Gedicht einfacher und klarer und steht auch poetisch höher als die anderen. Dieses hätte Nannucci wohl als Probe aufnehmen können.

gegen widerstehen oft genug allen Anstrengungen eines modernen
Verstandes, nicht weniger, ja vielleicht noch mehr als die proven-
zalischen Vorbilder dieser Art. Und so ist denn auch, wie Bar-
toli kürzlich treffend bemerkte[1]), die Canzone Petrarca's: *Mai non*
vo' più cantar com' io soleca. welche die berühmte Sentenz ent-
hält: *Intendami chi può, ch'i' m'intend' io*. und die den Auslegern
von je her so viele und so vergebliche Mühe bereitet hat, nichts
anderes als ein später Abkömmling der provenzalischen schweren
Dichtweise.

Der dunkelen Rede verwandt ist die Gattung, welche in der
provenzalischen Literatur *devinalh* genannt wurde. Was das *de-*
vinalh oder Räthsel eigentlich gewesen, zeigt deutlich das anonyme
Gedicht M. G. 98, welches in der Handschrift ausdrücklich mit
So es devinalh überschrieben ist, und das beginnt:

> Sui e no sui, fui e no fui,
>
> E vuelh mi mal et am autrui,
>
> E trobim nutz em truep vestitz,
>
> Et ai pro rams senes razitz,
>
> E nom movi e corri fort . . . .

also, es ist eine Kette von Aussagen, von denen je zwei einander
widersprechen. Dieses ist das Räthsel. d. h. inwiefern diese Wider-
sprüche statt haben können, und die zweite Hälfte des Gedichtes
bringt dann die Auflösung des Räthsels, indem sie zeigt, dass jede
der beiden entgegengesetzten Aussagen wahr ist, nur in verschie-
denem Sinne:

> Fui e no sui senes pecatz,
>
> Sui e no fui d'els tant lassatz.
>
> Autrui am et a mi vuelh mal.
>
> Quar siec mon desirier carnal,
>
> E del volum del mon vestitz
>
> Me truep, mas nutz es l'esperitz . . . .

In ähnlicher Weise wie dieses provenzalische verfährt das itali-
nische *devinalh* von Rugieri Apugliese, D'Anc. LXIII:

[1]) *I primi due secoli. ec.*, p 539.

> Umile sono ed orgoglioso,
> Prode e vile e coragioso,
> Franco e sicuro e pauroso . . .

und so fort in der Kette der Widersprüche; die erste Strophe schliesst mit allgemeiner Angabe des Grundes für die Möglichkeit der letzteren:

> E diragiovi como:
> Mal e bene agio
> Più di null' omo.

Dann in Strophe II von neuem die Häufung der Antithesen: Er ist zugleich arm und reich, gesund und krank, u. s. w., und zum Schlusse wie vorher die Angabe der Ursache:

> Or intendete la ragione:
> Giorno e notte istò in pensagione.

Die folgenden Strophen endlich bieten die Aufklärung der einzelnen Widersprüche: demüthig ist er, wenn er sie schaut, und hochmüthig darin, dass er nach ihr begehrt; reich ist er an Hoffnung und arm an Liebe, u. s. w.

Dieses Hin- und Herspielen zwischen Gegensätzen diente vorzüglich dazu, den widerspruchsvollen Zustand darzustellen, in den die Liebe versetzt, und in schöner Weise hat dieses Raimbaut de Vaqueiras durchgeführt in der Canzone: *Saris e folhs, humils et orgulhos* (M. W. I, 366); so findet sich auch die Häufung der Gegensätze mit tieferer psychologischer Bedeutung noch in Petrarca's Sonett: *Pace non trovo e non ho da far guerra,* welches mit dem Verse schliesst:

> In questo stato son, donna, per vui.

Ein *decinath* des Guiraut de Bornelh: *Un sonet fatz malvatz e bo* (Chrest. 99) endet mit den Worten:

> Elam pot e mon sen tornar,
> Sim denha retenir en car.

In diesem letzten Gedichte Guiraut's ist aber schon die ursprüngliche Form des Räthsels, welche der Gattung den Namen gegeben, verschwunden: man ergötzte sich eben an der blossen Aufreihung der Antithesen selber, welche schliesslich in ganz sinnlose Spielerei ausartete, wie in dem Gedichte D'Anc. LXXI:

> Giamai null' om non à si gra' richeze.

oder dem Inghilfredi's, Val. I. 146:

> Poi la noiosa erranza m' ha sorpriso[1].

III.

Befreiung vom provenzalischen Einfluss.

Die provenzalische Poesie hat, wie wir sahen, der ältesten italienischen Lyrik den Ursprung gegeben und einen sehr ausgedehnten Einfluss auf dieselbe ausgeübt. Allein diese conventionelle Dichtweise konnte nur ein vorübergehendes Dasein fristen, da ihr die Grundlage im wirklichen Leben fehlte, und für die Fortentwickelung der italienischen Poesie bedurfte es eines neuen und frischeren Geistes, der die alten Formen erfüllte und wiederbelebte. Die Elemente einer solchen selbständigen, nicht bloss von den Fremden entlehnten Inspiration waren offenbar immer vorhanden; ob sie sich vorher, etwa in Volksliedern, geäussert haben, ist zweifelhaft und kommt hier nicht in Betracht, wo es sich um die Einwirkung dieser lebendigen Strömung auf die Kunstpoesie selbst handelt. Gegenüber dem allgemeinen Ansehen der conventionellen Hofdichtung vermochte der neue Geist sich nur allmählich geltend zu machen, und wenngleich er von Anfang an vorhanden war, so bedurfte es doch längerer Zeit, ehe er zu freier Entfaltung gelangen konnte. Aber in einzelnen Spuren lässt sich doch auch schon bei den Sicilianern das Eindringen einer natürlicheren und frischeren

---

[1] Beispiele des derinadh sind auch das Sonett von Lapo Saltarelli, Val. II. 435, das bei Guittone, 98, und eines von Saladino, publizirt von Bongi in Zambrini's Catalogo, 1857, p. 319, und von neuem bei Palermo, II. 105.

Dichtweise in die conventionelle Manier wahrnehmen, wie bereits mehrfach bei Gelegenheit angedeutet worden ist.

Fast alle Lieder, die den Namen des Giacomino Pugliese tragen, zeigen einen gewissen volksthümlichen Ton und eine realistischere Färbung; so, wenn er D'Anc. LVI, 30 ff., wo auch schon die *sdraccioli* den Regeln der höfischen Form nicht ganz entsprechen, zu seiner Dame sagt:

> Donna, se me non vuoi intendere,
> Ver me non far si gran faglia,
> Lo mio cor mi degie rendere . . .

In dem Contrasto, LIX, 46 ff., klagt die Dame folgendermassen über den bösen Gatten:

> Meo Sir, a forza m'aviene,
> Ch' io m'appiatti od asconda;
> Cà si distretto mi tene
> Quelli cui Cristo confonda.

Man steigt hier aus der leeren Abstraktion in die Sphäre der Wirklichkeit herunter, und so auch in den beiden Scheideliedern Giacomino's (LX. LXII) und den beiden anderen Gedichten ähnlichen Inhaltes, von denen das eine Friedrich II beigelegt wird (XLVIII), das andere wahrscheinlich von Iacopo da Lentini herrührt (LXIX). Hier, in diesen Schilderungen der letzten Zusammenkunft mit der Geliebten, der Erzählung von dem Herzen und Küssen, von ihrer Rührung und Wehklage, ist die gewöhnliche Situation der ritterlichen Lyrik verändert. Der Dichter beugt sich nicht mehr unablässig in schmachtender Anbetung vor seiner ewig kalten und grausamen Dame; Madonna steigt aus ihrer abstrakten Höhe herab, zeigt selbst einmal Leben und Bewegung, spricht und klagt, lässt uns einen Blick in ihr Inneres werfen. Und eben dieses, die lebendige Gefühlsäusserung einer weiblichen Seele gegenüber der interesselosen Schattenhaftigkeit, in der gewöhnlich die Dame der provenzalisirenden Lyrik erscheint, ist es auch, was zweien anderen Liedern einen besonderen Charakter und einen poetischen Werth weit über alle übrigen giebt. Es sind dieses die Klage eines Mädchens, welches sich von dem Geliebten verrathen glaubt: *Oi lassa innamorata* (D'Anc. XXVI) von Odo delle Colonne, und die Klage eines anderen Mädchens um den scheidenden Kreuzfahrer: *Giamai non mi conforto* (D'Anc. XXXII) von Rinaldo d'Aquino. Trotzdem die conventionelle Phraseologie nicht verschwunden ist, zeigt sich hier doch der warme und natürliche Erguss ungekünstelter Empfindung in dem Schmerze der Verlassenen, ihrer Erinnerung an einstige Freude, ihrem glühenden Hasse gegen die Nebenbuhlerin:

> O Dio, chi lo m'intenza,
> Mora di mala lanza
> E senza penitenza.

in der Wehmuth der Zurückgebliebenen und jener rührenden Wendung, mit der sie das Kreuz anklagt, welches die Menschheit rettet und sie zu Grunde richtet, indem es ihr den Geliebten entführt. In beiden zeigt auch schon die äussere Form, der kurze, behendere Vers, der sehr einfache Strophenbau die Annäherung an eine volksthümlichere Weise. Dass hier ein anderer Ton herrscht als in den meisten Produktionen der ältesten Lyrik, wurde schon oft bemerkt, und so hat sie Carducci in seine Sammlung von Liedern der volksthümlichen Manier aufgenommen[1]). Nicht auf derselben Höhe stehend und reicher an conventionellen Elementen, aber doch immerhin diesen beiden verwandt ist ein drittes Frauenlied, welches sich unter dem Namen desselben Rinaldo d'Aquino in der palatinischen Handschrift (p. 94) und bei Val. I. 223 findet: *Oramai quando flore*. Die holde Jahreszeit erfüllt das Herz des Mädchens mit Liebe, sie will ihren Anbeter nicht mehr umsonst schmachten lassen:

> Vedendo quell' ombria del fresco bosco
> Bene conosco, — che accertatamente
> Sarà gaudente — l'amor, che m' inchina.

Lange hat er sich vergeblich gemüht; aber nun kann er auf Erhörung hoffen:

---

[1]) *Cantilene e Ballate, Strambotti e Madrigali nei sec. XIII e XIV, a cura di G. Carducci*. Pisa. Nistri. 1871, p. 7 u. 18.

Ma 'l tempo m'innamora

E fammi star pensata

D'aver mercè ormai

D'un tante, che m'adora.

E saccio, che costui per me sostene

Di gran[di] pene; — l'un core mi dice,

Che si disdice, — e l'altro m'incora[1]).

Und diese italienischen, offenbar von Männern gedichteten Frauen-
lieder sind weit interessanter als so manche provenzalische wirk-
lich von Frauen herrührende Gedichte, wie die der Gräfin von
Die oder der Dama Castelloza, in denen von Weiblichkeit nichts
sichtbar wird, weil diese Frauen, wie es fast immer geschehen,
nur einfach die Weise der Männer nachahmten, ohne ihren Ver-
sen einen individuellen Stempel aufzudrücken. In jenen wenigen
italienischen Liedern hingegen müssen wir, inmitten der Nach-
ahmung der Schule, die ersten Spuren einer selbständigen Kunst,
die ersten Regungen einer natürlichen Empfindung anerkennen.

Treten nun schon diese Gedichte aus dem engen Rahmen der
höfischen Manier heraus, so bilden einige andere, wie es scheint,
geradezu einen Gegensatz zu derselben. In einem Liede des Com-
pagnetto da Prato (D'Anc. LXXXVII): *Per lo marito, c'ò rio*[2]),
schilt eine Frau auf den bösen Gatten und freut sich der Rache,
die sie an ihm zu nehmen im Begriffe ist; statt der gewohnten
Welt der Ritterpoesie mit ihrem Flehen und Schmachten haben
wir hier auf einmal jene niedere Region des täglichen Lebens, in
welcher sich die Novellen und Fabliaux gefallen. Die Verhält-
nisse, die dort abstrakt und verblasen erscheinen, sind hier derb

---

[1]) l. *me m'incora?* Der Kampf zweier Entschlüsse als zweier Herzen
(cori) auch Val. I. 210 1.

[2]) Die entstellte erste Strophe hat D'Ancona in der Anmerk. vortreff-
lich in Ordnung gebracht; nur hätte er v. 5 nicht von der Hs. abgehen
sollen, in der hier, wie Sinn und Metrum zeigen, das Richtige stand:

Cà per lo suo lacerare

Tal pensero ò non l'avea.

„durch seine Misshandlungen habe ich einen Gedanken bekommen, den ich
vorher nicht hatte".

versinnlicht. Die ritterliche Poesie besitzt den Typus des *geloso*, der in leerer Allgemeinheit angedeutet bleibt, Gegenstand der Beschwerde für die Liebenden: hier ist es nun wirklich der böse Ehemann, welcher mit der Frau zankt und sie schlägt; dort erwirbt der Liebhaber Gnade durch treues Dienen und Ausharren; hier erklärt die Frau frank und frei, sie habe nur deshalb seine Werbungen angenommen, um sich an ihrem Manne zu rächen: er hat ihr Untreue vorgeworfen ohne Grund, jetzt wird sie ihn strafen und seinen Argwohn zur Wahrheit machen; freilich nunmehr gefalle ihr diese Liebe sehr wohl, nachdem sie sie einmal gekostet. Die typischen *lusingatori* sind hier zu der realistisch-vulgären Figur einer alten Nachbarin geworden, welche nach der Liebe der jungen Leute späht und sich über sie ärgert:

> Drudo mio, a te mi richiamo
> D'una vecchia, c' ò a vicina,
> Ch' ella s' è acorta, ch' io t'amo,
> Del suo mal dir no rifina.

Sonst ermahnte der Dichter die Dame, nicht den *lusingatori* und *adivinatori* zu glauben; hier heist es recht drastisch:

> A nulla vecchia non credere,
> Ch' elle guerriano l'amore,
> Perc' altri lor non credere [1]),
> Le vecchie son mala gente . . . .

In einem anderen Gedichte Compagnetto's (D'Anc. LXXXVIII): *L'amor fa una donna amare*, handelt es sich um ein Mädchen, welches von Liebe entflammt seinem Begehren nicht zu widerstehen vermag; sie setzt sich über Frauensitte hinweg und sendet dem Geliebten die Botschaft, welcher sich nicht lange bitten lässt. Dieses ergiebt das gewöhnliche Wechselgespräch; sie sind *soli in*

---

[1]) Dieses *credere* ist, wie ich glaube, ein Fehler in der Hs., den ich freilich nicht zu verbessern weiss. Grion wollte es für einen Abkömmling des lat. Imperf. conj. halten, das aber italienisch nicht existirt. Auch Foths Deutung als eines Infinitivs statt des Verbum finitum Böhmers Roman. Stud. II, 287) ist nicht annehmbar, da die ganze von ihm entwickelte Theorie eines solchen Gebrauchs des Infinitivs auf schwachen Füssen steht.

zambra; ihr Verlangen ist ein sehr positives, sie duldet keine
Umschweife, er soll sogleich zur Sache kommen, nicht erst fragen;
er weiss ja wohl, warum sie ihn hat kommen lassen. Es ist der
crudeste Ausdruck der Sinnlichkeit von Seiten der Frau, die Um-
kehrung der Ritterliebe.

Denselben Charakter wie die besprochenen haben zwei ano-
nyme Gedichte, welche früher fälschlich den Namen des Rugieri
Pugliese und Friedrichs II trugen. In dem ersten (D'Anc. LXXVI):
L'altro ier fui in parlamento, klagt ein Mädchen dem Geliebten
ihr Leid, dass der Vater sie gegen ihren Willen mit einem Anderen
verheirathen wolle, und ihr Getreuer sucht sie zu trösten. In dem
zweiten (D'Anc. LII): *Di dolor mi convien cantare,* ist die Situa-
tion unklar, weil, wie Carducci gezeigt hat [1], der Copist in str. II
drei Verse übersprang und dafür die drei ersten der folgenden
Strophe zweimal schrieb. Das Lied beginnt mit der Klage des
Dichters über die Noth seiner Geliebten unter der Herrschaft des
bösen Gatten, wo es dann heisst:

> Ma l'omo, che l'à in balia,
> Da tutte gioi l'à partita
> E pensa ciascuna dia
> Lo giorno che fui piatita.

Hierauf folgt eben jene Lücke von drei Versen, und nachher findet
man die Frau selber redend. Die früheren Drucke hatten hier
nochmals *partita* statt *piatita,* wo man dann geneigt wäre zu
bessern *che fei partita* und zu denken, es sei eines jener beliebten
Abschiedsgedichte, in denen die letzten Worte der Dame berich-
tet werden. Da aber in der einzigen Handschrift *piatita* steht,
so hat man zu dieser Annahme kein Recht, und Bilancioni that
in seinem Restitutionsversuche [2] nicht wohl, das *partita* der alten
Drucke beizubehalten, nachdem nun die Lesart der Handschrift
bekannt geworden ist. Im Uebrigen hat Carducci gewiss Recht,
wenn er mit dem Verse: *Lo giorno che fui piatita* schon die Rede

---

[1] *Cantilene e Ballate.* p. 5.
[2] *Propugnatore,* VIII, 2°, 286 f. Derselbe ist übrigens auch sonst
weniger glücklich als der Carducci's und gewaltsamer.

der Frau beginnen lässt; was das *piatito* hier heisst, weiss ich
nicht, man sollte erwarten: „den Tag, da ich verheirathet worden"
oder dgl. Die Klage der Frau über den verhassten Ehemann hat
wieder grosse Aehnlichkeit mit der in dem ersten Gedichte Com-
pagnetto's; sie wünscht ihm den Tod: vor den Augen der Welt
wird sie ihn dann bejammern, aber im Innern sich freuen und
Gott loben, dass er sie befreit habe.

Und auch in diesen vier Gedichten ist wieder die äussere
Form beachtenswerth; auch hier wieder die leichten achtsilbigen
Verse statt der *endecasillabi* und *settenari* der solennen Canzone;
dazu in LXXXVII zwei *sdruccioli*. In den drei erstgenannten ist
sogar auch der Strophenbau genau derselbe (a b a b | c d c d c),
nur in LII ist die Strophe etwas complizirter und unter die Otto-
narien mischen sich am Ende zwei kürzere Verse.

Solche Poesieen zeigen also das Bestehen einer realistischeren
und populäreren Richtung neben der conventionellen der modischen
Hofdichtung. Und dieses Nebeneinanderherlaufen der beiden Rich-
tungen ist nicht etwas der italienischen Literatur ausschliesslich
Eigenthümliches. Caix in seinem sehr belehrenden Aufsatze: *Cullo
d'Alcamo e le pastorelle francesi e provenzali*[1]), hat die Analogie
mit ähnlichen Erscheinungen der provenzalischen und altfranzösi-
schen Lyrik nachgewiesen. Die höfische Dichtung bewegte sich
in einer gemachten, künstlichen Welt, und was hinter dieser
steckte, offenbaren die oft so derben Spottlieder und Tenzonen
der Troubadours. Jenen Schleier des Conventionalismus nun zer-
rissen die Dichter selber bisweilen und stiegen in die niedere
Sphäre der Wirklichkeit hinunter, in die der Gatten, welche mit
den Weibern hadern, sie schelten und schlagen, der Frauen, welche,
mit dem Manne unzufrieden, dem Buhlen sich hingeben. Der-
gleichen findet sich mehrfach in den altfranzösischen Romanzen:

> Por coi me bait mes maris,
> Laisette![2])

ruft eine Dame aus; sie will sich rächen:

---

[1]) *Nuova Antologia di Firenze*, vol. XXX, p. 177 ff.
[2]) Bartsch, Romanzen und Pastourellen, I, 23.

Avec mon amin geirai
Nuette.

Vorzüglich findet sich zu dem Gedichte D'Anc. LII. wie Caix darthat, manche Analogie in der oft gedruckten Romanze in Pastorellenform:

Un petit devant le jour.

wo der Dichter das Gespräch eines Ritters mit seiner im Thurme vom eifersüchtigen Gatten eingeschlossenen Dame belauscht; die Liebenden wünschen dem hässlichen Alten den Tod; die Beschreibung des Eifersüchtigen ist realistisch outrirt. Provenzalisch sind weniger Proben dieser Dichtweise bekannt; aber einige sind doch vorhanden; so das Lied, welches unter dem Namen Cadenet's im Choix, III. 251. steht:

S'anc fui bella ni prezada.

Es hat Aehnlichkeit mit der Gattung der Alba; eine Dame schmäht den schlechten Ehemann, den man ihr des Reichthums wegen gegeben, und tröstet sich damit, dass sie den Freund hat und den treuen Wächter:

Ja per gap ni per menassa,
Que mos mals maritz me fassa,
No mudarai, qu'ieu no jassa
Ab mon amic tro al dia.

Dazwischen singt der Wächter selbst, seiner Treue sich rühmend. In gleichem Tone ist die reizende Ballade[1]):

Coindeta sui, si cum n'ai gren cossire
Per mon marit, quar nol voil nil desire . . .
De lui amar mia sui cobeitosa.
Anz, quan lo vei, ne soi tan vergonhosa.
Qu'ieu prec la mort, quel venga tost aucire.
Mais d'una ren me soi ben acordada,
Sil meus amics m'a s'amor emendada . . .

Gewiss sind diese Analogieen mit den Literaturen Frankreichs, auf welche Caix aufmerksam gemacht hat, von grossem

---

[1]) Choix. II. 242; Chrest. 239. u. s. w.

Interesse; aber Caix selbst ist einen Schritt zu weit gegangen, wenn er die betreffenden italienischen Poesieen einfach für Nachahmungen der entsprechenden französischen und provenzalischen erklärte. Vielmehr täuschten sich diejenigen nicht, welche gerade hier wirkliche Selbständigkeit wahrnahmen. Die Aehnlichkeit besteht eben nur in der Thatsache einer allenthalben hervortretenden realistischeren Richtung neben der conventionellen, hervorgerufen durch die Berührung mit der Volkspoesie oder wenigstens der Empfindungsweise des Volkes. Im Einzelnen aber gestalteten sich die Erscheinungen dieser Art bei den verschiedenen Nationen verschieden, da sie ja gerade aus einer Sphäre stammten, die dem Einflusse der gemeinsamen Schule entzogen und einer selbständigen Entwickelung offen war. So sieht man es z. B. in dem Liede: *Per Arno mi cavalcava*[1]), in welchem Caix nicht mit Unrecht Anklänge an die provenzalische und altfranzösische Pastorelle zu finden glaubte; nur erstreckt sich diese Verwandtschaft nicht über die äussere Form hinaus; der Inhalt des Gespräches, welches der Dichter mit anhört, die Ungeduld des Mädchens, einen Mann zu bekommen, die Scheltworte der Mutter, ist den Pastorellen Frankreichs fremd und statt dessen ein Gegenstand, der in späteren italienischen Volksliedern häufig wiederkehrt[2]). Nicht anders verhält es sich mit den Klagen von Frauen über den Gatten, die ein höchst beliebter Stoff von Canzonen des 14. und 15. Jahrhunderts in Italien wurden, wie dies Carducci bezeugt[3]). Endlich in dem Gedichte: *L'altro ier fui in parlamento*, nahm Caix nur deshalb so klare Beweise des französischen Ursprungs wahr, weil er sich das Ganze in einer Weise gedeutet hatte, welche durchaus nicht die richtige ist. Es handelt sich hier nicht, wie er meinte, um die gewöhnliche Situation der Romanzen, sondern, wie schon gesagt, die Frau in diesem Gedicht ist unverheirathet, und der Vater erst im Begriff, ihr gegen ihren Willen einen Mann zu geben:

---

[1] in Cod. A. 266 steht es anonym, bei Trucchi, 1, 73 fälschlich als von Ciacco dall' Anguillaia, und danach bei Carducci, *Cant. e Ball.*, 10.

[2]) Beispiele bei Carducci, *Cant. e Ball.*, p. 43 u. 336.

[3]) *Cant. e Ball.*, p. 3 f.

> Veggio 'l mio padre amanire
> Per compier lo mal m' à fatto.

sagt das Mädchen: das Uebel ist also noch nicht vollendet; der Mann hat sie noch nicht, sondern soll sie erst erhalten:

> Sir Idio, or mi consiglia
> E) donami lo tuo conforto
> De l'om, c' a forza mi piglia.

und so der Liebhaber:

> Donna, del tuo maritare
> Lo mio cor forte mi duole.

Von der Verheirathung ist die Rede, nicht von der Ehe (matrimonio), und demnach wird auch die ohnedies jetzt sinnlose Stelle zu Anfang:

> Fecemi grande lamento,
> C' a forza fui maritata.

mit Trucchi zu bessern sein in:

> C' a forza è maritata (d. i. *viene maritata*).

Statt dessen sagte Caix (p. 508: „*Rugieri Pugliese* (?) *viene a colloquio colla donna amata, che si lagna del marito, che le fu fatto sposare per forza.*" Vielmehr fleht sie den Geliebten an, ihr gegen die bevorstehende Verheirathung zu helfen. So beruht denn auch auf einem Irrthum, was Caix weiter hinzufügt: „*Se non che qui il poeta cortigiano si ricorda troppo dei suoi amori cavallereschi e chiude coll ammonire la donna ad aver cura dell'onore, a non far fallanza, ad amare finamente, ciò che falsa il carattere del genere, ch' egli imitava.*" Er ahmte eben hier gar keines nach; die Moral aber, welche der Liebhaber am Ende predigt, ist nicht die von Caix bezeichnete; es ist die Moral des Decameron, d. h. sich den verhassten Gatten zu nehmen, wie so viele andere thun, da ja das nicht ausschliesse, dass sie beide fortführen, sich zu lieben und glücklich zu sein. Das *non fare fallanza*, zu dem er sie ermahnt, ist eben dieses, keinen Lärm wegen der Ehe zu machen, sich den Leuten nicht zu verrathen, ihr Verhältniss geheim zu halten, gerade wie Compagnetto da Prato (D'Anc. LXXXVII. 11) sagte:

> Le vecchie son mala gente,
>
> Non ti lasciar dismagare,
>
> Che 'l nostro amor fiu' e gente
>
> Per lor non possa falzare [1]).

Die drittletzte Zeile des Gedichtes war derartig, dass Trucchi sie unterdrückte „per onestà“; das also ist die Ehrenhaftigkeit, die der Dichter dem Mädchen anempfiehlt.

Und an dieser Stelle kann ich nicht unterlassen, von der *Rosa fresca aulentissima* des sogenannten *Ciullo d'Alcamo* [2]) zu

---

[1]) Das Fehlen in der Liebe war die Indiskretion, so bei G. Riquier. VIII, 39 f.

> E per mi dous sui celius.
>
> Qu'a fallir no m' abando.

D'Anc. XLII, 4:

> Ma non ch' io già per tanto
>
> Dimostri la cagione
>
> Dela mia gioi: chè ciò saria fallire
>
> und so oft.

[2]) Dieser Name *Ciullo d'Alcamo*, gegen dessen Richtigkeit auch Bilancioni und Caix Bedenken erhoben, wird wohl bald aus der Literaturgeschichte wieder verschwinden. Eine Erfindung Allacci's, wie Caix (*Riv. di Fil. Rom.* II, 178) meinte, ist er übrigens nicht. Der erste, welcher den Dichter erwähnte, war Ubaldini in den *Documenti d'amore* des Francesco da Barberino (1640): er nannte ihn *Ciulo di Camo*, einmal im Verzeichniss der citirten Autoren, und nochmals in der Wörtertafel s. v. *ea*; das erste Mal berief er sich dafür auf Angelo Colocci's Papiere. Allacci in seiner Vorrede. p. 22. führte dann eine oft wiederholte Stelle aus eben jenen Papieren Colocci's an, wo der Dichter *Cielo dal Camo* genannt wird; Allacci selbst aber bildete sich daraus, offenbar mit Rücksicht auf Ubaldini's Bezeichnung, einen *Ciulo dal Camo*. Vincenzo Auria nun in der *Sicilia Inventrice* (Palermo, 1704, p. 31) äusserte die Ansicht, dieses *Ciulo dal Camo* habe man als *Ciulo d'Alcamo* zu lesen, was Mongitore in seinen Zusätzen zu jenem Buche Auria's (p. 153) bestätigte; *Ciulo dal Camo* bedeute *Vincenzo d'Alcamo*, da man in sicil. Mundart *Nzulo* oder *Ciullo* für *Vincenzo* sage. So ging dieser neugeschaffene *Ciullo d'Alcamo* in Mongitore's *Bibliotheca Sicula* 1, 140 über und in Crescimbeni's *Commentari*, von wo ihn fast alle neueren Bücher aufgenommen haben. Manzi citirte allerdings im Wörterverzeichniss seiner Ausgabe von Francesco da Barberino's *Del Reggimento e de' Costumi delle Donne* (Roma, 1815) s. v. *nun* Verse eines *Ciulo d'Alcamo* aus einer Vatican. Hs. Aber welchen Glauben Manzi verdiene, zeigte der Graf Baudi di Vesme in der neuen Ausgabe des *Reggimento* (Bologna, 1875). p. XXIX f.

sprechen, wenn auch eigentlich nur, um sie als ganz anderer Art von dem hier behandelten Gegenstande auszuschliessen. D'Ancona in der seiner Sammlung der *Rime Antiche* einverleibten Untersuchung über das Gedicht kam zu dem Resultate, dass es ein wirklicher Rest alter Volkspoesie sei; darauf weist der Inhalt, der sich ganz in dem der populären Dichtung natürlichen Gedankenkreise bewegt, die Form der Strophe, bestehend aus den später sogenannten *versi Martelliani* mit scharfer Cäsur in der Mitte, abgeschlossen durch eine *syrima* von *endecasillabi*, d. h. ein Strophenbau, der auch sonst aus volksthümlichen Denkmalen bekannt ist[1], endlich die Sprache, welche, wenigstens, wie sie jetzt ist, eine viel stärkere mundartliche Färbung besitzt als in irgend einem Gedichte der höfischen Schule wahrnehmbar. Während daher die vorher betrachteten Erzeugnisse einer realistischeren Richtung doch immer in unverkennbarem Zusammenhange mit der Hofdichtung stehen, und aller Wahrscheinlichkeit nach von Kunstdichtern herrühren, ist dieser Contrasto der *Rosa fresca* von den anderen Poesieen durch eine Kluft geschieden. Mit dieser Untersuchung D'Ancona's schienen endlich die Fragen, welche das Gedicht angeregt, und welche eine ganze umfangreiche Literatur hervorgerufen hatten, erledigt zu sein. Aber statt dessen ist die Diskussion darüber seitdem nur noch eifriger geworden. Gerade besonders gegen D'Ancona's Ansichten über die *Rosa fresca* richteten sich Caix' Argumentationen in dem mehrfach angeführten Artikel der *Nuova Antologia*. Nach Caix wäre auch dieses Gedicht nichts anderes als eine Nachahmung der Pastorellen Frankreichs. Diese letztere Auffassung erklärte darauf jedoch Gaston Paris in einer kurzen Bemerkung in der *Romania* (V. 125) für zu weit gehend, und Bartoli[2] hat gegen dieselbe Einwände erhoben, welche auch Caix' Entgegnung nicht zu beseitigen vermochte[3].

---

[1] s. auch Monaci: *Sulla Strofa del Contrasto di Ciullo d'Alcamo, Riv. di Fil. Rom.* II. 113—116.

[2] *Di una nuova opinione intorno al Contrasto di Ciullo d'Alcamo: Rivista Europea, Anno VII, vol. II, p.* 281—294.

[3] *Ancora del Contrasto di Ciullo d'Alcamo: Riv. Europ. ib. p. 547 —558.* D'Ancona blieb bei seiner früheren Meinung über den poetischen

Wie nämlich Caix in das soeben besprochene Lied: *L'altro ier fui in parlamento*, die typische Romanzensituation nur durch Gewaltsamkeit oder Missverständniss hineinbrachte, so hier in die *Rosa fresca* die Situation der Pastorelle, d. h. die des Ritters, welcher sich zum Landmädchen herablässt und sie für sein Begehr zu gewinnen sucht. Die Personen des italienischen Contrasto sind vielmehr beide desselben Standes, beide gehören dem niederen Volke an. Für das Ganze der Composition hat daher Caix keine treffende Analogie im Gebiete der französischen oder provenzalischen Pastorelle nachzuweisen vermocht. Das Einzige, was etwas näher käme, ist die Tenzone des Raimbaut de Vaqueiras mit der Genueserin, wo wenigstens die Frau auch Dialekt redet; aber der Abstand ist immer noch viel zu gross, die Aehnlichkeit viel zu allgemeiner Art, als dass man beide Gedichte in dieselbe Kategorie setzen oder gar das eine dem anderen nachgeahmt erachten dürfte. Was jedem Unbefangenen beim Durchlesen der *Rosa fresca* sofort auffällt, ist der von der höfischen Poesie ganz verschiedene und in seiner plebejischen Rohheit und Frische höchst originale Geist, der sie erfüllt, und man muss sich hüten, verleitet durch die Freude an den aufgefundenen Analogieen, nur immer auf die Aeusserlichkeiten zu achten. Was aber dann auch die Nachweisungen von Aehnlichkeiten mit dem französischen Genre im Einzelnen, in Ausdrücken und Redensarten, betrifft, welche Caix besonders ausführlich in einer anderen Arbeit über die Sprache des Contrasto[1]) beizubringen suchte, so sind sie, wie vortrefflich jener Artikel auch in anderen Beziehungen sein mag, meistens höchst kleinlich und bedeutungslos, und, wenn man gar Corazzini, der ihm hierin gefolgt ist[2]), zustimmen wollte, so würde man bald dahin kommen, jedes Gedicht als die Nachahmung jedes beliebigen anderen betrachten zu können. Dennoch bleibt als Resultat von Caix' Untersuchung dieses deutlich, dass die Sprache der *Rosa fresca*

Charakter des Contrastes; s. sein neues Buch: *La Poesia Popolare Italiana*, Livorno, 1878, p. 4.

[1]) *Rivista di Fil. Rom.* II, 177—191.

[2]) *Del Contrasto di Ciullo d'Alcamo; Propugnatore* IX. 1°, p. 373—408.

stark mit Redeweisen der höfischen Minnedichtung versetzt ist, die
freilich dann mit dem Reste, welcher in natürlicher Rohheit ver-
blieben, seltsam contrastiren. Es ist aber übereilt, wenn Caix
daraus sofort schliessen will, der Autor müsse ein höfischer Dichter
gewesen sein: dabei bleiben ja umgekehrt die plebejischen Ele-
mente des Inhaltes und der Sprache schwer begreiflich. Wohl
meinte er, der gebildete Verfasser habe hier absichtlich die Weise
des Volkes und selbst dessen Dialekt nachgeahmt. Allein man
kann ihm seine Erklärung gerade umkehren: er sagte, der Ver-
fasser musste ein Kunstdichter sein, welcher das Volk nachahmte;
man kann behaupten, und dies ist bei weitem das Wahrschein-
lichere, es muss ein Volksdichter, ein Bänkelsänger gewesen sein,
der bis zu einem gewissen Grade von der Nachahmung der Kunst-
poesie angesteckt war, wie solches zu allen Zeiten stattfand. Dieses
wollte auch Monaci sagen, wenn er die *Rosa fresca* mit den Ge-
dichten eines Bonvesin, Bescapè, Antonio Pucci und anderer zu-
sammenstellte[1]; und er hatte Recht; man muss hier scheiden
zwischen der Volkspoesie im engeren Sinne und der volksthüm-
lichen Bänkelsängerpoesie. Caix dachte bei seinen Argumentatio-
nen stets nur an das echte Volkslied, wie er denn auch an einer
Stelle geltend machte, der Verfasser eines solchen könne kaum
bekannt, nicht berühmt werden. Die *Rosa fresca* ist aber nicht
ein wirkliches altes Volkslied, sondern ein Erzeugniss der *poesia
popolaresca* oder *giullaresca*, wie so viele alte dialektische Denk-
male Oberitaliens.

Bei Betrachtung der Dichtungen realistischen Charakters ist
wiederum, wie oben bei der conventionellen Poesie, zunächst nicht
zwischen den Dichtern Süd- und Mittelitaliens geschieden worden,
und wiederum schon deswegen nicht, weil bei der Unsicherheit
der Attributionen die Sonderung kaum möglich ist. Zwei der be-
sprochenen Gedichte sind nach der Handschrift von einem Tosca-
nér, Compagnetto da Prato: aber die beiden anderen sind anonym
und stehen mitten unter den Poesieen von Sicilianern und Apu-
liern. Verfolgt man aber weiter die neue Strömung, welche in

[1] *Riv. di Fil. Rom.* II. 243.

der italienischen Literatur der conventionellen Manier der sicilianischen Schule entgegentritt, und mehr und mehr zur Befreiung vom provenzalischen Einfluss führt, so wendet sich die Betrachtung ganz und gar Toscana zu, da die hieher gehörigen Erscheinungen bereits in eine Zeit fallen, in welcher die Dichtung im Süden erstorben oder bedeutungslos geworden war.

Guittone von Arezzo selber, wie tief er auch in der provenzalisch sicilianischen Tradition steckt, ja im Provenzalisiren alle Anderen übertrifft, besitzt dennoch schon eine gewisse, uns freilich wenig sympathische Originalität. Guittone's dichterische Thätigkeit zerfällt in zwei scharf geschiedene Perioden, deren Produkte allerdings in den Handschriften und Drucken ganz unordentlich gegen die chronologische Reihenfolge durcheinander stehen[1]. Die erste Periode war die der Liebespoesie. Ohne Minne, so dachte er damals wie die Troubadours, giebt es keine Trefflichkeit, kein Dichten (s. bes. Son. 49); so bemüht er sich verliebt zu werden, fleht *Amore* an in ihn einzuziehen, bittet den Bandino um Belehrung, wie er es anfangen solle, sich zu verlieben (Son. 52 und Val. I, 430). Es ging ihm darin ähnlich wie dem Troubadour Uc de S. Circ, der, nach der Lebensnachricht über ihn, gleichfalls sich nur verliebt stellte um zu singen. Daher denn auch Dante's Vorwurf im Purgatorium, welcher den Mangel an aufrichtiger Empfindung als das Grundübel der Dichtung Guittone's und seiner Genossen bezeichnete. In dieser Zeit gehörte also Guittone durchaus der sicilianischen Schule an, wie ihn Dante in eine Kategorie setzt mit Iacopo da Lentini und Buonagiunta Urbiciani.

Hierauf aber geschah in ihm eine Umkehr: auch er hatte sein *mezzo del cammin:*

> Poi fui dal mio principio a mezza etate
> In loco laido, disonrato e brutto,
> Ove m' involsi tutto.

so heisst es in dem Gedichte über seine Bekehrung an Maria (Canz. III). Er mochte also wohl 35 Jahre alt sein, als er in

---

[1] Doch nicht so in der Redianischen Hs., wo sie gesondert sind. s. *Giornale di Fil. Rom.* I, 50.

den Orden der *cavalieri di S. Maria* oder *frati gaudenti* eintrat.
Nunmehr war sein Standpunkt ganz verändert; die Liebe, die er
gepriesen, schmähte er auf's Heftigste (Canz. IV) und pries statt
ihrer allein die wahre Liebe zu Gott. Nunmehr leugnet er, dass
Minne Trefflichkeit gebe: es sei auch nicht wahr, dass man ver-
liebt sein müsse, um singen zu können: im Gegentheil sei Liebe
Thorheit, und das Rechte und Vortreffliche leistet nur der Weise,
nicht der Thor (Canz. I). Er verurtheilt sein eigenes früheres
Leben, seine eigene Dichtung, mahnt, man solle seine Liebeslieder
nicht lesen:

> Però fugga lo mio folle dir como
> Suo gran nemico ogni uomo [1].

An denselben Mastro Bandino, den er zuerst um Belehrung in
der Kunst der Liebe gebeten, richtet er nun ein Sonett in ganz
anderem Tone (Son. 164), wo er sagt, es wäre vernünftig auch
von ihm, die Minne zu lassen, sowie er es gethan.

Solche Reue und Umkehr war nicht selten bei den Trouba-
dours, und auch von Italienern giebt es mehrere Bussgedichte,
welche die Abwendung von der Minne zu Gott besingen, so eines
von Pannuccio dal Bagno (Val. I, 351), eines von Bacciarone (ib.
407) oder die Canzone des Tommaso da Faenza: *Celestial Padre,
consiglio ti cheggio* (Zambrini, op. volg. p. 386). Aber Guittone
war hier nur zu sich selbst zurückgekehrt; der Mode der Minne-
poesie zu folgen, war ihm stets schwer gefallen; jetzt giebt er
sich ganz seiner Sucht zum trockenen Raisonniren hin: er schreibt
nicht mehr Gedichte, sondern Traktate und Predigten in Versen;
so ist z. B. die 7. Canzone über das Dasein Gottes und die Un-
sterblichkeit der Seele eine dürre Zusammenreihung von Syllogis-
men in der Schulsprache mit Citirung von Tullius, Aristoteles,
Boethius, Seneca; die Uebergänge geschehen mit einem: „Nachdem
wir nun erwiesen haben," u. s. w. Es ist eine Abhandlung, und
kein Gedicht. Und darin unterscheidet sich Guittone's religiös
moralische Poesie sehr unvortheilhaft von der damaligen populären
Dichtung über dieselben Gegenstände, welche doch manche erfreu-

---

[1] Canz. III, 2; s. auch Son. 155 an den Conte Gualtieri.

liche Früchte hervorbrachte: Guittone hat nichts von der stürmi-
schen Gluth eines Iacopone' noch von dem Erzählertalent Bon-
vesins oder der rohen Naivetät Fra Giacomino's; er ist ein kalter
und subtiler Verstand, und er ist kein Künstler; seine Gedanken
bringt er zum Vorschein, wie der Zufall sie ihm in den Mund
legt; ihm war es darum zu thun zu belehren und zu predigen,
nicht zu dichten; gegen diejenigen, welche seine Gedichte schwie-
rig und dunkel fanden, vertheidigte er sich (Canz. XLIII, Gel. 2)
mit den Worten:

> E dice alcun, ch' è duro
>
> E aspro mio trovato a saporare.
>
> E puot' essere vero, ond' è cagione,
>
> Che m' abonda ragione [1]);
>
> Perch' io gran canzon faccio e serro motti,
>
> E nulla fiata totti
>
> Locar loco li posso; ond' io rancuro;
>
> Chè un picciol motto puote un gran ben fare.

Hin und wieder trifft er daher einen kräftigen Ausdruck, ein wir-
kungsvolles Bild, wie Canz. VIII, 3:

> Legno quasi digiunto [2])
>
> È nostro core in mar d'ogni tempesta,
>
> Ov' uomo fugge porto e incontra scoglia
>
> E di correr ver morte ora non resta.

erinnernd schon an Dante's: *viri Del viver, ch' è un correre alla*
morte (Purg. XXXIII, 54), und ähnlich heisst es Son. 240:

> Non ti rimembra, che come corrieri
>
> Se' in questo mondo pieno di fallire?
>
> Morendo oggi par che nascesti ieri; (Val. *Morendo veggio*
>
> Nulla ne porti e non sai dove gire.

Aber dergleichen ist verloren in einem Meere von Langweiligkeit
und Oede, aus welchem dann wieder Geschmacklosigkeiten hervor-
tauchen, wie Canz. XVI, Gel.:

> Messer padre, del cor meo la cervice
>
> Devotamente ai piè vostri s' inchina.

_____

[1]) *ragione* „Gegenstand, Materie" der Poesie, wie prov. *razo*.

[2]) *digiunto* im Sinne von *sdrucito*.

9

und XVIII, 2:

> Quant' aggio e quale in voi ver bono amore,
>
> Non partorir può core,
>
> Tenelo in ventre, e, poi[chè] vol, guaimenta.

d. h. das Herz kann die ganze Liebe nicht kundgeben: also das
Herz hat einen Nacken, den es beugt, und einen Bauch, aus dem
es gebiert, und, wenn es nicht gebären kann, wehklagt es.

Von seiner besten Seite zeigt sich Guittone in denjenigen
Gedichten, welche den provenzalischen Rügeliedern verwandt sind:
sein politisches Serventes an die Florentiner (Canz. XLI), wohl das
Beste, was er je geschrieben hat, ist oben bereits öfters erwähnt
worden. Diesem nahe steht die Invektive und Ermahnung an
seine Mitbürger, die Aretiner (Canz. IX): *O dolce terra Aretina.*
Es ist ernst und nicht ohne Kraft, und, wäre es nicht so abstrakt,
so würde es an die berühmten Dante'schen Invektiven erinnern.
Man sieht hier, wie die politische Erregung auch in dem trockenen
und phantasielosen Geiste den Funken der Dichtung zeitweise ent-
zündete.

Wollte man den älteren Literarhistorikern glauben, so hätte
Guittone noch einen ganz anderen und viel vollkommneren Styl
gehabt, welcher ihn zum direkten Vorgänger, ja Muster Petrarca's
machte. Freilich blieb es dabei unverständlich, wie zwei so gänz-
lich verschiedene Dichtweisen bei demselben Manne möglich, wie
der Verfasser der Liebescanzonen in conventioneller Manier und
der weitschweifigen Moralisationen das Sonett geschrieben haben
sollte: *Già mille volte, quando Amor m' ha stretto.* Aber das
Ganze war eben auch eine Täuschung, und was unbegreiflich
schien, war einfach falsch: denn jene acht Sonette in der Giun-
tiner Sammlung der *Rime Antiche,* welche in diesem so glatten
und gerundeten Style geschrieben sind, waren Guittone unter-
geschoben und sind Erzeugnisse der Renaissancezeit, das eine der-
selben notorisch von Trissino[1]).

---

[1]) Es ist das letzte Sonett in der Ausgabe Valeriani's: *Quanto più mi
distrugge il mio pensiero.* Dass es von Trissino, bemerkte schon Scipione
Maffei in der Vorrede zu Trissino's Werken (1729), p. XXVII f., und

Guittone hat einen bedeutenden Einfluss auf die gleichzeitige Literatur ausgeübt. Wie hoch er geachtet wurde, beweisen die zahlreichen Sonette, welche man an ihn richtete, und bezeugen Dante's Worte im *Purgatorio* und dem Buche *de rl. rulg.* Er galt eine Zeit lang in Toscana als Meister der Kunst, und die Nachahmung seiner Manier ist in manchen Gedichten des Meo Abbracciavacca, des Monte Andrea, des Chiaro Davanzati, und auch bei den Pisanern Pannuccio, Bacciarone, Lotto di Ser Dato, unverkennbar.

Die provenzalisirende Dichtweise musste in Toscana naturgemäss immer mehr in Verfall gerathen; denn hier hatte sie

Seghezzi in der Vorrede zur Sammlung der *Rime di diversi antichi autori toscani*, Venezia, Zane, 1731: nichtsdestoweniger fuhren viele, und selbst noch Galvani und Nannucci fort, es für Guittone's Eigenthum zu halten und als solches zu preisen. So that auch Foscolo zu der Zeit, als er die *Storia del Sonetto* schrieb, und führte dieses Sonett als von Guittone an, zugleich es als ein Zeugniss für den geringen Wechsel betrachtend, den die italienische Sprache in den fünfhundert Jahren erlitten (*Opere,* X, 403; dagegen in den *Discorsi sulla Lingua Italiana* (*Opere,* IV, 169) erklärte er die Poesieen Guittone's für *spiritose invenzioni di qualche bell' ingegno dell' epoca di Leone X,* ohne dabei zwischen den verschiedenen Gedichten zu scheiden. Giudici (*Storia della Lett. Ital.,* 1865, 1, p. 107 f. hielt die Sonette Guittone's für unecht, auch er, ohne im Einzelnen einen Unterschied zu machen. Dass acht der ehedem Guittone beigelegten Sonette (Son. 211—217 u. 239 aus der Renaissancezeit herrühren, kann niemand bezweifeln, der mit der Entwickelung der italienischen Literatur vertraut ist, und schon die äussere Form deutet auf die Unechtheit derselben. Guittone, wie fast alle älteren Dichter, giebt seinem Sonette die Reimordnung a b a b; nur eine Ausnahme davon ist unter den 205 ihm mit Sicherheit zugeschriebenen vorhanden, nämlich das an Meo Abbracciavacca, nr 172. Diese acht hingegen sind sämmtlich in der Ordnung a b b a, die mit Dante und Petrarca die vorherrschende geworden. Alle Poesieen Guittone's, welche die Giuntina enthielt, darf man aber darum nicht für untergeschoben erklären wollen, da ja ein Theil derselben aus Hss. bekannt und veröffentlicht ist. Selbst die übrigen nur aus jener Sammlung bekannten 21 Sonette (Son. 218—238 sind wenigstens ganz im Style der Alten, den ein Fälscher des 16. Jahrh. kaum so geschickt hätte nachahmen können. Dagegen ist gewiss nicht von Guittone, und wahrscheinlich von einem Dichter der neuen florentinischen Schule die *ballata: Noi sem sospiri di pietà formati,* in der Sammlung Zane, p. 258; Val. Canz. LII.

vollends jeden Boden in den wirklichen Verhältnissen des Lebens
verloren. An Friedrichs II Hofe war doch noch am meisten von
feudalem, ritterlichem Wesen vorhanden; unter jenen Richtern und
Doctoren befanden sich doch auch dichtende Hofmänner und
Fürsten. In Toscana trifft diese Richtung auf das Leben der
Commanen, das gerade Gegentheil des Ritterthums, welches diese
Dichtung geschaffen hatte; es sind fast nur noch Notare, welche
hier dichten, und man sieht, wie die Poesie jenen spiessbürger-
lichen Charakter bekommen musste, der sich in den Tenzonen Ser
Pace's und seiner Genossen zeigt, und jene öde Dürre, die bei
Guittone und seinen Nachahmern herrscht. Es ist eine äusser-
liche, rhetorische Uebung in der hergebrachten Weise, daher die
vermehrte Künstlichkeit und Affektation, da sich alle Bravour auf
die Form wandte. Man dichtete, ohne zu empfinden; wer dichtet,
der muss seine Liebe pflegen; aber wie sollte man sich gewaltsam
die ritterliche Liebe einflössen, die man in der Wirklichkeit nicht
mehr kannte? So quält und martert sich der kalte, trockene
Guittone, lässt sich Recepte geben, wie man verliebt werden könne,
fleht *Amore* an, in ihn einzuziehen, bis er zuletzt in die ganz
entgegengesetzte Richtung umschlägt, und dafür streitet, dass man
auch ohne Liebe singen könne, und die Minne schmäht. Und so
schmähen sie Andere. Die Gedichte gegen *Amors* waren zwar
auch den Provenzalen schon wohl bekannt; aber ihr so häufiges
Vorkommen, der ernste, moralisirende Ton, in dem sie abgefasst,
scheinen ein wirkliches Zeichen des Grolles und Ueberdrusses.
Die Liebe in der neuen Schule hatte dann eine veränderte Be-
deutung.

Allein manche von diesen Dichtern, welche unerträglich sind,
wo sie die Sicilianer und Provenzalen sclavisch nachahmen, zeigen
sich ganz anders da, wo sie eben zu sich selbst und der realen
Sphäre zurückkehren, die sie umgiebt. Hier kommen wiederum
die Regungen einer freieren und volksthümlicheren Weise zum
Vorschein. Dieselben Dichter pflegen bisweilen die eine und die
andere Manier, so Monte Andrea und Guido Orlandi, und es
drängt sich dabei die Beobachtung auf, die sich auch bei Guido
Guinicelli und Onesto von Bologna wiederholt, dass gewöhnlich

die Sonette freier und moderner sind als die Canzonen. Das Sonett war, nach Dante's Zeugniss, eine tiefer stehende Form und damit der volksthümlichen Weise eher zugänglich als die hohe Canzone, die solenne Form der Dichtung, welche immer am längsten im conventionellen Style verharrte.

An Stelle jener süsslich schmachtenden Tenzonen von Messere und Madonna, die sich gegenseitig ihren Schmerz klagen und sich ihre Herzen senden; treten hier Gespräche mit halb spöttischer Färbung, wie die Sonette Chiaro Davanzati's bei Trucchi, I, 157 —161. Die Dame fertigt ihren Anbeter mit guten Lehren ab, will auch von seinen Betheuerungen ehrenhafter Gesinnung nichts wissen, vielmehr zeigt sie sehr viel Eifer für die Treue gegen ihren Gatten, welcher in der älteren Hofdichtung als der böse *geloso* oder *lusingatore* erschien. Dieselbe Abfertigung erhält der Liebhaber in der freilich äusserlich der alten Manier viel näher stehenden Balladentenzone des Guido Orlandi: *Partire, amor, non oso*[1]), und voll echt toscanischer Schelmerei sind die Antworten,

---

[1]) bei Manzoni, VII—X. Manzoni hat, wie sehr oft in den von ihm publizirten Poesieen, die Form ganz verkannt, und so das Gedicht auf das Seltsamste entstellt. Alle hier gesondert numerirten Stücke bilden zusammen eine *Ballata* von 4 Strophen: voran geht die *Ripresa* von 4 Versen, und am Schlusse folgt, nach einem sehr häufigen, auch von Antonio da Tempo erwähnten Verfahren, eine neue *Ripresa* auf die Reime der ersten. Auch die Abtheilung der Zeilen ist bei Manzoni falsch, und str. I z. B. so herzustellen:

> Partir, tal' ora fue,
> Mi credea da amare
> Per vero intendimento preso novo.
> Ma ciò non poria fare;
> Kè per un cento è piue
> Doblato lo disio ke mi trovo.
> E per tale m' aprovo
> Paragonato sono,
> Nè mai altro ragiono
> Ke di plaser a voi sempr' amoroso.

Das folgende Gedicht bei Manzoni XI ist ebenfalls eine *Ballata* mit einer neuen *Ripresa* am Schlusse, und daher, wenn man recht zusieht, durchaus regelmässig und vollständig erhalten, nicht verstümmelt, wie der Heraus-

welche die *Gemma leziosa* ihrem Bewerber in dem Contrasto des Ciacco dall' Anguillaja von Florenz giebt[1]), wennschon sie zuletzt nicht gar so hartherzig bleibt. Rustico di Filippo, der in manchen Gedichten noch der sicilianischen Manier angehört[2]), hat andererseits ein Sonett: *Io aggio inteso, che senza lo core*, welches mit seiner geistvollen Pointirung schon Crescimbeni in Erstaunen setzte[3]), und ein anderes desselben Rustico: *Tutto lo giorno intorno vo faggendo*[4]), zeigt vollends schon nicht bloss den Geist und die Feinheit, sondern auch die Schwächen der petrarchischen Poesie in ihren Antithesen von *ghiaccio* und *fuoco*. Von liebenswürdiger Einfalt ist ein Sonettengespräch Chiaro's bei Nannucci, 1, 206 f. (nach Massi), und das Bild vom entflogenen Vöglein, dem er sein zur Geliebten entflohenes Herz vergleicht, entzückt durch seine Frische und Natürlichkeit. In vielen anderen Gedichten von Toscanern zeigt sich wenigstens eine bemerkenswerthe Erneuerung der Form; die Sprache hat ihren alterthümlichen Charakter abgestreift, ist behender und flüssiger geworden; die provenzalischen und mundartlichen Elemente, die schwerfällige Gewundenheit des Ausdrucks verlieren sich immer mehr und machen einer natürlich eleganten Redeweise Platz. Dieses kann man selbst in solchen Gedichten beobachten, wie der Canzone des Bondie Dietaiuti: *Madonna, mi è avvenuto simigliante* (Trucchi, 1, 100), die doch sonst durchaus an dem alten Ideeenkreise festhält. Als Hauptrepräsentant dieser veränderten Dichtweise muss uns aber eben Chiaro Davanzati gelten, dem wir schon so oft begegneten, und der, mochte er nun die Provenzalen nachahmen, wie in der Canzone: *Non già per gioia, ch' aggia, mi conforto*, oder mochte

geber meinte. Aber alle diese wunderlichen Irrthümer Manzoni's, dem auch die Form des *Sonetto rinterzato* unbekannt war (s. nr. VI u. XIII), zu berichtigen, ist hier nicht der Ort.

[1] Trucchi, 1, 69, wonach bei Nannucci und Carducci.

[2]) s. Trucchi, 1, 180, 205 ff. 227.

[3]) Es steht in A. 823 und C. 138, hier als von Rustico Barbuto, wodurch man zugleich sieht, dass dieser mit Rustico di Filippo dieselbe Person. Nach Crescimbeni III, 89 ist es gedruckt Val. II, 419, Nan. 487, Trucchi, 177.

[4] in A. 835, bei Trucchi, 1, 196, falschlich als von Chiaro Davanzati.

er Guittone folgen, wie in seinen *Plazer*-Sonetten, stets doch eine besondere Originalität und Gewandtheit offenbarte. Witte hat in einem Artikel in Böhmers Romanischen Studien (1. 111–117) auf die Bedeutung dieses Dichters aufmerksam gemacht, und in der That geben die von ihm bekannten Gedichte, so wenig ihrer auch im Verhältniss zu der Menge der noch ungedruckten sind, eine höchst günstige Idee von seinem Talente und zeigen, dass er unter den älteren Toscanern einer der vorzüglichsten gewesen.

Diese Dichter sind übrigens fast alle Florentiner, worin sich die Prädestination der Stadt als Centralpunkt der literarischen Entwickelung zu erkennen giebt. Ihr Gegensatz gegen die hartnäckigen Anhänger der alten Manier war auch nicht etwa bloss ein unbewusster. Wie sie von den altmodischen Fortsetzern der sicilianischen Schule dachten, sieht man aus einem Sonett von Chiaro Davanzati oder Maestro Francesco[1]) an Buonagiunta Urbiciani, welchem da vorgeworfen wird, dass er sich mit dem Eigenthum des Notars von Lentini schmücke, wie die Krähe mit den Federn des Pfaues:

> Per te lo dico, novo canzonero,
> Ke ti vesti le penne del Notaro
> E va' furando lo detto stranero.
> Siccom gli uccel la corniglia spogliaro,
> Spogliere'ti per falso menzonero,
> Se fosse vivo Jacomin Notaro.

Dante da Majano's rohes Benehmen gegen den jungen Dante Alighieri, als er sein erstes Sonett an die berühmten Dichter seiner Zeit sendete, ist wohl bekannt; aber Dante da Majano selbst ist es bei ähnlicher Gelegenheit übel ergangen. Auch er hat einmal eine Vision gehabt, welche er zur Deutung an verschiedene Dichter sandte (Val. II, 499); ob die des Alighieri oder die seine vorangegangen, ist nicht zu entscheiden; aber fast erscheint die letztere wie eine ungeschickte Nachahmung der ersteren. Dante Alighieri's Traum ist symbolisch tiefsinnig, der des Dante da

[1]) von ersterem nach A, 680, von letzterem nach C. 120, publizirt bei Manzoni, XVI.

Majano süsslich sinnlich, zu unfeiner Deutung reizend, und Guido
Orlandi, welcher halb wenigstens der neuen, feindlichen literari-
schen Richtung angehörte, antwortete ihm, mit herbem Spotte
seine Indiskretion geisselnd (Val. II. 271).

Trucchi, welcher so vielfach in seinen Ansichten über die alte
Dichtung irrte, hat hier doch einmal das Richtige getroffen und
die verschiedenen Stufen einer allmählichen Entwickelung der Poesie
in Toscana wohl wahrgenommen. Er unterschied zwischen den
trovatori, den Dichtern der conventionellen Manier, den *trovatori
di transizione* und den *poeti*. Die Dichter des Ueberganges sind
eben die, von welchen soeben die Rede war, während er als *poeti*
Dante, Guido Cavalcanti, Cino u. s. w. bezeichnet [1]. Was aber
seine Vertheilung der einzelnen Dichter in diese verschiedenen
Kategorieen betrifft, so ist sie oberflächlich und inconsequent, wie
er denn Guido Guinicelli einfach unter die *trovatori* setzte. Auch
die neue Eintheilung, welche Bartoli [2] versuchte, kann nicht be-
friedigen; wenn er von Guittone (p. 161) sagte: „*le freddure pro-
venzali lo disgustano ed egli se ne emancipa*", so scheint das von
keiner klaren Vorstellung über das Verhältniss der Schulen in
Toscana zu zeugen; er nennt (p. 159) auch Meo Abbracciavacca
und gar Pannuccio dal Bagno unter denen, die von provenzali-
schem Einfluss frei seien. Eine vollständige Classification der ein-
zelnen Dichter ist aber überhaupt unausführbar, so lange nicht
von allen die erhaltenen Poesieen sämmtlich veröffentlicht sind,
und zugleich die Attribution der Gedichte nach den Handschriften
mit grösstmöglichster Sicherheit festgestellt ist; denn bis jetzt ist
oft das, was man von einem Dichter kennt, gar zu wenig, um
danach entscheiden zu können, welches der allgemeine Charakter
seiner Dichtung sei. In Sonderheit ist von den Dichtern der Ueber-
gangszeit noch nicht hinreichend viel veröffentlicht; in den älteren
Sammlungen sieht man von ihnen fast garnichts. Trucchi's Werk
dagegen erhielt gerade dadurch seine Bedeutung, dass es manches
Werthvolle dieser Richtung brachte; weiter gehören hierher die

---

[1] s. Trucchi's Vorrede. p. LXXIX ff.
[2] *I primi due Secoli della Lett. Ital.*, p. 162. n. 1.

von D'Ancona im 6. Bande des *Propugnatore* publizirten 20 Sonette; die Fortsetzung von D'Ancona's Sammlung der *Rime Antiche* wird aber noch eine grosse Fülle des Neuen und Interessanten zu enthüllen haben.

Andere Poesieen toscanischer Dichter zeigen noch weitere Schritte in der Emancipation von den Traditionen der sicilianischen Schule. Folgore da S. Gemignano besingt in Sonettenkränzen die Vergnügungen der verschiedenen Monate und die der verschiedenen Wochentage zur Unterhaltung lustiger Gesellschaften in Siena und Florenz, und ein Cene dalla Chitarra aus Arezzo, ärgerlich über Folgore's Prahlereien (s. Val. II, 199), verfasste zu den lustigen Gedichten desselben burleske Parodieen. Wir haben hier also schon den Beginn der humoristischen Poesie. und dieselbe wird bereits mit grosser Fertigkeit gehandhabt von Rustico di Filippo und Cecco Angiolieri aus Siena, den Vorläufern der Sacchetti und Pucci des folgenden Jahrhunderts. Von Rustico stehen bei Trucchi (I. 225 ff.) achtzehn Sonette dieser ganz realistischen Richtung, politische Satiren, persönlicher Spott, Scherze über kleine häusliche Angelegenheiten und Vorkommnisse. Alles für die Zeit sehr bemerkenswerth, drastisch, natürlich, in kräftigem Ausdruck. Trucchi's Lob des guten Rustico als eines grossen Dichters, Vorgängers Dante's, Schöpfers des *linguaggio illustre*, ist freilich sehr übertrieben. Allein mit diesen Dichtern stehen wir auch schon auf der Grenze des 13. Jahrhunderts; ja die poetische Thätigkeit mancher unter ihnen dauerte in das 14. hinein. Cecco Angiolieri's Angriff auf Dante (Allacci, 195) deutet auf die Zeit von Dante's Verbannung: von Folgore giebt es drei politische Sonette von grosser Kraft und Kühnheit der Satire, welche nach der Schlacht von Montecatini (1315) gedichtet worden [1]). Ist endlich das Sonett: *Color di cener fatti son li Bianchi*[2]). von Guido

---

[1]) Zwei derselben bei Val. II, 194 f. Die Quadernarien des dritten theilte Borgognoni in der Schrift über Bindo Bonichi. *Propugnatore*. I. 308, mit. Borgognoni wollte sie alle drei Folgore absprechen. aber mit schlechten Gründen. wie Navone im *Giornale di Filologia Romanza*, I. 59, und D'Ancona. *Nuova Antologia*, Ser. II, vol. VIII. 560 f., gezeigt haben.

[2]) Trucchi, I. 211.

Orlandi, dem es die vatican. Hs. 3214 (169) zuschreibt, so hätte
auch dieser Dichter noch 1316 gelebt; denn es ist da von der in
genanntem Jahre für die Bianchi erlassenen Amnestie die Rede,
die Dante wegen der schmählichen an sie geknüpften Bedingung
zurückwies:

> Così il nome dei Bianchi si diclini
>
> Per tal sentenza, che non vi si appelli.
>
> Salvo che a San Giovanni sieno offerti.

Wir wären also damit über den Zeitraum hinausgelangt, wel-
cher uns hier beschäftigt; denn inzwischen hatte sich schon die
Schule des *dolce stil nuovo* kräftig entwickelt, ja damals war schon
ein grosser Theil der *Divina Commedia* vollendet. Die neue
Schule knüpfte nicht unmittelbar an die in Toscana aufgekommene
populär realistische Richtung an, vielmehr ging sie von Bologna
aus. Guido Guinicelli, ihr Begründer, war selbst zuerst der alten
Manier gefolgt; die meisten seiner Canzonen zeigen keinen merk-
lichen Unterschied von denen der südlichen Hofdichter, inmitten
derer sie gedruckt zu stehen pflegen; da findet man dieselben
Gemeinplätze, dieselbe Leere und Monotonie, dieselben Bilder und
Vergleiche, die wir bei jenen kennen gelernt. Hätte Dante, als
er ihn so sehr erhob, ihn seinen Vater nannte, wirklich damit
auf alle Poesieen Guido's ohne Unterschied deuten wollen, so wäre
sein Urtheil unbegreiflich. Aber ohne Zweifel dachte er, wenn er
so redete, eben an die berühmte Canzone: *Al cor gentil ripara
sempre amore*, an manche Sonette, wie das von ihm selbst theil-
weise nachgeahmte: *Io vi del cer la mia donna laudare*, und
etwa an andere verloren gegangene Dichtungen. Man wird kaum
irren, wenn man annimmt, dass jene Canzonen Guido's in der
conventionellen Manier seinen jüngeren Jahren angehören, als er
Guittone seinen Meister nannte, und dass er dann später seinen
eigenen selbständigen Weg einschlug. Diese Befreiung geschah
bei ihm durch wissenschaftliche Einflüsse; in dem gelehrten Bo-
logna verband sich die Dichtung eng mit der Philosophie, ent-
lehnte von ihr vielfach den Inhalt und selbst die Darstellungs-
weise. In der Canzone Guido's von *Amore* und *cor gentile* steht
zu Anfang gleichsam als philosophische These der Satz, dass *Amore*

seinen Sitz nur in edlem Herzen nehme, in dem Herzen, das
Tugend und Adel besitzt, und dieser Satz wird dann mit einer
Reihe von Vergleichen erläutert. Aber in diesen Vergleichen ist
das alte Repertorium gänzlich verschwunden; man erkennt hier
den Denker, der das Bedeutende und Ausdrucksvolle des Bildes
sucht. Dieses Streben nach Tiefe, und damit eine neue Kraft
und Männlichkeit ist es, was die neue Schule von der alten unter-
scheidet. *Amore* und *Madonna* bleiben Abstraktionen; aber sie
erhalten eine verschiedene Bedeutung. *Madonna* ist noch immer
der Inbegriff aller Vollkommenheit: aber sie ist zu einem Symbol
geworden, zu der Verkörperung von etwas Höherem, die Liebe zu
ihr geht über sie hinaus zur Tugend, zum höchsten Gute, und die
Dichtung erhält einen symbolisch allegorischen Charakter; ihr
eigentlicher Zweck wird allmählich die Darstellung philosophischer
Wahrheit umhüllt vom schönen Schleier des Bildes, wie Dante sie
selbst definirt hat. Diese Einmischung der Wissenschaft ist an
und für sich noch kein poetisches Element; aber sie giebt der
Dichtung doch einen neuen, selbständig entwickelten Gehalt: es
ist, wie Bartoli bemerkte, eine neue Emancipation vom Provenza-
lismus. Der neue Gehalt steht doch jetzt in innerlichem Zusam-
menhange mit der Persönlichkeit des Dichters, wird nicht einfach
von aussen aufgenommen. Der wissenschaftliche Symbolismus rettet
vor den alten Phrasen, und damit erhält auch der Affekt von
Zeit zu Zeit seine Freiheit wieder, wie am Schlusse von Guido's
Canzone und an so manchen Stellen seiner Sonette. Bei den
florentinischen Fortsetzern des *dolce stil nuovo*, Guido Cavalcanti,
Lapo Gianni, Lapo degli Uberti, Dino Frescobaldi, Gianni Alfani
und auch Ser Noffo Notajo d'Oltrarno, mit dem wohl Lotto oder
Noffo Bonaguida eine und dieselbe Person[1]), begegnet sich mit
jenem Streben nach philosophischer Tiefe die den Toscanern eigen-
thümliche Neigung zu einer natürlicheren, volksthümlicheren Weise.
Daher belebt ihre Dichtungen ein frischerer Hauch, trotz des neuen
symbolischen Conventionalismus mit seinen Abstraktionen und Per-
sonificationen *Amore's*, der *spiritelli d'amore* und damit der Ver-

---

[1]) So vermuthet Quadrio und hier wahrscheinlich mit Recht.

äusserlichung innerer, seelischer Vorgänge. Derselbe Guido Caval-
canti, der die Canzone: *Donna mi prega*, mit ihren scholastischen
Definitionen und Distinctionen verfasste, dichtete auch die reizen-
den naiven Pastorellen: *In un boschetto*, und: *Era in pensier
d'amor*. Als endlich in Dante's grossem Gedichte die fein aus-
gebildete Kunst der Schule sich mit dem beliebtesten Gegenstande
der populären Tradition verband, erreichte die literarische Ent-
wickelung ihren Gipfelpunkt.

IV.

Die Sprache.

Obgleich der Einfluss der südlichen Mundarten Italiens auf
die Sprache der sicilianischen Dichter in gewissen Einzelheiten
unverkennbar ist, so unterscheidet sich dieselbe, so wie uns jetzt
die Texte vorliegen, im Grossen und Ganzen dennoch nicht wesent-
lich von der späteren italienischen Gemeinsprache, als deren Grund-
lage man das Toscanische ansieht. Und dieses ist zu verwundern,
da doch naturgemäss, ehe in einem Lande eine gemeinsame lite-
rarische Bewegung besteht, ein jeder Dichter eben nur zu seinem
eigenen Dialekte zu greifen pflegt, wie es denn auch wirklich in
Italien selbst geschah, wenigstens in den nördlicheren und mitt-
leren Provinzen des Landes, welche im 13. Jahrhundert eine grosse
Zahl dialektischer Poesieen hervorbrachten. Bestand nun neben
den Mundarten damals schon eine Gemeinsprache? Dieses meinte
in der That Dante: er suchte es im ersten Buche seiner Schrift
de vulgari eloquentia zu beweisen und führte zum Zeugnisse eben
jene Gedichte der ältesten Lyriker an als solche, deren Sprache
verschieden sei von dem Idiom der Gegend, welcher der Verfasser
angehörte, und vielmehr überall eine und dieselbe, d. h. sein
italienisches *vulgare illustre cortigiano*. Diese Ansicht Dante's

nahm neuerdings Perticari wieder auf in seiner *Difesa di Dante*[1]) und vertheidigte sie gegen die Einwände, welche man inzwischen erhoben. Nach ihm wäre dieses alte *volgare illustre* direkt aus dem *latinum rusticum* oder der von Raynouard erdachten gemeinsamen romanischen Sprache entsprossen und hätte sich zuerst im Süden und dann gleichmässig in allen Theilen Italiens entwickelt. Freilich wie diese Entwickelung denn nun vor sich gegangen, was die Hauptschwierigkeit war, darüber blieben seine Bemerkungen sehr oberflächlich und ungenügend, und boten den Gegnern bequeme Angriffspunkte. So wendete sich denn gegen ihn und Dante's Theorie der Graf Giovanni Galvani mit seinem Buche: *Dubbi sulla verità delle Dottrine Perticariane nel fatto storico della lingua*[2]). Ihm stand es fest, dass die spätere Gemeinsprache eben nur das Toscanische sei, und, wenn in den Dichtungen anderer Gegenden von Anfang an etwas ihr so Aehnliches zum Vorschein gekommen, so suchte er sich das Räthsel auf andere Weise zu lösen. So nämlich, wie man oft genug toscanische Schriften unter den Händen lombardischer oder venetianischer Copisten sich dialektisch färben sehe, so habe es ja wohl mit den dialektischen unter der Hand der Toscaner umgekehrt ergehen müssen, und es könnten die Gedichte der Sicilianer in ihrer eigenen Mundart abgefasst und von toscanischen Abschreibern umgestaltet worden sein (p. 56). Aber Galvani kam darüber mit sich nicht in's Reine. Bald ist ihm, wie hier, die jetzige Gestalt der Poesieen bloss Resultat einer Toscanisirung seitens der Copisten, bald ist ihm jene Sprache ein künstliches Idiom, entstanden durch eine Einwirkung der *langues d'oc* und *d'oïl* auf den sicilianischen Dialekt, wodurch er einen nur scheinbaren toscanischen Anstrich erhielt[3]), bald sollen diese Dichter gar *per istudio* toscanisch geschrieben haben (p. 109 ff. u. p. 113), was mit seiner Meinung zusammenhängt, dass es Dichter in Toscana schon gegeben habe, ehe man die Poesie an Fried-

---

[1]) zuerst Mailand. 1817.

[2]) in *Opere di G. Galvani*, vol. II. Milano. 1846 (das Buch war vorher schon zweimal erschienen, aber in geringerem Umfang).

[3]) s. p. 51 und die ausführlichen Auseinandersetzungen über Entstehung dieser künstlichen Sprache am Ende des Buches.

richs II Hofe pflegte. Und so sprach Galvani auch in einer neueren Schrift[1]) wieder von einer *lingua franca*, einem *romanzo mescidato* der alten Dichter, offenbar mit Beziehung auf die Auseinandersetzungen in den letzten Capiteln der *Dubbi*. Aehnlich schwankte auch der Graf Libri, als er in seinem Buche: *Histoire des Sciences Mathématiques en Italie* (Paris, 1838, vol. I, p. 176 ff.), beiläufig auf diese Frage zu sprechen kam. Dass die Sicilianer sich einer Mundart bedienten, welche nicht die ihrige war, glaubte er, müsse man entweder dadurch erklären, dass toscanische Dichter schon vorangegangen und nur durch die glänzendere Entwickelung im Süden in Schatten gestellt worden seien, oder aber, dass die Texte, wie wir sie vor uns haben, durch die Abschreiber stark modifizirt worden.

Für die letztere Auffassung nun entschieden sich mehrere neuere Kritiker. Francesco Corazzini suchte das Factum der Toscanisirung an den Gedichten selbst nachzuweisen, und zu weiterer Bestätigung übersetzte er drei derselben in das Sicilianische zurück[2]): ihm folgten Bartoli, D'Ovidio und D'Ancona[3]). Eine Anticipirung der toscanischen Gemeinsprache, noch ehe in dieser eine sich allenthalben imponirende Literatur vorhanden war, sagten diese Kritiker, ist an sich unbegreiflich; alle Literaturen beginnen in den Dialekten, und so muss es auch in Sicilien gewesen sein. Aber als mit dem Erlöschen des hohenstaufischen Herrscherhauses die Poesie im Süden verfiel, erhielten sich deren Erzeugnisse nur in Mittelitalien, der nunmehrigen Stätte der literarischen Entwickelung. Die Handschriften, welche uns jene Poesieen aufbe-

---

[1]) *Osservazioni sulla Cantilena di Ciullo d'Alcamo*, citirt bei D'Ancona, *Rime Ant.*, p. 277.

[2]) in einem Artikel der *Rivista Filologico-Letteraria*, Verona, 1871, und *Saggio di restaurazione degli antichi poeti siciliani, per le nozze D'Ancona-Nissim*, Siena 1871. Beide Schriften blieben mir unbekannt: Corazzini's Ansichten aber glaube ich hinreichend aus dem weiterhin zu erwähnenden Artikel des *Propugnatore* zu kennen.

[3]) Bartoli, *I primi due Secoli della Lett. Ital.* p. 141 ff. D'Ovidio in seiner Abhandlung über Dante's *De vulg. el.*, *Archivio Glottologico*, II, 89 ff. D'Ancona in der Sammlung der *Rime Antiche*, p. XII. und den Anhängen zur *Rosa fresca*, ib. p. 285 ff.

wahrt, finden sich alle dort und nicht in Unteritalien; sie sind
von Toscanern geschrieben, die keinen Grund hatten, den ursprüng-
lichen Dialekt zu respektiren, wie sie denn erwiesenermassen mit
anderen Denkmalen oft frei genug umgegangen sind. Diese Um-
schreibung konnte dabei nicht schwer fallen für Gedichte, die einen
sehr beschränkten Ideeen- und Gefühlskreis in ärmlicher conven-
tioneller Ausdrucksweise behandelten. Zudem sind uns von Gio-
vanni Maria Barbieri in dem 1571 bei seinem Tode unvollendet
hinterlassenen Buche: *Dell' Origine della Poesia Rimata*[1]). aus
einer Handschrift, die er besass, zwei Proben in wirklicher sicilia-
nischer Mundart überliefert worden, nämlich eine ganze Canzone
von Stefano Protonotario und die erste Strophe einer solchen von
König Enzo, also Dichtern, welche durch andere Poesieen uns
schon bekannt sind. War es nun denkbar, dass ein und derselbe
Dichter bald Dialekt und bald *volgare illustre* schrieb, und das
in Gedichten ganz des nämlichen Styles und Charakters und von
ganz ähnlichem Bau? (D'Ancona, p. 289 f.) Endlich wollte man
auch in den jetzigen Texten noch diese ursprüngliche mundart-
liche Form durchschimmern sehen. Man fand zahlreiche Reime,
welche jetzt eben gar keine Reime sind, wie *amoroso: uso, avere:
sentire*, und bemerkte, dass sich echte Reime herstellten, sobald
man statt der toscanischen die entsprechenden sicilianischen For-
men einsetzte. Also hier hatte der Reim verrathen, was ursprüng-
lich dagestanden, und demgemäss wollte man über die Sprache
der Denkmale im Allgemeinen urtheilen.

Diese Argumentation fand allerdings von einigen Seiten Wider-
spruch. Caix, in der Recension von D'Ancona's Untersuchung
über die *Rosa fresca*[2]). suchte wenigstens in Bezug auf das letz-
tere Gedicht darzuthun, dass es nicht sowohl sicilianisch oder tos-
canisch, als vielmehr apulisch, und demnach nicht aus dem ersten
Dialekte in den zweiten umgeschrieben, sondern sogleich in dem
dritten abgefasst sei, wie wir es noch heute haben. Monaci, in

---

[1] herausgegeben von Tiraboschi. Modena. 1790; die beiden Gedichte
p. 142 u. 143.

[2] *Rivista di Filologia Romanza*, II. p. 177 - 191.

einer Besprechung der neuen Sammlung der *Rime Antiche*[1]), äusserte seine Bedenken gegen die Herstellung der sogenannten sicilianischen Reime in D'Ancona's Text, was also doch Zweifel an der Richtigkeit der ganzen Theorie über das ursprüngliche Idiom der Poesieen einschliesst. Der Graf Baudi di Vesme wendete sich im zweiten Abschnitte seiner Schrift: *La lingua italiana e il volgare toscano*[2]), gegen Corazzini's Behauptungen und Restaurationsversuche. Er glaubte, die sicilianischen Gedichte seien wirklich toscanisch abgefasst worden, und für ihn, als einen Gläubigen der *Carte* von Arborea, hatte das keine Schwierigkeit: der berühmte Aldobrando von Siena, Schüler des berühmteren Gherardo von Florenz, war gegen 1181 aus der Heimath nach Sicilien geflohen, woher denn die toscanische Schule und Sprache auf der Insel. Corazzini antwortete ihm mit: *Una Quistione su la Storia della Lingua*[3]), auf seiner Meinung beharrend, und liess dabei auch die drei restituirten Canzonen mit einigen Verbesserungen wieder abdrucken.

Das Argument der auf sicilianische Form deutenden Reime, welches wohl das stärkste schien, war im Gegentheil das schwächste. Es ist seltsam, dass den Vertheidigern jener Ansicht nicht ein naheliegendes Bedenken gekommen ist, dieses nämlich, dass dergleichen Reime doch nur Beweiskraft haben, wenn sie sich allein bei den Sicilianern finden und sonst nirgend. Gerade das ist aber nicht so: vielmehr trifft man auf diese sicilianischen Reime eben so oft auch bei den Dichtern Mittelitaliens, wie sie denn schon Bembo in den *Prose* aus dem *Tesoretto* des Brunetto Latini anmerkte, und Quadrio (I, 766) speziell von ihrem Vorkommen bei den Toscanern handelte[4]). Solche Reime beweisen also entweder garnichts oder viel zu viel. Bartoli führt nach Corazzini aus zwei Canzonen Iacopo's da Lentini die Reime auf: *accre : morire, fidi : mercede;* aber Guittone von Arezzo reimte z. B. Son. 87: *ancide : mercide,* und *dire: tenire* oder dgl. hat er hundertmal.

[1] *Riv. di Fil. Rom.* II, p. 237—243.
[2] *Propugnatore,* VIII, 1°, p. 1—56.
[3] *Propugn.* ib. p. 276—334.
[4] An ihr Vorhandensein erinnerten nun von neuem Monaci und Baudi.

wie so viele andere. Bartoli fand bei Ruggerone: *parisse: morisse*; aber *piacesse : avesse : sentisse* steht bei Paganino da Sarzana (D'Anc. XXXVI, str. 2), *volesse : venisse* bei Iacopo Mostacci aus Pisa (ib. XLVII, str. 2). Er fand *nivi* statt *nere*, und Dante selbst hat latinisirend *vice*, *nigri*, u. dgl. Er fand *dimura: paura*, und *scura: dimura* liest man, als eines unter den zahlreichen toscanischen Beispielen, bei Pannuccio dal Bagno, Val. I, 340. D'Ovidio (p. 93) citirt als mundartlichen Rest den Reim *contrata: ingannata*; aber *contrata* kann ebensowohl ein Latinismus sein, wie das bei den Alten so häufige *a grato* (*a grado*), und, wenn Odo delle Colonne *prisa* statt *presa* sagte, so gebrauchte Dante im Reime *sorpriso* und *ripriso*. Corazzini, von Baudi auf dieses Verhältniss aufmerksam gemacht, konnte nicht umhin anzuerkennen, dass auch in Gedichten von Toscanern im Reime oft *u* für *o*, *i* für *e* eintrete, und dass unter anderen die Form *avire* von Nannucci mit derartigen Beispielen belegt werde; aber, was nun noch fehle, sei, dass man ihm ein zweifelloses Beispiel für *aviri* anführe (l. c. p. 280). Das heisst also, Corazzini giebt zu, dass auch toscanisch betontes lat. *ē* mit lat. *i* reimen konnte; er bezweifelt aber, ob dieses auch mit tonlosem auslautendem *e* und *i* der Fall gewesen. Es ist aber wunderlich, das erste zuzugeben und das zweite zu bezweifeln; denn gerade die Indifferenz zwischen tonlosem auslautendem *e* und *i* ist eines der bekanntesten Facta der alten Sprache, und, wenn man einmal den Toscanern ein *avire* zugesteht, so konnte beispielsweise *sospiri : avire* so gut toscanisch reimen wie sicilianisch, nämlich sicil. *sospiri : aviri*, tosc. *sospire : avire*. D'Ovidio sagte freilich (p. 93), *sospire* (: *dire*) sei weder sicilianisch noch toscanisch; aber er brauchte nur die lange Liste von Pluralen auf *e* statt auf *i* aus Singularen auf *o* bei Nannucci. *Teorica de' Nomi*, p. 288 ff., anzusehen, um sich aus den vielen Beispielen von Toscanern selbst des 14. Jahrhunderts vom Gegentheil zu überzeugen. Und wenn wiederum Bartoli (p. 117) aus dem Reime: *pari : fare : formare*, einen Schluss auf sicilianische Form zieht, so müsste auch Dante da Majano sicilianisch geschrieben haben, da er *pare : allegrare* reimte (Val. II, 110) *fare: celare : parlare : pare* (ib. 112) und so öfters, ja ebenso Dante

Alighieri und sogar Petrarca, die gleichfalls *pare* für *pari* verwendeten.

Man hat übrigens, wie aus den angeführten Beispielen ersichtlich ist, hier verschiedene Dinge mit einander vermischt, und es versäumt festzustellen, welches denn überhaupt die Reime sind, welche auf sicilianische Formen und nur auf solche führen. Man sagte, die Reime von *e* mit *i* und *o* mit *u* seien sicilianisch; aber in dieser Ausdehnung und Unbestimmtheit ist die Behauptung unrichtig, und will man zusehen, was uns die Reime der ältesten Dichter lehren können, und welcher Art die bei ihnen vorhandenen Eigenthümlichkeiten sind, so darf man dabei den verschiedenen Ursprung dieser toscanischen *e, i, o, u* nicht vernachlässigen.

Wenn also reimen: *e* aus lat. *ī* mit *i, o* aus lat. *ŭ* mit *u*, wie

> mena : dotrina. D'Anc. V. 106.
> dipartive : neve. XLIX, 22.
> meno : fino. LXV, 33.
> conduce : croce. XXXII, 54.

so können die Formen *mina, nive, cruce* einfach als Latinismen betrachtet werden, wie deren so viele bei den Alten vorkommen; daher haben diese Reime bei Toscanern nichts Auffallendes, und Dante sagte, wie schon erwähnt, *rice*, Par. 30, 18: *ride* als Praesens. son. *Ciò che m'incontra: nigri*, Purg. 33, 110: Cino da Pistoja: *sino* (*seno*, Carducci, *Rime di Cino*, p. 138); Petrarca: *nigre*, son. *Mie venture*, u. dgl. m.[1]). So waren ferner die Latinismen *tui, sui* für *tuoi, suoi* bei den Toscanern stets sehr gewöhnlich.

Ferner, reimt ein aus lat. *i* in Position entstandenes *e* mit einem *i* in Position, das sich erhalten hat, und ebenso ein *o* aus *u* in Position mit einem erhaltenen *u* in Position, wie

> insegna : scigna (scimmia). D'Anc. IV, 11.
> veglio : piglio. V, 81.
> adusse : fosse. I, 77.

so zeigt sich auch darin nichts spezifisch Sicilianisches. Denn, wenn diese Mundart die lat. *i* und *u* in Position fast immer erhält, so dass sie alle aufeinander reimen können, so hat umgekehrt das

---

[1]) *pigro* (*piger*) ist eines von den Worten, welche lat. *ī* erhielten; aber Pannuccio reimte, Val. I, 341: *allegro: pigro*.

Toscanische die Neigung, dieselben in *e* und *o* zu verwandeln, wo sie wieder alle reimen würden. Nur ist diese Umwandlung im Florentinischen nicht consequent durchgeführt worden, weshalb *degno, segno* neben *benigno; maestro* neben *sinistro* stehen. Aber andere benachbarte Idiome, wie das Sienesische, Umbrische, Romagnolische, gingen hier viel weiter, und trifft man daher auf Reime wie *cedesse : partisse*, so hat man sie sicilianisch *ridissi : partissi*, dagegen sienesisch *cedesse : partesse* zu lesen. Und so haben auch die Florentiner noch im 14. Jahrh. derartige Formen ungescheut verwendet; Dante schrieb *renesse* im Reime, Inf. 1, 46: *renta, penta* für *vinta, pinta*, son. *Voi donne; benegno*, Canz. *Gli occhi dolenti*, str. 3: *conto : conto : giunto : punto*, Canz. *Poscia ch' Amor*, str. 5; selbst Petrarca hat *sinestra*, Trionf. d'am. II, 183, und dergleichen auch Boccaccio und spätere. Finden sich nun hier auch Formen, welche weder florentinisch noch sonst aus toscanischen Mundarten bekannt sind, wie z. B. Guittone's *quento* für *quinto*, Canz. XXIX, 3, so ist darin nichts anderes zu sehen als die Fortsetzung einer bekannten Tendenz der Sprache, und diese Annahme ist sogar unumgänglich, da die Toscaner ein solches *i* auch auf lat. *e* in Position reimen lassen, wie hier *quento : valimento*, während sicilianisch, wo lat. *e* in Position nur selten in *i* überging, dieser Reim von *i : e* unmöglich wäre. Indessen sind doch auch nicht alle hierhergehörigen Reime der Toscaner auf die angegebene Weise zu deuten; ein grosser Theil erklärt sich wiederum einfach durch Latinismen, wie *ditto, isso, surge, sutto, condutto* bei Dante, *percusse* bei Petrarca und viele andere noch in späteren Zeiten.

Auszuschliessen sind weiter noch die Reime von lat. *ē* vor Vocal mit *i*, wie *credea : aria*, welche nicht untoscanisch, wie an anderer Stelle zu erwähnen sein wird, und endlich die Formen *nui, vui* für *noi, voi*, die, mag man sie nun erklären, wie man will, von toscanischen Dichtern zu allen Zeiten gebraucht worden sind.

Es blieben also als sicilianisch die anderen Fälle von lat. *ē : i* und lat. *ō : u* übrig; denn lat. *ē* und *ō* sind sicilianisch *i, u* geworden, toscanisch aber nicht. Diese sind daher näher zu betrachten:

1) Reime von tosc. *e* aus lat. *ē* mit *i*:

    a) Reime der Verbalendungen *ere : ire, ete : ite,* etc. wie

        avere : morire. D'Anc. IV. 47.

        aucidete : venite. XX, 57.

Guittone: *arricchire : piacire.* Son. 9; *abbellire : piacire.* Son. 111, und oft. Guido Guinicelli: *servire : parire.* Val. 1. 86; *servire : vedere.* 95. Onesto Bolognese: *salire : cadere; morire : vedere.* Nan. 159 u. 160; *primo : ricceimo*[1]), Trucchi, 219; und so Incontrino de' Fabrucci von Florenz: *primo : avemo,* Grion. Pozzo, 42; Pucciandone aus Pisa: *podere : servire,* Val. 1. 461; Betto Mettefuoco: *piacere : servire,* Val. 11, 74. Brunetto Latini brauchte solche Reime in seiner Canzone (bei Trucchi, 167) und im *Tesoretto* (VIII. XVII, XXI), und sehr häufig sind sie in der *Intelligenzia.* Dagegen werden sie immer seltener bei den anderen Florentinern. Die Compiuta Donzella hat noch: *vedere : abbidire,* Trucchi, 135; Monte Andrea: *avere : partire,* ib. 120. und *venire : vedere,* D'Anc. Son. XIX; Ser Pace: *servire : piacere,* Val. 11, 415, u. s. w. Guido Cavalcanti's: *redite : sbigottite,* Val. 11, 343, steht ganz vereinzelt; bei Dino Frescobaldi, Lapo Gianni, Cino und Dante kommt dergleichen nicht mehr vor.

Immerhin konnten diese Formen mit *i* statt *e* leichter Aufnahme finden, da sich hierbei an den Uebergang in eine andere Conjugation denken liess. Die zweite Person plur. der 2. Conjugation lautete übrigens auf *i* auch in lombardischen und emilianischen Mundarten: daher hat sie noch Bojardo, welcher sie aus seinem Dialekte schöpfte, und so konnten sie aus dem ihrigen auch die Bolognesen entnehmen, wenn sie bei ihnen sich finden.

    b) sonstige Reime von lat. *ē* mit *i,* wie

        diffide : merzede. D'Anc. VIII, 2.

        freno : tino. V, 117.

        dice : fece. LXXII, 25.

        paese : mise. IX. 2.

        impromise : ofese. LI. 30.

---

[1]) *ricceimo* *ricceremo,* heut' *ricceiomo;* sicil. jetzt *ricicemo,* aber in den Chroniken des 14. Jahrh. *ricicimu.*

Guittone: *ancide : mercede,* Son. 87. und dgl. unendlich oft. Dasselbe Guido Guinicelli, Val. I. 108; Onesto: *ridi : cridi (credi),* Val. II. 149; Pannuccio aus Pisa: *acciso : acciso (acceso) : miso : piso (peso),* Val. I, 382; Buonagiunta von Lucca: *crido (credo) : fido,* Val. I. 533; Brunetto im *Tesoretto,* XVII: *chino : frino : Intelligenzia : cridi : fidi,* 32, und in diesem Gedichte mehr dergleichen. Doch scheint das — *ēs* — aus — *ens* — hier eine besondere Stellung einzunehmen: denn Dino Frescobaldi reimte noch in einem Antwortsonett (Val. II. 527): *priso : intiso : acciso : fiso,* und das eine *priso* statt *preso* gebrauchte auch Guido Cavalcanti (Val. II. 291) in der Canzone: *Donna mi prega:* ja selbst Dante hat *sorpriso, ripriso,* Purg. 1, 97 u. 4. 126. Dieses *priso* ward aber nicht bloss im Reime verwendet; bei Guittone findet es sich zweimal im Verse, Son. 25: und Val. I. 341 liest man: *priso : peso;* ib. 498: *priso : impiso,* wo also kein Reimzwang vorhanden war. Ferner ist zu bemerken, dass der Schreiber der vatican. Hs. 3793. der im Ganzen nur selten durch Aenderung des *e* in *i* die Reime herstellte, gerade *priso* neunmal in den 93 Gedichten bei D'Ancona geschrieben hat. Ausser diesem einen Falle, mit dem es eine eigenthümliche Bewandtniss gehabt haben muss, verschwindet diese Klasse von Reimen weit schneller als die erste; schon bei den florentinischen Dichtern des Ueberganges giebt es deren nicht mehr.

Der Reim des Onesto: *ira : sira (sera),* Val. II. 145, ist gut bolognesisch. Bei D'Anc. LXXXV. 1: *maitino : sereno : latino : fino,* würde, heut' wenigstens, nicht sicilianisch sein *(sirenu):* ist das Lied nicht von Prenzivalle Dore, sondern von Semprebene von Bologna, so fänden die Reime ihre Erklärung in der Mundart des Autors: *matein : serein : latein : fein;* dazu stimmt auch das *tira : sira,* v. 21 f.; allein *redire,* v. 2, wäre wieder nicht bolognesisch. Der Reim: *matino : sereno : fino* kommt aber gleichfalls vor bei dem Florentiner Puccio Bellondi. Nan. 196 [1]. und *fino : sereno, Intelligenzia.* 20.

---

[1] Das Gedicht dort nach Massi anonym: von Puccio Bellondi ist es nach Zambrini, Op. volg. p. 25.

2) Reime von tosc. *o* aus lat. *ō* mit *u*. wie

> uso : amoroso. D'Anc. I, 29.
> ora : pintura. II. 3.
> innamora : altura. LIII. 27.
> ciascuno : dono. IV. 8.

Guittone: *alcuna : persona*. Canz. II, 2: *uso : amoroso*, ib. 1, und dergleichen unendlich oft. Guido Guinicelli sogar in der Canzone *Al cor gentil*, str. 2: *natura : innamora*; Onesto: *natura : ora : scanditura*. Nan. 159. Brunetto, *Tesor*. XV: *grazioso : uso*, u. s. w. Aber die Reime von *o* aus lat. *ō* mit *u* beschränken sich nicht auf diese Dichter, welche die meisten Beispiele von *ē : i* boten, vielmehr sind sie allenthalben, auch bei den Florentinern der späteren Zeit verbreitet. Nur fragt es sich, ob es da auch noch dieselbe Erscheinung ist, wie bei den Sicilianern. Wenn bei letzteren *o* und *u* zusammentreffen, so ist es natürlich, das *o* in *u* umzuwandeln, um den Reim herzustellen; aber bei den Dichtern Mittelitaliens zeigen die Drucke ebenso oft das *u* umgekehrt dem *o* angepasst: findet man dort meistens *ora : pintura* geschrieben, so hier *ora : pintora*, und dieses sicherlich nicht durch blosse Willkür der Herausgeber. Dazu kommt, dass die Dichter Mittelitaliens das *u* auch da mit *o* gereimt haben, wo das letztere selbst in den sicilianischen Formen bestand, d. h. wo es aus lat. *ō* entstanden war[1]), oder in Worten wie *nome, come*. So Guido Guinicelli: *assicuro : duro : muro : moro (annojo)*. Val. I, 110: Panuccio dal Bagno: *sono : alcuno : bono*, Val. I, 371: Buonagiunta: *certode : pröde*,

---

[1]) Die sicil. Ausnahme mit *u* aus lat. *o* ist *dimura* tosc. *dimora*, aber altfz. *demóre*, s. Roman. Stud. III, 178 u. 182, daher D'Anc. LXXXIV, 13: *paura : dimora*. Sonst sind Reime von lat. *o* mit *u* sicilianisch unmöglich, und kommen auch in den von solchen Dichtern bekannten Poesieen nicht vor. In der anonymen Canzone D'Anc. LXVI, 27, steht scheinbar ein derartiger Reim: *assicura : core*; aber dort sind nur die Zeilen falsch abgetheilt, und es ist zu lesen:

> Ed io con fin cor puro
> Le vogli' esser servente.

Das Gedicht ist übrigens wahrscheinlich von einem Pisaner oder Lucchesen, wie v. 17 die Form *fermosse (: colesse)* für *fermezze* zeigt.

ib. 510. Guittone bietet, wie immer, die reichste Sammlung: *ono*
(*uno*) : *bòno*, Canz. V. 2; *addure* : *nòce*, Canz. XVI, 1; *Chiosi* (*Chiusi*):
pòsi, Canz. XL. Gel. 2; Monte Andrea: *uomo* : *consomo*, Val. II, 33;
Folgore: *fochi* : *giochi* : *cochi* : *mandochi* (*manduchi*), ib. 183. Und
so enthält sich dieser Reimweise auch die neue florentinische
Dichterschule nicht ganz. Dino Frescobaldi hat: *puote* : *virtote*,
Val. II, 513; Guido Cavalcanti antwortet mit *lume* : *fiume* : *costume*,
Val. II, 348. auf des Bernardo da Bologna Reime *come* : *nome* : *some*.
ib. 275. Er hat ferner: *come* : *lume; nome* : *costume* in der Can-
zone *Donna mi prega*. Bekannt ist Dante's *lome*, Inf. 10, 69, und
dasselbe *dolce lome* gebrauchte Cino (Carducci, p. 119). Wenn-
gleich es hier aber wahrscheinlich ist, dass vorzugsweise die Aen-
derung des *u*, nicht die des *o* stattzufinden hatte, so ist es doch
nicht für alle Fälle gewiss; denn in den bei florentinischen Dich-
tern häufigen Reimen wie *altrui* : *pòi*, liest man neben *altroi* : *poi*
zu oft *altrui* : *pui*, um es einzig auf Rechnung der Herausgeber
zu setzen; ja bei Guido Cavalcanti steht sogar *pui* für *puoi*, Val.
II, 281. und Dante hat, Purg. 19, 81, nach den besten Hss., *furi*
für *fuori* angewendet. Man kann daher auch nicht entscheiden.
ob Cino (Card. 109) *persona* : *alcona* : *perdona*, oder *persuna*, etc.
schrieb; Francesco da Barberino (Doc. 3, 22): *ciascono* : *pono*, oder
ciascuno : *puno*, und ebenso Guido Cavalcanti (Val. II. 369); *cari* :
fiori, wenn diese Strophe überhaupt von ihm, was zu bezweifeln.
So ferner Dante's *paurosi* : *chiusi*. Son. *Dagli occhi della mia donna*.
Doch ist es wahrscheinlich, dass er *chiosi* gesagt, da dieses auch
bei Anderen nicht selten[1]). Dante's *soso*, Inf. 10. 45, ist durch die
besten Hss. beglaubigt wie *lome*; also hatte Cino (Card. 25) wohl
auch *lassoso* : *astioso*. Nach Dante sind dergleichen Reime nicht
mehr lange im Gebrauche gewesen; einige Spuren aber finden sich
noch bei anderen Dichtern des 14. Jahrhunderts, wie Graziolo
de' Bambagioli und Franco Sacchetti.

---

[1]) sogar bei Iacopo da Lentini, Val. I. 310. wenn das Sonett von ihm.
wie es ihm Cod. A. 327, zuschreibt. Auch Francesco da Barberino hat es
dreimal, Doc. 56, 10; 142, 8; 271. 6: also wohl auch das vierte Mal. 14. 6:
ascosa : *chiosa*, nicht *ascensa* : *chiusa*, wie Ubaldini setzte.

Die Form *chioso* würde sich aus lat. *clausus* erklären [1]). Dante's und Cino's *soso* könnte eine Anbildung an das alte *gioso* für das jetzige *giuso* sein [2]). Bei den übrigen Formen mit *o* statt *ā* bleibt aber die Frage, woher sie stammen: denn sie entsprechen den toscanischen Lautgesetzen so wenig wie denen der südlichen Mundarten. Dante's *lome* und Guido's *costome* nennt man romagnolische Formen, und wirklich geht in diesem Dialekte *ū* vor Nasalen in *o* über (Mussafia, Darstellung der Romagnolischen Mundart, § 50), womit sich dann weiter ein *alcono, consomo, comone*, u. s. w. deuten lassen würden. Auch *vertode* könnte man allenfalls noch erklären, wenn man es auf ein romagnolisches *virtó* zurückführt (*ā* zu *o* im Auslaute, Muss. 58). Aber auf *assicoro, misora, addoce* passen selbst die Lautverhältnisse dieser Mundart nicht, und ferner, wie kamen die romagnolischen Formen in die Gedichte der Toscaner? Caix [3]) nennt diese Reime bolognesische, d. h. offenbar, sie sollen ihren Weg aus der Romagna über Bologna genommen haben und nach Toscana zugleich mit der Tradition der bolognesischen Schule gelangt sein. Aber es gab deren in Toscana aller Wahrscheinlichkeit nach, ehe die bolognesische Dichterschule irgend welche Bedeutung hatte. Nach Caix selbst nahm die Literatursprache ihren Weg vom Süden her durch die umbrisch-

---

[1]) Mundartlich besteht der Stamm mit *au* sogar in Compositis, aretinisch *concórre (conchiudere)*, s. Archivio Glott. II, 448, n. 2.

[2] Dieses alte *gioso* findet sich freilich bei Dante nicht (Diez' Versehen hat Flechia, Arch. Glott. II, 26, n., berichtigt). Aber Francesco da Barberino, Doc. 262, 10, reimt *gioso : nascoso*. Und so kommt es auch in Prosa vor, in einer Stelle der alten Uebersetzung des *Girone*, welche vor dem *Febusso e Breusso* gedruckt ist, p. CXV: „*Quando ella hae ditte queste parole, non fe altra dimoranza, anzi se ne va al suo palafreno e montari suso, e lassa Breus laggioso.*“ *gioso* war tosc. die regelrechte Form aus lat. *deorsum*, mittellat. *josum*, prov. *jos*, und, wie Flechia anführt, sard. *giossu* und *giusso*, venet. *zoso, zo*, lombard. *jo*; endlich auch altrömisch *giose*, Fragm. Hist. Rom. 311. Das spätere *giuso* scheint erst durch Anbildung an *suso* entstanden zu sein: war dieses aber so, und gab es vor Alters daneben noch ein *gioso*, so konnte man auch wohl umgekehrt das *suso* nach diesem in *soso* umwandeln. Schuchardt, Voc. II. 177, führt zu Dante's *soso* ein vulgärlat. *sorsum* an.

[3]) *Formazione*, p. 309, n. 1; *Ant. Mon.* p. 78.

aretinische Schule: Guittone dichtete schon vor Guido Guinicelli, und doch wimmeln seine Verse von solchen Reimen. Anderswo hat Caix auch an eine andere Erklärung gedacht: er führte die Umwandlung von *ā* in *o* auf die bekannten vulgärlateinischen Formen wie *fuloro, fortona* zurück, welche auf die Bildung des Aretinischen und Umbrischen gewirkt hätten[1]. Liesse sich eine solche Erscheinung im Südtoscanischen mit grösserer Bestimmtheit nachweisen, so wären damit freilich die besprochenen Formen weit besser gedeutet, als wenn man sie aus dem Romagnolischen herleiten müsste, und dann wäre es auch natürlich, dass sie am häufigsten bei dem Aretiner Guittone vorkommen[2].

Wie man aber für *o : u* die Schreibung *o : o* findet, ebenso, wenn auch seltener, die von *e : e* für *e : i*, und immerhin auch dieses zu häufig, als dass es von den Herausgebern erfunden sein könnte. So bei Guittone, neben dem gewöhnlichen *servire : avere* oder *servire : avire*, auch *servere : avere*, Son. 41; *volete : segrete*, Son. 16: *servere* bei Meo Abbracciavacca, Val. II. 19; *mercede : martede* (*martidi = martiri*), Dante da Majano, Val. II. 156; *perere*, ib. 459. Noch Rustico di Filippo bei Trucchi, I, 225: *dere* (*: fere*) für *dice*, wo es sicherlich die Hs. hatte, da der Herausgeber es sogar für *deret* verstand. Auch Fälle, in denen dieses *e* aus *i* mit *e* aus *ĕ* reimt, wie oben *o* aus *ā* mit *ŏ*, giebt es: Guittone: *richère : savere : compiere : dere* (*dire*), Son. 171. Und hier wiederum, entsprechend Dante's *furi* und *pui*, bei Francesco da Barberino, Doc. 49, 13: *rila* (*: riscila*) für *riela*. Wenn daher Dino Frescobaldi, Val. II. 510, reimte: *s'arride : uccide : riede*; Onesto, ib. 137: *diride : siede : s'arrede : eccede*; Tommaso da Faenza, ib. 254: *castighi*:

---

[1] *Vocalismo*, p. 23. Auf die vulgärlateinischen Formen verwies auch schon Perticari, s. *Difesa*, die Tafel zu cap. XII.

[2] In den Sonetten der Hs. 3793 findet sich einige Male *o* für *u* auch ausserhalb des Reims: *ognono*, Cherrier, p. 529, son. V:

Che di farlli incotro *ognono* ne sia restio.

por für *pure*, ib. VI:

Ch' io non daria d'alcun *por* solo un perppe.

ona statt *una* in Grions Verzeichniss, nr. 488:

S'*ona* donzella di trovare s'ingegna.

pieghi, so ist nicht klar, wie man zu ändern hat. Phonetisch steht es übrigens mit den Formen, welche *e* aus *ī* haben, gerade so, wie mit denen, die *o* aus *ā* haben: d. h. *e* aus *ī* ist romagnolisch, aber nur vor Nasalen (Muss. R. M. 25), und die andere Erklärungsweise (Caix, Voc. 21) ist hier wie dort nicht hinreichend begründet.

Indessen hat man überhaupt bezweifelt, ob es gerechtfertigt sei, durch Aenderungen, welcher Art sie nun sein mögen, hier die Reime herzustellen, und ob man nicht vielmehr die Worte in ihrer gewöhnlichen Gestalt belassen und als unvollkommene Reime betrachten müsse. So glaubte Blanc (Ital. Grammatik, p. 51), Dante habe wohl *lume* und *suso* geschrieben, die Späteren erst in *lome* und *soso* geändert; denn geschlossenes *ó* habe bei den Alten mit dem nahe verwandten *u* reimen können, und ebenso geschlossenes *é* mit *i*, wogegen zunächst einzuwenden, dass, wie gezeigt worden, nicht bloss *ó* und *é*, sondern auch *ò* und *è* mit *u* und *i* reimten. Monaci (*Riv. di Fil. Rom.* II. 240) stellte die Hypothese auf, *o* : *u*, *e* : *i* seien bis in das 14. Jahrhundert als unvollkommene Reime gebräuchlich gewesen. Die Aelteren, wie Crescimbeni, nannten dergleichen einfach falsche Reime, von denen die Verse der alten Dichter wimmelten. Die Herausgeber befolgten gar keine bestimmte Methode, und so selbst D'Ancona, welcher ziemlich regellos bald änderte, bald stehen liess, und etwas anderes war auch nicht möglich, wenn man sich nicht vorher über den Grund und die Ausdehnung der Erscheinung klar wurde. Nannucci folgte bald der Zufälligkeit der früheren Ausgaben, die er vor sich hatte, bald änderte er, bald liess er stehen; fand er *tacire* oder *amoruso*, so sagte er, es sei sicilianisch; fand er *olvono*, so merkte er an, die Alten hätten das zuweilen verwendet; blieb *o* : *u* oder *e* : *i* im Texte, so nannte er es eine Assonanz, und besser hätte er es Dissonanz oder Consonanz genannt; denn die Assonanz besteht, nach der gewöhnlichen Ausdrucksweise, darin, dass die betonten Vocale übereinstimmen, die folgenden Consonanten aber verschieden sind; hier dagegen stimmen die Consonanten, die Vocale aber nicht. Diese letztere Reimweise ist in der Volkspoesie verschiedener Dialekte gebräuchlich. Es fragt sich also eben, ob sie ursprüng-

lich auch der Kunstdichtung eigen gewesen sei. Freilich hat ja
das Italienische von jeher nicht so genau gereimt, wie die Spra-
chen Frankreichs; immer galt *ò* : *ó*, *è* : *é* als guter Reim; es wäre
also an sich nicht unmöglich, dass anfangs auch *o* : *u*, *e* : *i* als
solche gegolten. Indessen ein Unterschied von den heutigen Volks-
liedern zeigt sich sogleich; diese lassen nämlich nicht nur *o* : *u*,
e : *i*, sondern auch *a* : *o*, *a* : *e*, *e* : *u*. u. s. w., d. h. jeden Vocal mit
jedem zusammenklingen [1]). Die entscheidende Stimme in diesem
Punkte scheint aber den Schreibern der ältesten Handschriften zu
gebühren; denn sie, welche noch das Ende des 13. Jahrhunderts
erlebt hatten. mussten doch wohl wissen, wie man zu ihrer Zeit
ausgesprochen. Wo sie nun *o* : *u*, *e* : *i* stehen liessen, schliesst dieses
noch nicht aus, dass man beim Sprechen die Reime hergestellt,
und nur die normalen Formen geschrieben habe. sowie man ja
ganz allgemein in der Schrift die Apocope unterliess, deren Vor-
handensein uns dann nur das Mass des Verses darthut. Wenn
aber der Schreiber der vaticanischen Handschrift 3793 unter vielen
Fällen, in denen er nicht änderte, doch auch oft genug ein *dolire*
(D'Anc. V, 201), *podire* (XXXI. 8), *ralire* (XXXVII, 26), *colire*
(XXXVIII, 40), *volire*. *parire* (XLII. 3 u. 7), u. s. w. gesetzt hat,
abgesehen von den Latinismen wie *mina*, *mino*, und dem oben
besonders erwähnten *priso*, so ist das doch wohl ein Beweis. dass
er es so habe sprechen hören; denn wie sollte er, und, wie es
scheint, noch andere Copisten, diese Formen ganz aus eigener Will-
kür geändert haben? Dieser Beweis fehlt freilich seltsamer Weise

---

[1]) Doch ist nicht zu verschweigen, dass in sehr seltenen Fällen auch
die Kunstdichter sich Aehnliches erlaubt haben. Bei Carducci, *Rime di
Cino*, p. 511, findet sich: *costro* : *dicastro* in einem Gedichte Franco Sac-
chetti's. und ebendort, p. 263, bildet *sazia* den Schlussreim einer Ballade
des Matteo Frescobaldi, deren andere Strophen alle auf *izia* enden. Be-
merkenswerth ist ferner der Reim von *a* mit *au*. der mehrfach vorkommt:
Intelligenzia, 15: *chiaro* : *Daro* : *d'auro*; ib. 77: *auro* : *Cesaro* : *socerchiaro*.
Francesco da Barberino, Doc. 163. 1: *cittade* : *fraude*, und sogar Guido
Cavalcanti in der Canzone *Donna mi prega*. str. 5: *cade* und *rade* mit *aude*
und *fraude* im Binnenreim. Es wäre also eine Assonanz in der Weise der
altfrz. von einem Diphthong mit dem Vocal. der seinem betonten ersten
Elemente entspricht.

für die Reime von *o* : *u*; denn, soweit D'Ancona die Handschrift publizirt hat, findet sich keine Stelle, an der schon der Schreiber *o* für den Reim in *u* verwandelt hätte, ausser II, 3: *ura*, welches aber bei seiner Isolirtheit den Verdacht erweckt, der Herausgeber habe nur vergessen, die Variante der Hs. anzumerken. Die Redianische Handschrift dagegen änderte wohl hier, nach den von Bartoli mitgetheilten Proben[1]), aber nicht *o* in *u*, sondern *u* in *o*, also z. B. I, 29 *oso* (: *amoroso*) für *uso*. Dass die Toscaner gewöhnlich so verfuhren, nämlich zwar das *e* dem *i* anpassten, umgekehrt aber das *u* dem *o*, kann man bei dem Wenigen, was von den Handschriften bekannt ist, nicht mit Sicherheit schliessen. Nur das Eine scheint gewiss, dass es hier Regel gewesen, die Reime durch Aenderung herzustellen, und nicht etwa die blosse Consonanz bestehen zu lassen. Allerdings aber hatte Monaci Recht, wenn er den Herausgebern rieth, einfach das beizubehalten, was sie in den Handschriften fanden; denn, da die Attribution der Gedichte oft unsicher, und häufig die Aenderung in doppeltem Sinne möglich ist, so würde man sich zahlreichen Fehlgriffen und Inconsequenzen aussetzen.

Es war diese lange Abschweifung nothwendig, um zu erfahren, was man bei den ältesten Lyrikern aus den Reimen auf die Mundart schliessen könne, in welcher die Poesieen ursprünglich abgefasst gewesen. Wie man sieht, kann hier die Untersuchung durchaus nicht die glänzenden Resultate ergeben, welche man aus ihr für Denkmale anderer Sprachen gezogen hat. Diejenigen Reime, welche wirklich auf die sicilianische Mundart deuten, sind eben nicht viele, nämlich nur die von lat. *ē* mit *i*, und *ō* mit *u*, insoweit nicht auch hier das *i* und das *u* die Umgestaltung erfuhren. Da nun das Gebiet dieser Reimweise, an Ausdehnung stets abnehmend, ungefähr so weit sich erstreckt wie der gleichfalls stets abnehmende Einfluss der sicilianischen literarischen Tradition, so steht nichts im Wege, derartige Formen auch wirklich aus der Mundart der ältesten Dichter abzuleiten, von denen sie sich mit allem anderen auf die nördlicheren Nachfolger vererbten. Diese

---

[1]) *Rivista di Fil. Rom.* II. p. 234 ff.

Reime sind Archaismen, sehr häufig bei Dichtern der alten Schule,
wie Guittone, Brunetto, Pannuccio und auch Dante da Majano.
Bei den Bolognesen haben sie sich besonders lange behauptet, so
dass sie sich auch bei Onesto zeigen, der doch einer der jüngeren
mit Cino in Correspondenz stand, und seinem Ideeengehalte nach
schon fast ganz der neuen Schule angehörte. Bei den florentini-
schen Dichtern des Uebergangs verlieren sie sich mehr und mehr;
Guido, Dante, Dino Frescobaldi haben noch vereinzelt die Formen
redite, priso. während die bei ihnen, Cino und Francesco da Bar-
berino noch häufigeren Reime von *o : u* mit der sicilianischen Pho-
netik nichts zu thun haben[1]). Indessen, ist es nun auch wahr-
scheinlich, dass die Toscaner gewisse Reime, die man bei ihnen
findet, aus dem Süden erhalten haben, so konnten dann, wenn
sie diese Formen eines fremden Dialektes dem Reime zu Liebe
verwendeten, doch auch die Sicilianer selbst schon die nämlichen
Elemente der eigenen Mundart lediglich gebrauchen, wo sie der
Reim dazu nöthigte, sonst jedoch anders schreiben, und die Reime
geben nicht das Recht, nach ihnen etwa die Sprache durchweg
umzugestalten.

---

[1]) Es ist natürlich nicht zu verwundern, wenn diese, wie andere Ar-
chaismen vereinzelt auch später noch einmal auftauchen. So findet man bei
Trucchi, II, 156 f. die Reime: *discorrire : morire : rolere,* und *prese : conquise :
mise,* in zwei Balladen. welche sicherlich dem vorgerückten 14. Jahrh. ange-
hören, da sie von Francesco degli Organi componirt sind. Nach Monaci.
Riv. di Fil. Rom. II, 240, hätten diese Reime in den unteren Schichten der
Literatur länger fortgelebt, so in den Ritterdichtungen der Bänkelsänger
wie dem *Febusso e Breusso.* Aber hier ist der Fall ein anderer: die Bän-
kelsänger reimten eben verschieden von den höheren Kunstdichtern: sie
erlaubten sich allgemein jene Consonanzen der Volkslieder. Liest man da-
her im *Febasso: renite : sete : dite,* II, 4, oder *sire : rolere.* IV, 13, so werden
das ebenso blosse Consonanzen sein. wie: *nulla : cerrella : norella.* IV, 31:
incomincia : provincia : ubroncia. IV, 32: *dannaggio : lignaggio : riceggio.*
IV, 49; *rolere : amore : core,* V, 6; *rista : giusta : frusta.* V, 8. Nichts anderes
sind auch die Reime *arere : ardire : redire,* u. s. w., in den von Pio Rajna
publizirten *Cantari di Carduino* (Bologna, 1873, wo sie sich neben notori-
schen Consonanzen finden, und der Herausgeber war übertrieben vorsichtig,
wenn er zauderte, auch jene für dasselbe anzusehen.

Allein mit dieser Frage, ob die sicilianischen Reime ausschliesslich bei den Dichtern des Südens vorkommen, war noch nicht Alles gethan; es blieb die andere, ob denn, bei einer Rückübersetzung der Gedichte in den sicilianischen Dialekt, nicht etwa umgekehrt Reime zerstört werden würden, d. h. ob nicht Worte sich jetzt im Reime befinden, welche in das Sicilianische übertragen nicht mehr zusammenklingen. Toscanisch wurden lat. *ŏ*, *ō* und *au* gleicher Weise zu *o*, mit verschiedener, aber für den Reim gleichgiltiger Aussprache; sicilianisch hingegen ward *ō* zu *u*, *ŏ* und *au* zu *o* oder *au*. Die meisten Reime von toscanischem offenem *ŏ* mit geschlossenem *ó* werden also sicilianisch aufhören Reime zu sein. Und solche Fälle kommen nun wirklich selbst in den Gedichten vor, die ohne Widerspruch Sicilianern beigelegt werden, nämlich:

Iacopo da Lentini:

> fòre : còre : amóre. D'Anc. II. 15.
>
> còsa : amorósa. ib. 56.

sicilianisch würde sich ergeben: *fori : cori : amuri; cosa : amarusa.*

Tommaso di Sasso:

> còre : servidóre. XX. 16.

Arrigo Testa da Lentini:

> eróre : valóre : amóre : còre. XXXV. 4.[1])

Rè Federigo:

> amóre : còre. XLVIII. 13.
>
> tenóre : còre. ib. 31.

Ruggerone:

> còre : servidóre. XLIX. 33.
>
> còre : amóre. L. 24.

Imperatore Federigo:

> còre : fióre : inizadóre. LI. 37.

Anonym, aber einer aus Lentini, wie Str. 3 zeigt:

> còre : amóre. LXIX. 17.

---

[1]) Dieses Beispiel ist noch zu streichen für die, welche glauben, dass Arrigo Testa aus Arezzo gewesen.

Mazzeo Ricco:

>còre : meglióre. LXXVIII, 24.
>
>còre : amóre. LXXIX. 14 u. 15.

Federigo:

>còre : mòre : amóre : ardóre. Val. I. 65.

Ranieri da Palermo:

>amorósa : còsa : ròsa. Val. I. 118.

Inghilfredi Siciliano:

>còre : Amóre. Val. I. 138.
>
>abbandóna : dóna : snòna : coróna. ib. 116.
>
>signóre : còre. ib. 147.

Iacopo da Lentini:

>amóre : còre. Val. I, 255.

Es mag diese Liste nicht sehr umfangreich erscheinen, besonders da in fast allen Beispielen sich das eine Wort *core* findet; aber man bedenke die grosse Armuth dieses alten Rimariums, und ferner, dass hier eben nur die Gedichte in Betracht gezogen sind, welche Sicilianern angehören, ausgeschlossen die, welche von Apuliern herrühren sollen, wie Pier delle Vigne oder Rinaldo d'Aquino, sowie die, welche auch einem anderen nicht sicilianischen Verfasser beigelegt werden, und natürlich die anonymen, wenn sie nicht selbst ihre Heimath angeben, wie D'Anc. LXIX. Es handelt sich somit im Ganzen um weniger als 40 Lieder, und wenn sich in 17 von ihnen, und zweimal zwiefach Reime finden, die sicilianisch unmöglich sind, so ist das verhältnissmässig keine so unbedeutende Zahl, dass sie nicht Bedenken erregen müsste.

Wie der Reim von lat. $\breve{o}$: $\bar{o}$, so wäre unsicilianisch auch der von $\breve{e}$ (*ae. oe*) : $\bar{e}$; für diesen giebt es jedoch keine solche Beispiele wie für jenen. Nur eine Stelle würde hiehergehören, die sich seltsamer Weise gerade in einer der beiden in wirklichem sicilianischen Dialekt erhaltenen Proben bei Barbieri findet. Die Canzone König Enzo's beginnt:

>Allegru cori plenu
>
>Di tutta beninanza,
>
>Suvvegnavi, s' en penu.

plenu : penu würde heut' nicht reimen und vielmehr *chin̄u : penu* lauten. Da man jedoch auch in der *Conquesta* des Fra Simone von Lentini (p. 80)[1]) liest: *„A fachendu cita sani et salvi per-ciuniru in Sichilia pleni di preda,“* so ergiebt sich, dass *plenu* ehedem eine Ausnahme von der Regel des *ē* zu *i* gewesen sei, wie es noch heut' *sirenu, sigretu*, u. s. w. sind.

Ein anderer Reim kommt zweimal vor, welcher jetzt weder sicilianisch noch toscanisch sein, sondern nur auf einem Latinismus beruhen könnte:

Tommaso di Sasso:

rifino : mino. D'Anc. XXI, 43.

Guido delle Colonne oder Mazzeo Ricco:

mino : inchino. XXIII. 59.

Gerade in dem einzigen Worte *mĭnus* ist ausnahmsweise sicilianisch das kurze lat. *ĭ* in *e* übergegangen, und es heisst dort jetzt *menu* wie tosc. *meno*. Die alte Sprache hat aber noch *minu* besessen, wie uns wieder die von Di Giovanni veröffentlichten Chroniken lehren: *Ribellamentu*, p. 119: *„a mini* (l. *minu*) *d'un annu ridiriti per opera li nostri fatti.“* ib. 123: *„e per uixinna occasiuni soi promisi non cirranu minu.“ Conquesta*, p. 59: *„incomenzaro a ciuiri minu,“* und so öfters.

Dahingegen zeigen diese ältesten Prosadenkmale des Sicilianischen, aus welcher Zeit sie nun herrühren mögen, übereinstimmend, dass *cori* stets *cori, amuri* stets *amuri, cosa* stets *cosa, amurusa* stets *amurusa* gelautet haben, u. s. w., und dieselben Formen bieten die Proben Barbieri's, vermischt freilich mit Toscanismen, die hier, in einem Buche, welches im 16. Jahrh. geschrieben und Ende des 18. gedruckt worden, schwerlich etwas beweisen können[2]).

[1]) *Cronache Siciliane dei Secoli XIII, XIV, XV, per cura di Vincenzo Di Giovanni*, Bologna, 1865.

[2]) Caix (*Form.* p. 295, n.) fand bei Pier delle Vigne den Reim *core : amore*, und sah den Grund davon darin, dass der Verfasser Apulier gewesen. In der *Rosa fresca* merkte Caix (*Riv. di Fil. Rom.* II, 179, n.) *core : fore : ancore* als unsicilianisch an, weil es sicil. *ancura* heisse; das letztere aber war ein Irrthum; mit besserem Rechte hätte er anführen können: *maledizione : magione : persone*, str. XXII, worüber unten.

Bei dem häufigen Vorkommen dieser unsicilianischen Reime konnte es nicht wohl ausbleiben, dass Corazzini bei seinen Restitutionen auch einmal auf einen solchen traf, der eben den Probierstein für seine Theorie abgegeben haben würde. Aber er half sich leicht aus der Noth. In dem Gedichte: *L'amoroso vedere*[1]), liess er in der 2. Strophe einfach *cori : servidori* stehen, anstatt in *serviduri* zu ändern, und als in dem Sonette: *Certo mi par, che far dea bon signore*, welches ihm Baudi zur Uebersetzung vorgelegt, sich ein: *signore : core : onore : valore*, vorfand, verfuhr er wie in jener Canzone und rechtfertigte dies damit, dass auch in den heutigen Volksliedern oft das *o* statt des *u* im Reime verwendet worden[2]). Als Beispiele führte er auf: *ancora : ora : palora*, Pitrè, *Canti popolari*, I, 420; *cori : palori*, ib. 607; *intenzioni : cori*, ib. 708; *tentazioni : orazioni*. II. 196. Anderswo, fügte er hinzu, komme auch *valori* vor statt *valuri;* das letzte wäre in der That entscheidend gewesen; aber leider gab Corazzini gerade für dieses die Stelle nicht an, an welcher er es gelesen hatte. Alle anderen Beispiele beweisen garnichts. Das zweite: *cori : palori*, kann in correktem Sicilianisch nie anders lauten als so (tosc. *còre : paròle*); *ancora : ora : palora* hat gleichfalls nichts auffallendes; denn, wenn auch freilich das Substantiv *hora* sicil. *ura* geworden ist, und tosc. *allora* dort *allura* lautet, so ist das mit dem Adverb *ora* und mit *ancora* anders; sie sind sicilianisch wie toscanisch *ora* und *ancora* geblieben[3]). Reime, in denen *ora*,

---

[1] *Propugnatore*, l. c. p. 313 f.

[2] ib. p. 303, n.

[3] nach Mortillaro auch *uttora*. Ascoli und Flechia Arch. Glott. II) haben diese Ausnahmen von *o* zu *u* vergessen aufzuführen, wenn es freilich Ausnahmen hiervon, und nicht vielmehr die Etymologie dieses *ora* eine andere, nämlich *aora — aura — ora*, wie im altfrz. Zeitadverb *òre* (neben *heure*, subst.) und dem heutigen *encore*. Ueber diese französischen Worte s. J. Cornu. *Romania*, VI, 381; G. Paris, ib. 629 und *Romania*, VII. 129; Suchier. Zeitschr. für roman. Phil. I, 132; Böhmer, Roman. Studien. III, 142 Heft X : Förster. ib. 178, n. Der letztere führt als hiehergehörig auch ein tosc. *ancóra* an; aber toscan. hat das Wort, wie *óra*, geschlossenes *o*, und das *ancóra*, das man in Fanfani's *Voc. della pronunzia* angegeben findet, ist nur Druckfehler. Im *Voc. della lingua ital*. hat Fanfani selbst *ancòra*.

ancora stehen, hätte daher Corazzini bei Pitrè noch gar manche auftreiben können, ja im Gegentheil hätte er keine gefunden, wo es anders war; es möchte ihm aber schwer werden, dort ein *ora* für *ara*, Subst., oder ein *allora* nachzuweisen.

Es bleiben die letzten Beispiele, in denen das Suffix *oni* stehen geblieben und nicht *uni* geworden ist; doch schon das zweite derselben hätte Corazzini Bedenken erregen müssen: denn hier reimte *oni* mit *oni* selbst; es war also gar kein Reimzwang vorhanden. Sieht man genauer zu, so findet man solche Worte wie *carrazioni*, *distrazioni* mit der Endung *oni* bei den sicilianischen Schriftstellern und in den Wörterbüchern des Dialektes in grosser Menge, ein *carraziuni*, *distraziuni* aber, gerade niemals, wogegen *ragiuni*, *staginni*, u. s. w. stets das *u* haben, und so das Augmentativsuffix *onem*: *macchiuni*, u. dgl. Wie sehr sicilianisch ein *soddisfaziuni* unmöglich ist, zeigen z. B. die folgenden Sprichwörter in der Sammlung Vigo's[1], p. 359:

> Cui s' incagna senza ragiuni,
> Fa paci senza soddisfazioni.

p. 360:

> Fa testamentu e cunfissioni
> Manciannu sasizza e maccarruni.

Konnte man *cunfissiuni* sagen, so hätte man sich doch nicht mit der blossen Consonanz statt des Reimes begnügt. Diese Erhaltung des langen lat. *ō* findet nun also allgemein statt in den Femininis auf *ionem*, in welchen das *i* als besonderer Laut fortbesteht, daher *azioni*, *quistioni*, aber *ragiuni*, und wieder sicil. *riligioni*, nicht *riligiuni*, wie ja auch die gute toscanische Aussprache *religione* ist. Der Grund der Erscheinung ist nicht schwer zu erkennen; alle jene Worte sind nämlich nicht echt volksthümlicher Bildung; daher entziehen sie sich den phonetischen Gesetzen des Dialektes.

Die Volkslieder verwandten demnach hier überall die einzig correkten Formen, und in der That hatten sie ja garnicht nöthig, *in grazia della rima* die betonten Vocale zu ändern, da sie statt

---

[1] *Canti Popolari Siciliani*, I. ed. Catania. 1857.

des Reimes ebensowohl die **Consonanz** gebrauchten. Wie man: *astuta : rita* (Pitrè, 145), *Missina : Birona* (332), zusammenklingen liess, so *cori : trisori : amari* (560), oder *cori : patruni : ori* (601), ohne etwa das *u* in *o* zu wandeln. Corazzini aber hat mit seinen Citaten gerade das Gegentheil von dem bewirkt, was er beabsichtigte; er wollte die Reime *còre : signóre* in seinem Sonett als sicilianisch rechtfertigen und deckte nun umgekehrt noch einen Reim als unsicilianisch in demselben auf:

faligione : opinione : fellone.

die ergeben müssten:

faligiuni : opinioni : felluni [1]).

Stände es also ganz fest, dass dieses Sonett von Iacopo da Lentini sei, so könnte man diese beiden zu der obigen Liste der unsicilianischen Reime setzen, und mit grösserer Sicherheit kann man hinzufügen:

ragione : cagione : riprensione : stagione.   D'Anc.LXXX.15.

in einem Gedichte des Mazzeo Ricco, in welchem andererseits *assicura : inamora : dismisura*, steht, und in der *Rosa fresca*, str. XXII:

maledizione : magione : persone.

Es liesse sich noch einwenden, dies sei wohl heute so, könne aber vor Alters anders gewesen sein, da ja, wie wir sahen, die alten Chroniken wirklich einige Abweichungen vom jetzigen Lautbestande des Dialektes zeigen. Allein gerade in diesem Punkte findet sich dort völlige Uebereinstimmung mit dem letzteren. Auch das *Ribellamentu* hat: *Incarnationi*, p. 115 u. 118; *intentioni*, 115 u. 138, *ribellioni*, 132 u. 145, und dagegen *raxuni*, *prisuni* stets mit *u*; *occasioni*, p. 118, *accasioni*, 129, und dagegen *accasciuni*, *accasiuni*, 123, 124, und *casiuni*, 133, 134, giebt den Unterschied des toscan. *occasione* von *cagione* als des nicht volksthümlichen Wortes vom volksthümlichen wieder. Dasselbe gilt für *ora, ancora; Vi-*

---

[1] Corazzini schreibt natürlich *opiniuni*, wie er anderswo *L'amoroso redere*, str. 3 *ancura* setzte. Seine Restitutionen beruhen auf einer nicht gerade sehr tief gehenden Kenntniss der Mundart, in die er übersetzte, und sie sind dazu mit ziemlicher Flüchtigkeit gemacht und wimmeln von Inconsequenzen.

nata, p. 168: *„e li genti di la Regnu ancora non erunu fermi,"* *Ribellamentu*, 123: *„Ancora si duviria ricurdari;"* ib. 118: *„ora mi jurati evidenza"* und so immer, wogegen stets *ura* Subst., und *allura, ogni ura*. Diejenigen also wenigstens, welche die beiden zuletzt citirten Chroniken noch in's 13. Jahrh. setzen, müssen für den Dialekt zur Zeit der sicilianischen Dichterschule dieselben Erscheinungen voraussetzen und danach die Reime der Gedichte beurtheilen.

Zu bemerken ist schliesslich, dass diese Reime von *ó : ó* fast immer in Liedern vorkommen, in denen auch solche von *e : i*, *o : u* sich finden, so dass ein noch so kühnes Aendern der Attributionen hier nicht aus dem Widerspruche heraushelfen würde.

Andererseits, aus dem Vorkommen solcher unsicilianischen Reime bei den Sicilianern mit Bestimmtheit den Schluss ziehen zu wollen, dass sie nicht im Dialekte geschrieben haben können, würde gleichfalls voreilig sein. Denn die Reime beweisen hier eben garnichts, weder nach der einen noch nach der anderen Richtung, und, wenn die Toscaner, ihr eigenes Idiom schreibend, des Reimes halber Formen verwendeten, welche nicht die ihrigen waren, so konnten auch die Sicilianer recht wohl sich ihres Dialektes bedienen, und doch im Reime hier und dort einmal eine lateinische oder apulische Form gebrauchen. Hiermit könnte man sich zufrieden geben, wenn nur anderweitig die Abfassung der Gedichte in sicilianischer Mundart, oder, besser gesagt, in der Mundart, die wir als sicilianisch kennen, hinreichend feststünde. Indessen auch gegen die anderen Argumente für dieselbe giebt es verschiedene Bedenken.

Vor Allem ist es das Zeugniss Dante's, welches hier durchaus nicht so leicht wiegt. Er ist der einzige überhaupt aus so früher Zeit, der uns Nachrichten von den ältesten Lyrikern gegeben hat, und er schrieb sein Buch *de eloquentia vulgari* nur ungefähr 40 Jahre nach dem Tode Manfreds, mit dem man die Schule im Süden als erloschen anzusehen pflegt. Er konnte doch wohl noch wissen, wie die Dinge standen, und er berichtet z. B. von Guido delle Colonne, dass er seine Lieder in dem Idiome geschrieben habe, welches *nihil differt ab illo, quod laudabilissimum est*

(1. 12), d. h. im *volgare illustre*, der italienischen Gemeinsprache. Man wollte dieses dadurch erklären, dass Dante selbst schon die Poesieen nur in der Umschreibung kannte, und sich dadurch täuschen liess, diese für die ursprüngliche Form ansehend. „*Il toscaneggiamento*," sagt D'Ovidio (l. c. p. 95), „*più o men completo, secondo i casi, delle poesie sicule fu così spontaneo e facile, che passò quasi inavvertito, e quando Dante, nell' ultimo quinto del secolo XIII, attese agli studi poetici, esso era da un pezzo così perfettamente consumato, che Dante, in buonissima fede, prese per schiette siciliane le poesie antiche ormai toscaneggiate.*" Also Dante machte diese Studien zwischen 1280 und 1300, und da war die Toscanisirung schon vollkommen durchgeführt, und schon seit einiger Zeit, so dass damals auch jegliches Gedächtniss daran verloren gegangen war. Wann wäre sie aber dann geschehen? Denn seit Manfreds Tode bis 1280 waren es doch nur 14 Jahre. Und Dante lebte ja nicht eingeschlossen in den Mauern von Florenz; er kam nach Rom, weilte in Bologna, verkehrte an verschiedenen Fürstenhöfen. Sollte ihm da nie ein Sicilianer oder Apulier begegnet sein, der ihn über den wahren Sachverhalt aufklären konnte, oder wusste man auch im Süden schon von der ehemaligen Form der Lieder garnichts mehr? Schwer begreiflich wäre wenigstens Alles dieses, wenn die Gedichte eine von der toscanischen so sehr verschiedene Gestalt gehabt, wie ihnen die Restitutionen Corazzini's gegeben. Der letztere entledigt sich übrigens dieses Zeugnisses, indem er auf die Ansicht vieler Cinquecentisten zurückgeht, und das Buch *de vulg. el.* selbst für unecht erklärt, was freilich das Bequemste ist.

Ferner, wie die sicilianische Mundart überhaupt im 13. Jahrhundert ausgesehen habe, glaubt man zwar ziemlich genau zu wissen aus verschiedenen Denkmalen dieser Zeit. Aber von den beiden angeblich ältesten derselben, den Uebersetzungen von Pergamentdiplomen des Archivs der Cathedrale zu Palermo ist jetzt durch Böhmer bekannt geworden, dass sie, anstatt aus dem 12., aus dem Anfang des 16. Jahrhunderts stammen[1]). Die oft citirte

---

[1]) Roman. Studien, III, 159 ff.

Formel von 1233 bei Riccardo di S. Germano lehrt uns für die betonten Vocale, welche hier die Hauptsache sind, garnichts. Die Abfassungszeit der beiden von Di Giovanni publizirten Chroniken: *La Vinuta di lu Re Iapicu*, und *Lu Ribellamentu di Cicilia*, steht nicht fest. Die erste, eine ganz kurze Erzählung von wenig über 3 Seiten, soll aus dem Jahre 1287 sein; allein Bartoli, obgleich er sie als Sprachprobe aus diesem Jahre citirt[1]), bemerkt doch anderswo selbst, dass jemand, der, wie Frate Atanasio, sage: „*La vinuta di lu re Iapicu a la gitati di Catania fu a lu primu di maja di l'annu 1287*", wohl nicht in demselben Jahre geschrieben haben könne[2]). Die Schrift bleibt also undatirt; Di Giovanni setzte sie um 1287 nur, weil er diese Bezeichnung in seiner Copie aus dem 18. Jahrhundert fand, wo eben das Datum des Ereignisses mit dem der Schrift verwechselt worden. Das *Ribellamentu* hat der Herausgeber selbst nicht genauer datirt; aber Hartwig hat bewiesen, dass es nach G. Villani's Chronik abgefasst sein muss[3]).

Es bleiben die beiden Canzonen bei Barbieri, die man als Sprachproben und zugleich als Beweis dafür anführt, dass die Dichter wirklich sicilianisch schrieben. Für diese jedoch giebt es noch eine Möglichkeit, welche man nicht in Betracht gezogen, dass nämlich, wie man heut' annimmt, die sicilianischen Gedichte seien toscanisirt worden, umgekehrt vielmehr diese beiden sicilianisirt worden seien, was gewiss nicht schwerer war. Allerdings wird man in Verlegenheit sein zu erklären, von wem und zu welchem Zwecke eine solche Umschreibung hätte geschehen sollen. Aber nicht weniger schwierig als die Beantwortung dieser Frage

---

[1]) *I primi due Secoli*, p. 141.

[2]) ib. p. 261, n. 1.

[3]) O. Hartwig, *Giovanni Villani und die Leggenda di Messer Gianni di Procida*, in Sybels Hist. Zeitschr. vol. 25 1871, p. 255—271. Was darauf Di Giovanni in der Vorrede zum 2. Bande seines *Filologia e Letteratura Siciliana* (Palermo, 1871) geantwortet hat, ist garnichts, und beweist nur, dass er nicht verstand, um was es sich handele. Von Fälschung ist natürlich hier gar keine Rede: was konnte der Autor dafür, wenn man seine Schrift für zu alt hielt? Er hat sie nicht datirt.

dürfte die der anderen sein, wie sich denn, bei jener Furie des
Toscanisirens, diese wenigen Gedichte unter so vielen ungeschrie-
benen in unveränderter Gestalt erhalten konnten. Immerhin ken-
nen wir sie nur durch eine Mittheilung aus dem 16. Jahrhundert,
und dazu nach einer Handschrift, die sehr eigenthümlich beschaffen
war. In dem *libro Siciliano* stand nach Barbieri's Angaben Pro-
venzalisches, Italienisches, Sicilianisches bunt durcheinander: fol. 1,
provenzalische Biographieen; fol. 2, desgleichen, und doch auf dem-
selben Blatte die sicilianische Canzone Enzo's; fol. 4, ein italie-
nisches Gedicht; fol. 7, eine provenzalische Biographie; fol. 10, wieder
ein italienisches Gedicht; fol. 22, Stefano's Canzone; fol. 37, ein
italienisches Gedicht, und fol. 38, wieder Provenzalisches. Die Mi-
schung des Provenzalischen und Italienischen schien nun zwar
Mussafia gar zu sonderbar, und er meinte, man müsse zwei ver-
schiedene Handschriften mit dem Namen *libro Siciliano* anneh-
men, welcher letztere dann nur für ein prov. Ms. unverständlich[1]).
Jedenfalls aber bleibt auch dann noch die Mischung der sicilian-
schen Gedichte, fol. 2 und 22, und der italienischen, fol. 4, 10, 37,
bestehen[2]).

Das erste umfangreichere Denkmal der sicilianischen Mund-
art, welches sicher datirt ist, wäre demnach die *Conquesta di
Sicilia* von Fra Simone da Lentini aus dem Jahre 1358. Sie
zeigt uns den Dialekt ungefähr 100 Jahre nach der Blüthezeit
der alten lyrischen Schule, und dieser Zeitraum ist doch nicht so
kurz, dass er nicht manche Veränderungen hervorgebracht haben
könnte. Um die Mitte des 13. Jahrhunderts konnte die Sprache
noch wandelbarer, in gewissen Tendenzen noch unentschiedener
und empfänglicher für äussere Einflüsse sein; es konnten neben
den später erhaltenen Formen andere bestehen, die dann verdrängt
wurden, besonders, wenn sich Hartwigs Ansicht bestätigen sollte.

---

[1] *Die provenz. Liederhandschriften des G. M. Barbieri*, in Sitzungsber.
der Wiener Akad. phil. hist. Cl. vol. 76, p. 256, u. 1871.

[2] D'Ancona irrte, wenn er *Rime Antiche*, p. XII annahm, die Poe-
sieen von Lanfranco Maraboto, *lib. Sic. car.* 4, und Garibo, *car.* 37, seien
gleichfalls mundartlich gewesen. Die Verse, die Barbieri anführt, zeigen
schon, dass es nicht so war.

dass das Sicilianische ein sich erst seit dem 11. Jahrh. entwickeln-
der Seitenzweig der Sprache des südlichen Festlandes und mit
der normannischen Eroberung auf die Insel gekommen sei [1]). Be-
trachtet man aber die Sprache der Chroniken aus dem 14. Jahr-
hundert selbst, so findet man sie, wenigstens ihrem äusseren An-
sehen nach, der italienischen Gemeinsprache weit näher, weil die
Umgestaltung gewisser lateinischer Consonantengruppen, welche
viel zur charakteristischen Färbung des Dialektes beiträgt, hier
nicht durchgeführt ist. So ist lat. *nd* geschrieben, nicht *nn* : *au-
denda, intranda,* etc.; *ll,* nicht *dd* : *folli,* etc.; *gli,* nicht *gghi* : *con-
siglia,* etc.; *mb,* nicht *mm* : *plumbu,* u. dgl.; so auch meist *pl* :
plui, plagiri, woneben freilich auch *chini, chiangendu,* u. s. w.
Nun ist zwar darum keineswegs anzunehmen, dass man damals in
Sicilien wirklich diese Laute noch so gesprochen habe: mögen die
Dialekte auch dem Lateinischen und unter sich soviel näher ge-
wesen sein, das Aufkommen aller dieser Wandlungen erst seitdem
ist nicht wahrscheinlich [2]). Vielmehr muss man sie für blosse La-
tinisirungen in der Schrift halten, wie deren in allen alten Denk-
malen sich viele finden. Der gelehrte Schreiber, an das Aussehen
des Lateinischen gewöhnt und mit den conventionellen Zeichen
der neuen Laute nicht vertraut, wählte für diese jene lateinischen

[1]) s. Hartwigs Vorrede zu den „Sicilianische Märchen, aus dem Volks-
munde gesammelt" von Laura Gonzenbach, Leipzig, 1870.

[2]) Dieselbe Erscheinung findet sich in allen anderen Gegenden Italiens.
Navone scheint im *Ritmo Cassinese* diese latinisirende Orthographie für den
wirklichen Ausdruck der dem Lateinischen noch näheren Aussprache zu
halten *Riv. di Fil. Rom.* II. 105 f.; aber er selbst führt Beispiele für das
Gleiche aus einer Hs. des 15. Jahrh. an: wie konnte man aber damals noch
z. B. *correndo* sprechen, da doch schon die *Rosa fresca: correnno, aritenno,*
etc. hat. Ascoli bemerkte Arch. Glott. I, p. 554, Giunta zu p. 302': „*Meri-
terebbe, mi pure, che si studiasse, quanto si debba a ragioni dialettali, quanto
a imitazione dei modelli stranieri e quanto ad illusione grafica negli
esempi di pl, cl, ecc., che nei più antichi scrittori italiani s'incontrano come
plusor, ocli,*" ecc. Merkwürdig ist, dass die *Conquesta* und *Cronichi* (nicht
Ribellamenta und *Vinuta*) statt des tonlosen auslautenden *u* stets *o* setzen:
diese Schreibweise würde also aus dem Vulgärlatein oder den Dialekten
des Festlandes herrühren.

Zeichen, und so näherte die Orthographie die Dialekte, welche gesprochen sich gewiss viel ferner standen. Die ältesten Lyriker waren aber Richter, Notare, Männer von hoher Stellung im Staate, alle mit dem Lateinischen wohl bekannt, als sie die ersten Versuche in der Vulgärsprache machten. Für sie also ist dasselbe vorauszusetzen wie für die Chronisten, und in noch höherem Grade. Die Latinisirung wird bei ihnen nicht auf die Schrift eingeschränkt geblieben sein, sondern auch die gesprochenen Worte selbst ergriffen haben, und wir können nicht wissen, wie weit sie gegangen. Dazu kommt, dass unter diesen Dichtern mehrere Apulier waren, Pier delle Vigne, Rinaldo d'Aquino, Giacomino Pugliese, Rugieri Pugliese, und Dante sagt ferner, aus allen Gegenden Italiens seien die Trefflichsten an Friedrichs Hofe zusammengeströmt. Dichteten nun diese ein jeder in seiner eigenen Mundart? So dachte in der That Corazzini, und auch D'Ovidio nimmt es an (l. c. p. 91) und glaubt, in diesem Babel habe man sich dennoch verstanden, da die Dialekte noch ähnlicher, und der Ideeenkreis so beschränkt gewesen [1]). Mag man aber auch dieses zugestehen, obgleich es nicht gerade wahrscheinlich, oder mag man glauben, dass die Dichter anderer Gegenden sich eben der Sprache bedienten, welche an Friedrichs Hofe üblich war, immer konnten leicht ihre heimischen Dialekte auf die Dichtersprache zurückwirken, und, da Friedrich zwar vorzüglich in Palermo Hof hielt, aber doch auf dem Festlande eine andere bedeutende Residenzstadt besass, nämlich Neapel, so waren Einflüsse der apulischen Idiome um so eher möglich. Alles dieses nun, die Latinisirung und ferner die Provenzalisirung, die ja allgemein zugegeben wird, dazu die wahrscheinliche Einwirkung eines anderen nahe verwandten Dialektes und unsere mangelhafte Bekanntschaft mit der damaligen sicilianischen Mundart selber, machen es zweifelhaft, in welchem Verhältniss die Sprache an Friedrichs Hof oder wenigstens die zu poetischen Zwecken verwendete Ausdrucksweise zu dem heutigen Sicilianischen stand. Wenn man heut' beispielsweise *pinsannu*

---

[1]) D'Ancona dagegen spricht von einem *testo siculo* auch in Bezug auf das Gedicht eines Apuliers. *Rim. Ant.* p. 397, n. zu v. 19.

spricht, so sprach man es vielleicht damals auch, aber man mochte latinisirend *pensando* schreiben, und, wenn man heut' sagt *amuri*, und es wirklich auch damals schon so hiess, so brauchten die Dichter doch vielleicht daneben *amore*, welches die Apulier im Munde führten, und an das man aus dem Lateinischen und Provenzalischen (*amors*) gewöhnt war. Ueber diese Unsicherheit kommt man mit den jetzigen Hilfsmitteln nicht hinaus. Dass die Sicilianer nicht toscanisch schrieben, steht wohl fest; aber dass die dichterische Sprache, deren sie sich bedienten, der heutigen Schriftsprache schon ziemlich nahe gestanden haben könne, ist damit nicht ausgeschlossen. Die Copisten haben hier gewiss ebenso etwas zur Umgestaltung der Texte beigetragen, wie sie es überall thaten: allein, welches die ursprüngliche Form gewesen, die sich unter diesen Aenderungen verwischt hat, können wir nicht wissen, wenn nicht die Auffindung sicherer Documente die Frage entscheidet, und einstweilen, anstatt sich an Restitutionen zu versuchen, die nur missglücken können, ist es besser, sich an das zu halten, was wir haben, und die Texte zu studiren, wie sie eben sind.

Wenden wir uns nun nach Norden, so finden wir hier unter den Dichtern, welche die Tradition der südlichen Schule fortsetzten, neben den Toscanern auch solche, in deren Heimath man abweichende Dialekte redete, eine ganze Reihe in Bologna, mehrere in der Romagna, und vielleicht einige in der Lombardei. Indessen das Verhältniss hat sich nun doch schon geändert. Die Sicilianer hatten nichts vor sich gehabt als die fremden Muster; aber jetzt bestand schon eine poetische Conventionalsprache, mochte sie nun sicilianisch sein oder nicht. Diese gelangte auf irgend eine Art modifizirt zu den Dichtern des Nordens. Dazu, nach den spärlichen chronologischen Daten, die wir besitzen, ist doch soviel gewiss, dass es vor den anderen Verzweigungen in Mittel- und Oberitalien eine toscanische Schule gab, deren Sprache nach aussen wirken konnte. Ein so hohes Alter wie das Guittone's ist von keinem Dichter jener Gegenden bezeugt; er dichtete, wie gesagt, schon 1260, und Guido Guinicelli nannte ihn seinen Meister. Es wird demnach mit der bereits erwähnten Ansicht von Caix

seine Richtigkeit haben, dass die im Süden entstandene Literatur-
sprache ihren Weg zunächst über Arezzo genommen, hier sich
schon modifizirt und dem Toscanischen mehr und mehr assimilirt
habe, und von da aus sich weiter verpflanzte. Die Annahme also,
auch diese Dichter hätten ein jeder in seinem Dialekte geschrieben,
ist durchaus überflüssig[1]). Man darf hier nicht die Kunstdichter
auf eine Stufe mit den volksthümlichen stellen, die sich allerdings
ihrer Mundarten bedienten; aber diese dichteten in gesonderten
Regionen für die niederen Klassen, jene standen in dem festen
Zusammenhange der Schule. Daher passen die Beispiele Bon-
vesins, Fra Giacomino's, Iacopone's nicht hieher, ebenso wenig die
der Prosaiker wie Fra Paolino. Nur ausdrückliche Anzeichen
könnten uns bestimmen zu glauben, dass auch die alten Lyriker
Bologna's, der Romagna und der Lombardei in ihren Dialekten
geschrieben hätten, und solche Anzeichen sind nicht vorhanden[2]).
Das Gegentheil beweist vielmehr, ausser dem Zeugnisse Dante's,
welches hier um so viel glaubwürdiger, um wie viel er diesen
Orten und Zeiten näher war, ihre Correspondenz mit Toscanern.
Guido Guinicelli richtete Sonette an Guittone und an Buonagiunta
von Lucca; Onesto wechselte solche mit Guittone und mit Cino
von Pistoja; Tommaso von Faenza beantwortete eine Frage des
Dante da Majano (Val. II. 252); er schrieb eine ganze Canzone

---

[1]) Canello's Verwunderung (*Riv. di Fil. Rom.* II, 116, dass Guido
Guinicelli als Bolognese toscanisch geschrieben, war daher nicht sehr be-
gründet. D'Ancona glaubte (*Rim. Ant.* p. XII), dass man für diese Gegen-
den Italiens schon ein gemeinsames *formulario del dire amoroso in rima,
misto di toscano e di siculo* voraussetzen müsse. D'Ovidio giebt wenigstens
zu, dass die Herrschaft des Toscanismus sich auch auf Bologna ausgedehnt
habe (l. c. p. 91).

[2]) Denn als solches kann man auch nicht den Umstand betrachten,
dass Ugolino Buzzuola, der nach Dante (*vulg. el.* I, 14) gemeiniglich *illustre*
schrieb, einmal, wahrscheinlich in scherzhafter Absicht, den Dialekt ge-
brauchte in dem Sonette: *Ocli del Conte ond' eo m'ender nego,* Crescimbeni.
III, 80; es ist, nach Manzoni, das vorletzte Gedicht des Cod. Vat. 3214, in
dem sonst keine mundartlichen Gedichte stehen. Eine Deutung des Sonetts
von sehr zweifelhaftem Werth gab Griou in seiner Einleitung zum Antonio
da Tempo, p. 24 f.

auf die Reime einer solchen von Monte Andrea aus Florenz, und
eine andere ebenso auf die Reime einer des Giovanni dall' Orto
aus Arezzo. Es war also doch undenkbar, dass jene toscanisch
schrieben, und er *sulle rime* romagnolisch antwortete[1]). Die dia-
lektischen Reime beweisen hier ebensowenig wie bei den Sicilia-
nern; denn, wenn diese Dichter das *volgare illustre* schrieben, so
schliesst das natürlich nicht aus, dass sie in dasselbe hin und
wieder Idiotismen ihrer eigenen Mundarten mischten, besonders
wo der Reim dazu drängte. Dieses geschah zu allen Zeiten, und
Bojardo hat z. B. so manches aus dem Dialekte seiner Heimath
aufgenommen, ohne doch darum wirklich ferraresisch geschrieben
zu haben. Tommaso Buzzuola aus Faenza, von dem Dante (*vulg.*
el. I, 14) rühmte, er habe sich von der Volkssprache seiner Gegend
entfernt, reimte : *costo : gosto* (*gusto*), Val. II, 249; *uomo : fomo*
(*fumo*), ib. 250, entsprechend den romagnolischen *gost* und *fom*
(Muss. R. M. 50 u. 55), und in dem Gedichte bei Zambrini (op.
volg., 385) : *digionto : conto : pronto : gionto;* romagn. *zont* (Muss.
57). Man bemerke jedoch, dass auch schon in dem Gedichte
Monte's, auf welches das erste der hier angeführten antwortet,
consomo (: *uomo*) für *consumo* stand (Val. II, 33), und dass, wie
oben gezeigt worden, Formen wie *lome, alcomo, costome,* ganz all-
gemein waren, und selbst noch bei Dante und Cino vorkommen.
Die Formen *gosto, gionto* u. dgl. (*u* in Pos. zu *o*) waren auch den
Mundarten Toscana's nicht fremd. Charakteristischer mag der
Reim : *carga* (*carca*) : *larga,* Val. II, 250, sein, d. h. – *ic* – zu *g,*
was echt romagnolisch (Muss. 98). Innerhalb des Verses musste
freilich, was von Idiotismen etwa vorhanden war, meistens durch
Copisten und Herausgeber verschwinden. Einige Reste sind *morbio*
für *morbido,* Val. II. 251 (Muss. 195), *ariprendere,* Zambrini, 385,
romagn. *arprender* (Muss. 125), das *par* für *per* in *par aina,* Val.

---

[1]. Dagegen ist von Correspondenzen der Toscaner mit Dichtern des
Südens nichts bekannt, seitdem man aufgehört hat, die *Nina* des Dante da
Majano für eine Sicilianerin zu halten (s. D'Anc. *Rim. Ant.* p. 287, u.). Nach
Borgognoni (*Propugn.* IX, 1°, 34) hätte die *Nina* garnicht existirt; doch ge-
nügt sein Grund dafür nicht.

II. 250 (Muss. 82). Doch steht *par Deo* auch bei einem Pisaner, Val. I. 418. und bei Compagnetto da Prato, D'Anc. LXXXVII, 46.

Baudino reimte *aiudo (ajuto)* : *rifiudo* : *nudo* : *sudo* : *mudo* *(muto)*. Val. I. 428 f., mit der dem Lombardischen eigenen Erweichung der Tenuis; aber ob Bandino wirklich Paduaner gewesen, wie Allacci angab, steht darum noch nicht fest.

Von den Bolognesen wurden schon oben einige Reime erwähnt, die man als aus ihrem Dialekte entsprungen betrachten kann, obschon sie auch bei Anderen vorkommen. Onesto von Bologna schrieb ferner: *aida* (: *guida*) für *aita*, Val. II. 145; *rede* (: *rede*) für *rete*, ib. 118; *sede* für *sete*, ebendort, und endlich *ridi* *(reti)* : *ridi* : *sfidi*, ib. 150. Aber freilich haben auch diese Erweichungen sich wiederum *in grazia della rima* Dichter erlaubt, deren eigene Mundart sie nicht darbot: Guittone : *aida*. Canz. IX, Gel. 2; *nudo* : *muto*, Canz. III, 1; *fiuda*, Son. 94: Ser Pace aus Florenz : *ferude* für *ferute*, Val. II. 400; selbst Dante : *conosciuda* (: *druda*). Manzoni, XIII; Francesco da Barberino : *insegnada* (: *cada*), Doc. 326, 25; bei diesem letzten vielleicht durch provenzalischen Einfluss.

Ein Bolognese war gewiss auch Messer Polo[1]; er sagte also *fese* (: *paese*) für *fece*, Val. I. 128, in Uebereinstimmung mit seinem

---

[1] Man findet ihn zwar Polo di Lombardia genannt s. Crescimbeni. III, 69: aber ohne Zweifel war er eine Person mit Ser Paolo Zoppo von Bologna, dessen Name in A. 297, die Canzone: *La gran nobilitate*, trägt, welche anderswo (B, 163: Val. I. 132) Messer Polo beigelegt wird. Ferner wird der letztere auch als Messer Polo di Castello bezeichnet, und dass dieser aus Bologna gewesen, zeigt sich in Ser Manno's an ihn gerichtetem Sonette, B. 352, *Propugnatore*, XI, 1°, p. 229:

Messer Paulo di Bologna nato
E di Castel chiamato da lencie'ti ?.

Damit also schwindet wieder einmal ein Einwand gegen eine Aussage des Buches *de vulg. el.* Dante bemerkte I. 15, es habe keine Dichter aus Reggio, Ferrara und Modena gegeben, und man führte ihm dagegen diesen Messer Polo di Castello als einen Reggianer an (s. Galvani, *Dubbi*, p. 179 ff.). Er war aber garnicht dieses, sondern Bolognese. Mit den anderen Reggianern und Ferraresen, die man aufzählt, mag es dann wohl nicht besser stehen. Theils ist ihre Heimath unsicher, theils ihre Zeit, theils, ob sie Dichter gewesen.

Dialekt. Woher der Bartolommeo di S. Angelo gewesen, der (Val. I. 131) dise (dice) : guise reimte, ist nicht bekannt.

Die stärkste idiomatische Färbung zeigen noch heute viele Gedichte der Toscaner selber, deren Dialekte nur wenig von der allgemeinen Literatursprache abwichen und um so mehr verleiteten, in ihre besonderen Eigenthümlichkeiten zu verfallen. Ein Bolognese, Lombarde, Romagnole hatte die conventionelle Sprache von anderswoher empfangen: seine eigene Mundart war von ihr bedeutend verschieden, und er konnte beide nicht so leicht mit einander verwechseln. Hingegen stand jene Sprache, wie sie nun auch entstanden sein mochte, jedenfalls damals dem Toscanischen sehr nahe, und so identifizirte sie leicht ein jeder mit seiner speziellen munizipalen Sprechweise, und nahm aus der letzteren manches auf, was die poetische Sprache im Allgemeinen nicht acceptirt hatte, da sie eben nicht schlechthin sienesisch, pisanisch, auch nicht ganz und gar florentinisch war. Daher denn Dante's besonders gegen viele Toscaner gerichteter Vorwurf, dass sie munizipales volgare schrieben, wie später ja noch öfters, z. B. von Bembo, gegen die Florentiner dieser Tadel erneuert wurde, dass sie die Schriftsprache verdürben, weil sie sie gar zu gut zu kennen glaubten. Guittone von Arezzo, hätte er selbst seine Sprache bezeichnen sollen, würde sie gewiss eher aretinisch als italienisch genannt haben, da er ja auch von Frate Giacomo da Leona sagte (Canz. XXII):

> Francesca lingua e provenzal labore
> Più dell' Artina è bono in te . . . .

Wie sehr nun besonders in Bezug auf Guittone Dante's Vorwurf begründet gewesen, hat bereits Caix (*Mon. Ant.*) nachgewiesen. Dem Idiome seiner Vaterstadt entsprechen die zahlreichen Formen mit *o* aus lat. *u* in Position und *e* aus *i* in Position, die von denen der gewöhnlichen Schriftsprache sich entfernen, also *ponto* (: *conto*) für *punto*, Canz. VII. 2; *ergogna* : *pugna*, also *pogna*, Canz. X. 5; *centi* (: *nescienti*) für *cinti*, Canz. IV. 3, und dergleichen unendlich oft. Dem entspricht ferner ein *pertuso* (: *nojoso*) für *pertugio*, Son. 12, und *priso* (: *acciso*) für *pregio*, Canz.

XXII, 3. und **Son.** 124. 145, 159, obwohl die genaueren aretinischen Formen *pertusio* und *presio* waren (vgl. *casione* bei Ristoro, Nan. Man. II, 201). Sehr vieles Mundartliche findet sich sogar ausserhalb des Reimes, und hierbei ist zu bedenken, dass die Gedichte Guittone's, sowie sie heute gedruckt vorliegen, zum grössten Theile indirekt aus einer Handschrift herrühren, die von Pisanerhand geschrieben worden [1]), und da dieselbe sehr alt ist und nicht lange nach Guittone's eigener Blüthezeit angefertigt ward, so ist man um so mehr berechtigt, die aretinischen Idiotismen, die man da liest, auf die Rechnung des Autors und nicht etwa des Schreibers zu setzen, der selbst eine andere Mundart redete. Formen also wie *deletto* (*diletto*), Son. 170; *nobel* (*nobile*), Canz. XIV. 5. oder *malvasio* (*malcagio*), Canz. VIII. 1; *rasione* (*ragione*), Canz. L. 4; *spresio* (*spregio*), Son. 153, stammen gewiss von Guittone selber, und so das spezifisch aretinische Conditional *malederea* (*maldiria*), Son. 167: das *fò* (*fuit*) nicht bloss im Reime (Canz. XXIII, Gel. 2; XLIII, 2, etc.), sondern auch im Verse, Son. 36, eine Form, die sehr häufig bei Ristoro von Arezzo. Dagegen sind Bildungen wie *ficcilezza*, Son. 130; *mertevil*, Son. 135, Eigenthum des pisanischen Copisten.

Dasselbe gilt, wenn auch in weit geringerem Grade, von anderen Aretinern und Sienesen. Die Reime wie *spregae* : *destreque*, Val. II, 135, bei Ugo di Massa aus Siena; *cento* (*cinto*) : *guarnimento*, Val. II, 190, bei Folgore, u. dgl. m., mögen zwar wieder als nicht besonders charakteristisch anzusehen sein. Dagegen gilt das *maio* (: *gennajo*) für *mai* (*magis*), welches Cene dalla Chitarra, Val. II,

[1]) Es ist die Redianische Handschrift in der Laurenziana, welche die Briefe Guittone's, und Gedichte von ihm und Anderen enthält; aus ihr waren zum grossen Theil die Mss. Biscioni's und Salvini's abgeschrieben, welche Valeriani für seine Ausgaben benutzte. Dass der Schreiber der Redianischen Hs. ein Pisaner, hat in Bezug auf die Briefe schon Bottari bemerkt; für die Gedichte zeigen es die Varianten, die Bartoli *Riv. di Fil. Rom.* II, 234 ff. aus derselben zu den ersten Gedichten bei D'Anc. gab; dort liest man, in Texten, deren Autor ein Sicilianer, die pisanisch-lucchesischen Formen: *mizo* (*miso*), I, 6; *anse* (*anzi*), I, 25; *ozo* (*uso*), I, 29; *rinchiozo*, II, 33.

196, gebraucht, als ein speziell aretinisches Wort[1]). Derselbe Cene hat ein *mesto* für *misto* im Verse, Val. II, 205.

Buonagiunta Urbiciani aus Lucca, dem Dante denselben Vorwurf macht wie Guittone, reimte nicht nur: *piacensa*:*pensa*, Val. I, 473, sondern auch: *fortesse* (*fortezze*):*esse*:*duresse* (*durezze*): *feresse* (*ferezze*):*crudelesse*:*paresse*:*stesse*, ib. 478; *grandessa*:*allegressa*:*messa*, ib. 496, d. h. also, er zeigt darin gerade zwei hervorstechende Erscheinungen des Pisanisch-Lucchesischen, *ss* für florent. *zz*, und *s* für *z* nach Consonant[2]). Ferner reimte er *rostro*:*dosso*, Val. I, 525, wo der Cod. Vat. 3214, nr. 69, nach Manzoni, wirklich *rosso* setzt[3]). Die Gedichte anderer Lucchesen und Pisaner sind an derartigen Reimen äusserst reich, so: *offensa*:*potenza*, Pannuccio, Val. I, 354; *fermessa*:*altessa*:*gravessa*:*s'appressa*, ders. ib. 381; *terso* (*terzo*):*verso*, 386; *stasso* (*stazzo*):*passo*, Bacciarone, ib. 403; *impasso* (*impazzo*):*lasso*, 410; *pensa*:*doglienza*, 417. Die Reime wie dieser letzte sind auch dem Süden möglich, nämlich: *penza*:*doglienza*, wie Iacopo da Lentini, D'Anc. VII, 25: *increscenza*:*penza*, und, bei der Verwandtschaft des *s* nach Consonant mit *z*, erlaubten ihn sich auch die Florentiner: *penza*: *lenza*:*difenza*, Guido Orlandi, Val. II, 274; Dante sogar umgekehrt: *fersa* (*ferza*):*attraversa*, Inf. 25, 79. Dagegen kommt das *ss* für *zz* kaum anders als bei Pisanern und Lucchesen vor[4]), und, wo

---

[1] s. Nannucci, *Man.* I, 349, n. 2, und Caix, *Mon. Ant.*

[2] In Dante's Beispielen, *vulg. el.* I, 13: *gassara* (*gazzarra*) als lucchesisch. *Fioransa* als pisanisch.

[3] *Nosso*, *rosso* soll noch heut lebendig sein in der Montagna Pistojese, und man liest es bei dem alten pistojesischen Uebersetzer des Albertano da Brescia, s. Nannucci, *Verbi*, 743, n. 3. Dass es aber nicht bloss pistojesisch, sondern auch pisanisch-lucchesisch gewesen, beweist dieses, dass es der pisanische Copist von Guittone's Briefen oft gebrauchte, s. Bottari's Anmerkung 261. Ebenso steht *nosso*, *rosso* im Reime in Bini's *Rime e Prose del Buon Secolo* Lucca. 1852, p. 95, in einer *lauda*, die auch sonst pisanische Idiotismen in' grosser Zahl aufweist: *posso* für *pozzo*, 4 mal, *tornonno*, *trovonno*, als 3. pers. plur. perf., *partitte*, *convertitte*, ec.

[4] Monaldo da Soffena brauchte jedoch einmal ausnahmsweise *passo* für *pazzo*, Val. II, 257 (Palermo, II. 112): dies aber in den schwierigen *rims equivocs*.

man es sonst antrifft. hat man Grund, an der Richtigkeit der
Attribution zu zweifeln; so, wenn man *bellesse* : *avesse* in einem
Sonette liest, das, nach Val. I, 129, von Messer Polo sein soll. Und
da in der Canzone *Blasmomi dell' Amore.* die bei Val. I, 210 dem
Rinaldo d'Aquino zugeschrieben ist, wie auch in P (p. 94) und
B (232), ein *distrignesse : manchesse (manchezze) : tenesse : bellesse :
altesse : fallesse,* steht, so muss man, wie so oft. dem Cod. A (110)
Recht geben, der das Gedicht vielmehr dem Tiberto Galliziani
aus Pisa beilegt.

Manche andere Eigenthümlichkeiten finden sich dann wieder
innerhalb des Verses, und sie wären hier wichtiger, weil ohne
Zwang des Reimes gesetzt. Aber nun ist der Fall umgekehrt
wie bei den Sienesen und Aretinern; denn da der Copist vieler
von diesen Gedichten dieselbe Mundart sprach wie der Verfasser.
so wissen wir nicht mehr, welchem von beiden die einzelnen dia-
lektischen Elemente angehören. Findet man bei pisanischen Dich-
tern Formen wie *ficvilezza.* Val. I, 381, *ingannevile,* 386, *saggiagato,*
358, so entsprechen sie zwar sehr wohl dem Dialekte der Ver-
fasser; aber diese konnten sie doch vermeiden, und der ungebil-
detere Schreiber dieselben erst nachher in die Texte gebracht
haben. So die Conditionale 3. Pers. sing. wie *sre'* (*sarebbe*), Val.
I, 394. 401, 411. 470. *fare'* (*farebbe*), ib. 397, entsprechend denen
der Fragm. Hist. Pis. 655: *are'* (*avrebbe*): Bandi Lucch. p. 4: *godere',
procedere',* etc.; und dazu die 3. Pers. plur. *potreno* (*potreb-
bero*), Val. I, 393, wie die Bandi Lucch. nr. 195: *faranno, daranno.*
etc. So das häufige *u*, nicht bloss für *ubi,* sondern auch für *aut* :
die 3. Pers. plur. auf *eno* statt *ono*: *ségnen* (*segnono*), *prénden,
córren, créden, lúcen, díren.* etc. Val. I, 401, 402. 446, 450. In der
Handschrift Redi's selber stehen übrigens diese Texte in einer
noch viel stärker mundartlichen Form als in der Ausgabe Vale-
riani's. Dies zeigt die Canzone des Gallo Pisano: *In alta donna
ho misa mia intendansa* (s. D'Anc. LXIV), die Crescimbeni (III. 49)
nach jener Hs. veröffentlichte, mit Formen wie *solasso* (*sollazzo*).
altessa u. dgl. auch im Verse. Ein Sonett Pucciandone Martelli's
hat sich durch seinen übergrossen Reichthum an Binnenreimen
auch bei Valeriani (1, 466) besonders viele Idiotismen erhalten:

12

aber die Form, in der es Redi (Annot. zu v. 428 des Ditir.), wie er angiebt, genau nach seinem Ms. publizirte, bietet noch einiges Mundartliche mehr [1]).

Nachdem bis hieher von den mundartlichen Elementen die Rede gewesen ist, welche je nach den verschiedenen Gegenden sich in die alte Dichtersprache einmischten, bleibt es übrig, diejenigen Eigenthümlichkeiten zu betrachten, welche allen Gegenden gemeinsam sind, und welche eben der Ausdrucksweise der ältesten Lyriker ihren einheitlichen Charakter geben. Es sind dieses theils solche Elemente, welche aus den südlichen Dialekten stammen und mit der poetischen Tradition von dort weiter verpflanzt worden, theils solche, die den Einfluss des Provenzalischen bekunden. Einiges Andere erklärt sich aus den toscanischen Mundarten selber.

Die Einwirkung der italienischen Dialekte auf die alte Dichtersprache hat Caix bereits mehrfach untersucht [2]), und auf seine Ausführungen stütze ich mich theilweise bei den folgenden Be-

---

[1] Auch in Bezug auf die übrigen Hss. der alten Lyriker wäre noch zuzusehen, welches der Dialekt der Schreiber gewesen. In der vaticanischen Hs. 3793 fehlen, soweit sie publizirt ist und so wohl bis Canzone 305, bis wohin die Hand des ersten Schreibers reichen soll, hervorstechende idiomatische Besonderheiten, so dass man glauben möchte, der Schreiber habe dem Gebiete des Florentinischen angehört. Die Formen chiace (piace), D'Anc. LVIII, 19, chiano (piano), XXI, 30, stehen ganz vereinzelt, und werden von den südlichen Autoren herrühren auch V, 111 ist chiacenza zu bessern aus chi à senza; Val. piaccza). So könnte auch das sienesische contiato für contato, LXX, 8, aus der Mundart des Verfassers stammen, da das Gedicht anonym ist. Was sonst noch auffallen möchte, sind die Schreibungen se und sg für das heutige g zwischen Vocalen, also uscio, presgio, u. dgl., beide Weisen auch in dem nämlichen Gedichte vorkommend. Die erste Schreibung, entsprechend der Aussprache š, war in der alten Zeit sehr allgemein, vom Sicilianischen hinauf bis zum Pistojesischen. sg ist mir nur aus den Lettere Senesi und den altumbrischen Uffici bekannt, wo es gleichfalls mit se vermischt. Was die Aussprache betrifft, so ist anzunehmen, dass sich sg zu se verhalte habe wie g zu č: sg in rasgione würde also eben den Laut des florentinischen g zwischen Vocalen, denselben wie französ. j bedeuten.

[2] La Formazione degli Idiomi Letterari, in ispecie dell' Italiano. Nuova Antologia di Firenze, XXVII, p. 35 u. 288, s. besonders p. 296. Osservazioni sul Vocalismo Italiano, Firenze, 1875.

merkungen. **Zunächst sind es einige** Erscheinungen des Vocalismus, um die es sich hier **handelt:**

1. Betontes latein. *ĕ* und *ŏ* bleiben meist undiphthongirt, wie *rene, tene, omo, loco.* Es ist dieses wohl bekannt aus dem Sicilianischen; die **Dialekte** des südlichen Festlandes verfuhren anders. wogegen sich das alte Aretinische hierin mit dem Sicilianischen begegnete; es belässt *ĕ* immer (Caix, Voc. 30), und das *ŏ* wenigstens in den meisten Fällen. Der Einfluss dieser näher stehenden Mundart mag also der Erscheinung diese Herrschaft verschafft haben, welche in der poetischen Sprache noch in die moderne Zeit fortdauert. Den anderen toscanischen Idiomen ist sie wenigstens nicht charakteristisch, obschon man undiphthongirte Formen auch in den *Lettere Senesi* und *Bandi Lucchesi* findet.

2. *ĕ* vor Vocal ungeändert, wie in *eo, Deo, meo,* etc. ist dem Sicilianischen nicht fremd, aber dort mit den anderen Formen gemischt, consequenter dagegen im alten Aretinischen vorhanden, und also eher aus diesem herstammend (Caix, Voc. 22).

3. Begünstigung des Diphthongs *au* in betonter und tonloser Silbe. In betonter Silbe ist es das ursprüngliche lateinische *au,* welches in *ò* überging, aber in der poetischen Sprache sich vielfach erhielt, so *auro, tesauro, auso* (*òso*), *laude, fraude, gaude.* In unbetonter ist es theils ebenso: *laudare, audire, augello, taupino*[1]), oder es hat sich aus einem ursprünglichen *o* gebildet: *aumore* oder *aonore, aulente, audore, caunoscenza* oder *caonoscenza, aucidere, auriente* (*Oriente,* Val. II. 231). Die Erhaltung des betonten *au* ist vielen alten Dialekten gemeinsam, aber die des tonlosen *au* in erster Silbe und der Uebergang des tonlosen *o* in jenes ist eine Eigenthümlichkeit der südlichen Mundarten. sicil. *aucddu, aucidiri, ausari,* u. s. w., neapol. *auciello, aulira*[2]), wofür denn auch, wie bei den Alten. die Schreibung *ao,* z. B. *aolira* in den Gedichten Sgruttendio's, p. 252. Das Provenzalische besitzt theilweise die nämliche Erscheinung, was, wie Caix vermuthet.

---

[1]) *taupino* aus *talpino.* s. **Diez,** Et. W. II. 435.
[2]) vgl. **Diez,** Gr. I, 393: Schuchardt, Voc. II, 304: Ascoli. Arch. Glott. I. 505.

dazu beitragen mochte, jener südlichen Neigung Eingang zu verschaffen. Aus dem Süden wird wohl auch der häufige Uebergang des *o* in tonloser erster Silbe zu dem hier allgemein begünstigten *u* stammen, z. B. *canoscenza*, *afesi* (D'Anc. IX. 14), *alcute* (V. 29), *argoglioso* (XLVII. 8), wie sicil. *accddu*, *alira*, *canosciri*, *affenniri*, neapol. *affennere*, etc.

Nicht selten begegnen bei den alten Dichtern auch Worte mit anderen Diphthongen: *ai*, *oi*, *ei*, an deren Stelle die heutige Sprache nur noch einfache Laute: *a*, *o*, *e*, kennt. Zum Theil sind dieses wieder die archaischen Formen, aus denen sich die späteren entwickelt haben. So *bailia*, jetzt *balia*, während in der betonten Silbe noch das *ai* besteht: *bailo* (*bajulus*); Guittone, Canz. IV, 5, hat auch *bailito* „beherrscht": *bailia* selbst ist sehr häufig und findet sich unter anderm auch Band. Lucch. p. 99. In den oft gebrauchten *guaita*, *guaitare*, *aguaito*, u. s. w. stammt das *it* aus althochd. *ht*, welches hier ausnahmsweise nicht wie latein. *ct* behandelt worden (Diez. Gr. I. 322), weshalb auch jetzt *guatare* (nicht *guattare*); vgl. Fragm. Hist. Pis. *guaito*. 659; *aguaito*. 659. 661, und neapol. noch heut' *agguajeto*. In *guaire* für das gewöhnliche *guari*, Val. I. 311. Guittone, Canz. VI. 2 und öfter, ist das *i* entweder attrahirt oder ursprünglich, je nach der Etymologie, die man annimmt: prov. *guire*. Auch *guari* in der *Rosa fresca* braucht nicht gerade französisch zu sein; es könnte sich zu *guari* verhalten, wie *cacaleri* zu *caballarius*. *faire* ist, nach Ascoli's Auseinandersetzungen, Arch. Glott. I. 81 f. durch die Stufen *fagere*, *fajere* aus *facere* abzuleiten, und *traire* entspricht einem *tragere* (ib. 82). So erklärt sich denn *faite*, Val. II. 255, Guittone, Son. 11, und oft in den Briefen, aus *fajte = facite*. Guittone, Lett. p. 51, hat auch ein *faie* (*facit*) wie vom Infinitiv *faiere*, und in den alten sienesischen Briefen findet sich das ganze Verbum so conjugirt: *faite*, p. 38, 58, 88, etc., *faiera*, 25, *faiese*, 28, 13, etc., *faiesero*, 27, *faieste*, 30, u. s. w. Die Entstehung des modernen *fare*, *fate* selbst könnte sich aus diesen alten Formen mit *ai* erklären, wenn auch weiterhin die Analogie walten mochte: dann wäre *fare*, *fate* durch *faire*, *faite* aus *facere*, *facitis* entstanden, wie *piato* aus *placitum* durch *piaito* (Ascoli, ib. 80), altrömisch Fragm. Hist.

Rom. 413: *piaiti*, neapol. *chiajeto*. Und dem würden entsprechen die *trare* und — *dure* aus *traire*, *daire*, die so oft bei den Alten im Reime vorkommen. So entstand ferner, nach Schuchardt und Thomsen (*Romania*, IV. 256 f. u. 257—262), *roito*, die alte Form von *vuoto*, aus *vocitus*; für dieses *coito* und das zugehörige Verbum *coitare* giebt zahlreiche Beispiele, fast nur von Pisanern. Bottari, Guittone, Lett. n. 4. Aehnlich verhält es sich auch mit *tracoitato* (*traccotato*), Guittone, Son. 120, Lett. p. 73, aus *transcogitatus*; *coitoso* (*cogitosus*), Dante da Majano. Val. II, 449. — *duitu* aus *dubito* (*dotto*) steht in der sicilianischen Canzone Stefano's bei Barbieri, str. 4: *preite* aus *prebyter* statt *presbyter* ist häufig bei den Alten, auch Hist. Pis. 659, 660, Hist. Rom. 321, 411. Guittone, Lett. p. 67, hat *eitade* (*età*), und noch heut' neapol. *ajelate*, sicil. *aitati*[1]). Ist es aus altlat. *aeeitatem*?

Andere diphthongische Formen entstanden durch Attraktion des *i*: *mainera*, sehr häufig, wohl bekannt aus den nördlichen Mundarten, bei Gidino da Sommacampagna und Bonvesin, aber auch die Lett. Sen. haben *mainiera*, p. 39. So *mainero* (sonst *maniero*), Val. I. 457 (prov. *mainiers*); *estraino* (*stranio*), Guittone, Lett. 15 u. 74: *paine* (*panie*), ib. 10, woraus sich Dante's *pane* erklärt; *bointà*, ib. 67, aus *bonità*, welches sich an vielen anderen Stellen der Briefe findet: *cointezza*, Guittone, Canz. V, Gel. 1, aus *cognititia* (altfrz. *cointise*); *ointa* (*onta*), Guittone, Canz. XI. 2, *ointoso*, Val. I. 408, mit Attraktion des im deutschen Grundworte enthaltenen *i*, gleichsam *onita*, *onitoso*: *tracoitato* ward weiter zu *traicotato*, Guittone, Canz. XXXI, 3. Mit diesen ist zusammenzustellen *vaire* (*varie*), Hist. Rom. 279, *meità*, Lett. Sen. 52 und sehr oft in den Band. Lucch.

In *aire* (*aere*) ist das tonlose *e* in *i* übergegangen: *airo* auch Hist. Rom. 281, neapol. heut' noch *ajero*. Aehnlich erklären sich die Formen *rei* (*rè*) bei Guittone (Bottari, Lett. n. 212), auch in den Lett. Sen. stets *rey*; ferner *mei*, *tei* (*me*, *te*), ebenfalls oft in Guittone's Briefen und sonst auch Val. II, 17, 34, 211; Trucchi, I, 94;

---

[1]) Pitrè im Glossar zu den *Fiabe*, mit dem Zusatz „*voce umile, ma non plebea*".

D'Anc. LXXI, 29. Sie sind nämlich wahrscheinlich aus den sehr
häufigen Formen mit paragogischem *e*: *ree*, *mee*, *tee*, hervorgegangen,
vermöge der dem Toscanischen eigenen Neigung zum tonlosen *i*
im Auslaute.

Unerklärlich ist mir dagegen das *erraita*, Guittone, Lett.
p. 2, nach Bottari für *errata*; *aituti* (von *attutare* „auslöschen“),
derselbe. Son. 140[1]); ferner das vielbesprochene *maitino*, das be-
sonders in den Idiomen Frankreichs und Norditaliens verbreitet[2]),
doch auch dem Süden nicht ganz fremd ist, wie das von D'Ovidio,
Arch. Glott. IV, 182, angeführte *maitenata* des Dialektes von Campo-
basso bezeugt. Endlich ist auch *aigua* für *acqua* nach den Laut-
gesetzen Süd- und Mittelitaliens nicht verständlich; dagegen besitzt
es wieder das Provenzalische und Norditalienische, und in den
lombardischen Colonieen Siciliens spricht man noch heut' *aigua*[3]).
Soll man annehmen, dass es von hier in die südliche Dichtersprache
eingewandert sei, da ja freilich diese seit dem 11. Jahrhundert
entstandenen Colonieen im 13. viel bedeutender waren als heut'?
Sonst müsste man das Wort, welches sogar in dem von Dante
citirten Verse des Guido delle Colonne steht, für einen Provenza-
lismus halten, wie D'Ovidio thut, Arch. Glott. II. 99, n.

Bei den meisten dieser Formen indessen ist es, wie wir sahen,
nicht nöthig, sie aus den entsprechenden provenzalischen herzu-
leiten, wie man, durch die Aehnlichkeit bewogen, öfters gethan
hat; auch sind sie nicht dem Süden speziell eigenthümlich; es sind
eben archaische Bildungen, grossentheils diejenigen, aus welchen
die moderneren Formen der betreffenden Worte erst entsprungen
sind, daher meist gemeinitalienisch und nicht bloss in der alten
Dichtersprache, sondern auch in anderen Denkmalen zu finden[4]).

---

[1]) in einem Denkmal Norditaliens findet sich *puitane* für *puttane*,
Riv. di Fil. Rom. II. 45, das auch Mussafia unerklärlich war.

[2]) s. Diez. Et. W. I, 261; Mussafia, Glossar zu den *Monumenti Antichi
di Dial. Ital.* und *Beitrag:* Arch. Glott. I. 432.

[3]) in Nicosia: s. Vigo, *Canti popol.* 2. ed. 1870. p. 52.

[4]) Es ist bemerkenswerth, dass in der vatic. Hs. 3793, soweit sie von
D'Ancona publizirt ist, ausser dem *mei* im Reime, und mehrfach *maitino*,
maitina, keine von diesen diphthongischen Formen vorkommt, auch statt

Auf die südlichen Dialekte hingegen weisen wiederum verschiedene bei den ältesten Dichtern sehr gewöhnliche Verbalformen: *ajo* und *aggio* statt der toscanischen *ho* oder *abbo*, und Conj. *aja*, *aggia* (s. Caix, Form. 296); sicil. *haju*, im Dialekte von Noto: *agghiu*, neapol. *aggio*, altrömisch *hajo*. In den ältesten toscanischen Prosaschriften findet sich ein *ajo* oder *aggio* niemals, ebensowenig *saccio* (*sapio*) oder *deggio* (*debeo*), Formen, die gleichfalls dem Sicilianischen, Neapolitanischen, Altrömischen gemeinsam sind. Mit *ajo*, *aggio* sind gebildet die alten Futura wie *sarajo*, *faraggio*, etc., sicil. *sarrò* oder *sarroggiu*, aber neapol. *sarraggio*, altröm. *sarajo*, Hist. Rom. 407, *farajo*, 807, und oft. Diese alterthümlichen Futura, sehr häufig in der sicilianischen Dichterschule, finden sich bei Dante und seinen Nachfolgern nicht mehr; Boccaccio wendete sie noch in den lyrischen Gedichten an; er schrieb eben in Neapel; *aggio* selbst erhielt sich lange, und *deggio* gebraucht die Dichtersprache bis heut', während *saccio* frühe verschwand; auch dieses verwendete noch Boccaccio.

Die 3. Person sing. Perf. auf *ao*, *eo*, *io*. Sicilianisch heut' *amau*, *temiu*, *sentiu*, Fra Simone: *amao*, etc. Hist. Rom. *comenzao*, 251, *durao*, 253, *poteo*, 267, *morio*, 255, u. s. w. Neapol. heut' *amaje*, *temie*, *sentie*, aber in älteren Denkmalen des Dialektes wie in der Chronik des sogenannten Giovanni Villani: *ordenao* (cap. XVII), *perdio* (cap. XVIII). Auffallend ist es, dass die Formen auf *ao* ein verschiedenes Schicksal von denen auf *eo* und *io* gehabt haben. Jene finden sich allein bei Dichtern vor Dante, wogegen die 3. Person Perf. auf *eo* und *io* auch Dante selbst, Petrarca und Boccaccio beibehielten, und nach ihrem Beispiele die poetische

---

aigua stets *agua*. Dieses mag daher rühren, dass in Florenz früher als anderswo jene archaischen Formen erloschen. Anders ist es in einigen von Grion, Serventese, p. 44 ff., veröffentlichten Gedichten, die in derselben Hs. von einem anders redenden Schreiber stehen. Dort liest man nicht bloss *strainero*, sondern auch *raigione*, *caigione*, und auch in der palat. Hs.: *aigua*, *faite*, *mainera*, *bailia* (nach den Drucken bei Palermo, II, 98 ff.). Das Meiste dieser Art scheint aber die von Pisanerhand angefertigte Redianische Hs. zu enthalten.

Sprache bis auf den heutigen Tag: die auf *co* gingen dabei oft in *io* über: *rendeo* ward *rendio*, wie *area* zu *aria* wurde.

Seltener als die 3. Person ist die erste Pers. sing. Perf. auf *ao*, *eo*, *io*: *toceao* für *toccai*, D'Anc. LX, 10, nach der Hs. B, 241 (*Propugnatore*, X. 2ª) gelesen, welche hier allein einen Sinn giebt:

> L' aulente bocca e le menne
> De lo petto le toccao,
> Fra le mie braccia la tenne,
> Basciando mi domandao.

perdeo für *perdei*, D'Anc. LXVIII, 37:

> Eo, che perdeo, vi chero.

Guido Cavalcanti in der ballata: *In un boschetto*, sagte *udio* für *udii*, *sentio* für *sentii*. Andere Beispiele aus dem *Dittamondo*, Guittone's Briefen, Francesco da Barberino und den *Cento Novelle*, bei Nannucci, *Verbi*, 162. f. Zu Grunde scheinen zu liegen die sicilianischen Perfecta *partaju*, *ripitija*, *finiju*, Pitrè, *Fiabe*, I. p. CCXVII, die freilich dem Palermitanischen heut' fremd sein sollen.

Die gewöhnliche sicilianische Perfektbildung zeigt sich in den Formen wie *andiri*, D'Anc. I, 27, VIII, 32, oder *partiri*, LXIX, 2, und es sind durchaus keine blossen Latinismen, wie Bartoli glaubte[1]). Liest man *audiri* bei Dante, Inf. 26, 78, so ist es da allerdings für einen Latinismus anzusehen.

Die Participia auf *ato* von Verben auf *ire* sind noch heut' sicil. und neapol., auch Hist. Rom. *partata*, 263, *fallata*, ib., *feruti*, 267, *bestuto* (*vestito*), 291, u. s. w. Sie blieben bei Dante und Petrarca, und so verschmäht sie auch die heutige Dichtersprache nicht ganz.

Auch den Imperfekten auf *io* statt *ea* der Verba auf *ere*, wie *aria*, *tenia*, die im Reime von der ältesten bis auf die neueste Zeit angewendet wurden, hat man bisweilen sicilianischen Ursprung zugeschrieben, aber, wie es scheint, nicht mit Recht. Es liegt hier nicht der gewöhnliche Uebergang von *ē* in *i* vor; denn auch Dialekte, die *ē* nicht in *i* verwandeln, besitzen diese Formen, und

---

[1]) *I primi due Secoli*, p. 146, n. 2.

im Sicilianischen selbst steht *avia* neben *avea* (nicht *aria*).
Der Uebergang des kurzen *ĕ* in *i* vor *a. o, e* ist dem Toscanischen
gerade besonders eigen, wie *Dio, mio, mia, mie; cria* (*crea*) bei
den Alten, auch Petrarca; das lange *ē* kann sich aber in solcher
Stellung unmöglich besser behauptet haben[1]), und, wenn die Sprache
avea, tenea beibehielt, so geschah es, um die Conjugationen nicht
zu vermischen; vor Alters jedoch werden die anderen Formen mit
i, wenn auch als weniger gebräuchliche, daneben bestanden haben:
der Zwang des Reimes brachte sie dann zum Vorschein. Aber
ganz fehlen sie in alten toscanischen Prosaschriften nicht: Ristoro
d'Arezzo hat *facieno, recerianо*. Nan. Man. II. 202. *conosciano*, ib.,
diciano, 203. Die Lett. Sen. *docieno*, p. 29, 45, *solicno*, p. 41.
Hist. Pis. *tenia*, 658. *combattieno*, 659, *roliano*, 666. Ebenso wie
aus *avea – avia*, entstand dann auch *dia* aus *dea* (*debeat*), wel-
ches sehr häufig bei Guittone, auch ausserhalb des Reimes, und
ebenso in Prosa, in den *Conti di Antichi Cavalieri*, die in alt-
aretinischer Mundart abgefasst sind[2]).

---

[1]) s. hierüber Canello. Zeitschrift für roman. Phil. I. 512.

[2]) Dieses *dia* oder *dea* Guittone's und Anderer scheint meistentheils
richtiger übersetzt als erklärt worden zu sein. Es steht in Indicativbedeu-
tung, z. B. Guittone. Canz. XXII, 1:

> Oh che crudele ed amarore amaro
> Nella perdita tua gustar *dea* core.

wo man jetzt sagt: *gustar dere*; oder die *Conti di Ant. Cav.* p. 4: *Sono
queste le gioje, che d'amore d i a n o venire?* Ristoro d'Arezzo. Nan. Man.
II, 204: *Lo cielo .... se dea morare snarissimamente.* — Nannucci wandte
darauf (Man. I, 178, n. 10; II, 204, n. 8; Verbi, 595) sein bekanntes Universal-
mittel an; aus *derere* ward *deere*, daraus *deare* und *diare*, u. s. w. Er hatte
aber dabei nicht bemerkt, dass Guittone *dia* auch als erste Person gebraucht.
Canz. XXVI, 4:

> Amor, più ch' altr' uom *dia*
> Te piacer per ragione.

d. h. „ich muss dir mehr gefallen“. und Son. 155:

> Chè servir me nè te for lui non *dia*,
> Ma vietar deggio.

„*non deco serrire me nè te senza lui*“. Beiläufig hat es so auch ein franco-
italienischer Text, der von Rajna publizirt in *Giornale di Fil. Rom.* I.
p. 36, v. 130:

Demnach wird es auch zweifelhaft, ob die Conditionale in *ia*, wie *avria*, *saria*, wirklich aus Unteritalien gekommen sein müssen, wie Caix annimmt; denn, da das alte Aretinische *amarea*, *sarea*, u. s. w. hatte, so war von hier der Schritt zu *amaria* derselbe wie der von *avea* zu *avia*, und nicht untoscanisch. Von ganz reinen Denkmalen dieser Mundart ist nur noch gar zu wenig bekannt gemacht, um entscheiden zu können, nämlich nur das kleine Stück des Ristoro bei Nannucci. Die *Conti di Antichi*

Cil que serf, fe que vos *dia*,
A l'altrui sen sempre se guia.

wo das *fe que vos dia* = „meiner Treu" der altfranz. Betheuerungsformel: *foi que vos doi*, entspricht. Ferner brauchte Francesco da Barberino *dia* als 2. Person, wie Ubaldini richtig anmerkte. (Nannucci citirt die erste Stelle Guittone's und die Francesco's, aber ohne sie zu verstehen, da er sie unter *dia* 3. Pers. setzt.) In Wirklichkeit ist *dia* oder *dea* gleich *debba*, der regelrechte Conjunktiv zu *deo* = *dero*. Wenn aber hier der Conjunktiv anscheinend statt des Indicativ verwendet ist, so beruht dieses auf dem allgemeinen Gebrauche der Alten und nicht bloss der Italiener, die auch *dobbiate*, *deggiate* sagten, wo wir *dovete*, z. B. D'Anc. XXIV, 78, XXV, 18, XXXIV, 22, und bei anderen unendlich oft: d. h. sie gebrauchten von dem Verbum des Müssens den Conjunktiv gleichsam mildernd für die schroffe Behauptung der Nothwendigkeit. So hat Guittone selbst statt des *dea* auch *deggia*, Canz. XXIII, 4, und *degie* im Sinne von *deri* steht D'Anc. LVI, 32, *degia* ib. LVIII, 3 und Val. I, 535, wozu freilich Nannucci, *Verbi*, 588, auch wieder seinen Infinitiv *degiare* in Bereitschaft hat (und ein prov. *deiar!*). Die Aussprache *dea* und *dia* könnte speziell aretinisch gewesen sein: denn es muss auffallen, dass es gerade bei Guittone in den Gedichten und Briefen so unendlich häufig ist, und dass alle anderen Beispiele, welche man dafür kennt, ausser dem einen Francesco da Barberino, der ja überhaupt sich die *mescidanze* gestattete, nur aus aretinischen Denkmalen herrühren, nämlich Ristoro, den *Conti di Ant. Cav.* und einem Gedichte des Giovanni dall' Orto aus Arezzo, d. h. nach dem Citate bei Ubaldini, welches auch Nannucci, *Verbi*, 595, von ihm herübernahm, während in seinem eigenen *Manuale*, I, 226, und bei Val. II, 98, das *dea* der Stelle in *dee* umgewandelt ist. Verbreiteter dagegen sind die Formen *die*, plur. *dieno*, welche eben dieselben Conjunktive sind, *die* und *dieno* aus *dia* und *diano*, wie *sie* und *sieno* aus *sia* und *sieno*. Beispiele für diese bei Ubaldini und bei Nannucci, *Verbi*, 592 f. Besonders häufig liest man *die*, *dieno* im Sinne von *deve*, *devono*, in den *Lettere Senesi* p. 11, 30, 38, 45, u. s. w.

Cavalieri haben viele solche Conditionale in *ia;* aber in ihnen ist der Dialekt nicht unvermischt.

Als echt sicilianische Form kann man noch das *staresse* (sicil. *starissi*), D'Anc. VIII, 29, anführen.

Bekanntlich giebt es bei den alten Dichtern noch ein anderes Conditional, das gebildet aus dem lat. Plusquamperfectum indic. sich noch zuletzt in Dante's *soddisfara* zeigt. Aber bei den Dichtern der höfischen Schule sind diese Formen doch nicht allzu häufig[1]. Diez vermuthete deshalb darin eine provenzalische Entlehnung (Gr. II, 147). Dass dieses nicht der Fall ist, haben die seitdem aufgefundenen zahlreichen Beispiele in volksthümlichen Denkmalen bewiesen, unter denen auch die von Diez noch vermissten Bildungen aus starken Perfekten. Ist aber dieses Conditional nicht aus dem Provenzalischen entlehnt, so wird

---

[1] Zu denen, welche Nannucci an verschiedenen Stellen, besonders *Verbi*, 323 ff., anführt, lassen sich noch folgende hinzufügen: *sembrara*, Val. I, 298: *pentero*, ib. 411 (Bacciarone Pisano: *partira*, ib. II, 43 (Monte Andrea): *finera*, D'Anc. XXIX, 39 (Rinaldo d'Aquino): *conrenera*, Guittone, Son. 114; *pora* (: *fora*) ders. Canz. XXXVIII, 4; Rustico di Filippo, Trucchi, I, 239:

> Che se grande bisogno nol richiede.
> De la sua casa non si *partir'* anche.

für: *non si partirebbe neanche*. Bei Val. I, 59 (Pier delle Vigne) ist zu lesen:

> Per lei potere ancidere eo *morera*.

statt *morria*, um den Reim mit *piacentera* zu haben, und so in dem Gedichte des Maestro Simone Rinieri von Florenz, Manzoni, V:

> De! or mi foste amara.
> K' eo mi *rantora* — di cotal guerrero.

statt *ranteria*. In der sicilianischen Canzone Stefano's bei Barbieri, str. 4, steht die erste Pers. plur. *sintiramu*, was aber vielleicht aus *sintiriamu* entstellt ist. Dante da Majano sagte in dem Sonett: *La fior d'amor* (Val. II, 465):

> S' eo troveria — di mia disia — pietate,
> Più in dignitate — alzate — me tenire.
> Che s' io avir(e) — dovire — lo 'mperiato.

wo *tenire* und *dovire* für *tenira, dovira — tenera, dovera*, modifizirt dem schwierigen Reime in jener Spielerei zu Liebe, wie *alzate* für *alzato* steht.

es nun dagegen sehr wahrscheinlich, dass es aus den Mundarten des süditalienischen Festlandes stamme. Diesen wenigstens gehören sämmtliche aus volksthümlichen Texten bekannte Beispiele an: sehr oft erscheint es in der *Rosa fresca*, von der Caix darthat, dass sie apulisch: der *Ritmo Cassinese* hat *boltiera*, d. i. *bolzera* = *colsera*, starkes Conditional von *volere*, und Navone citirt dazu ein *volzera, dolzera, pregara* aus alten Gedichten in abruzzesischem Dialekte. Dante, vulg. el. I. 12, führt als apulisch den Vers an:

Volzera che chiangesse lo quatraro.

Die Beispiele, welche Foth (Die Verschiebung der lat. Tempora, etc. in Böhmers Rom. Studien, II. 279, u.) gesammelt hat, sind aus den alten aquilanischen Reimchroniken bei Muratori, Antiquit. VI. Reich sind ferner daran die Fragmenta Historiae Romanae, und endlich hat Caix (*Riv. di Fil. Rom.* II, 180) diese Formen als noch lebend in Volksliedern aus Calabrien und Basilicata nachgewiesen. Aus dem Sicilianischen ist, wie gleichfalls Caix bemerkte, derartiges bis jetzt nicht bekannt; denn wenn auch die sicilianische Canzone bei Barbieri *sintirama* hat, so gehört das nicht hierher, da ja die höfische Dichtung allgemein eine Verbreitung der mundartlichen Formen über ihre ursprüngliche Zone hinaus zeigt.

Von diesem ihrem Ursprunge kommt es denn, dass die Conditionale der Art bei den Kunstdichtern in der Form etwas von den provenzalischen abweichen; die der Verba auf *are* bilden meist *ara*, nicht *era*, wie die gewöhnliche prov. Form ist: die der Verba auf *ire* haben neben *ira* auch *era*: *finera, conrenera, morera*, und so *perera, guerera*, D'Anc. LVII. 60 ff., gerade wie *concenera*, Hist. Rom. citirt bei Nannucci, *Verbi*, 325, und noch heut' *servera*, Canti Popol. Meridionali, I. 84. Einige wenige Beispiele machen indessen eine Ausnahme von dem Gesagten und können nur Umformungen nach provenzalischem Muster sein. Diez selbst hat *disperera* statt *disperara* angemerkt (D'Anc. LVII. 63). Ferner steht *innamorera* im Sonette Maglio's, bei Grion, Pozzo, 45; *portera*, Val. II. 99. Endlich Val. I. 69 (Guido Guinicelli) muss *finéro* von *finare* kommen, wie die dort folgende Zeile beweist.

Die alten Präsensformen *eeo, ereo, rao* für *redo, credo, rado*, widersprechen den toscanischen Lautgesetzen, da nach diesen *d* zwischen Vocalen nicht ausfällt. Sie finden ihre Erklärung in den südlichen Dialekten: sicil. *riju* aus *cido*, **ridjo* (tosc. *reggio*), wonach *crija*, gleichsam **credeo*, das tosc. **creggio* gegeben hätte, und *raja*, gleichsam **cadeo*. Hist. Rom. *crio*, 253, *proved* (*proceda*), 413, *raja* (*cada*), 413. Neapol. noch heut' *reo* neben *rego*, *ereo*; *erea* neben *erego*, *creggio*; *rao* neben *cado*, *caco*. In der Sammlung D'Ancona's findet sich sowohl *crio*, *ercio*, als *reo*, *erco* oder *cio*, *crio* (*crco* zu *crio*, wie *area* zu *acia*) geschrieben; ein Beispiel für *rajo* ist D'Anc. LI, 13, und ib. XLVIII, 21, ist aus *rado*: *falseragio* – *rajo*: *falscrajo* herzustellen; *cao*, ib. XXII, 12 [1]). Die analogen prov. Formen *crei*, *crei*, *cau* mochten auch hier wieder die Aufnahme der südlichen Aussprache bei den Toscanern befördern. Ein *crei* hat noch Dante, und auch der altmodische Frezzi, s. Nannucci, *Verbi*, 739. Petrarca gebrauchte *cre'* für *credo*, und dieses soll noch heut' auf dem Lande lebendig sein: Nannucci ib. 541. Aber das gehört einer andern Klasse von Erscheinungen an: *cre'* verhält sich zu *credo*, *credi*, *crede*, wie *piè* zu *piede*, *ri'* zu *ridi*, *diè* zu *diede*, *tè* zu *tieni*, *bontà* zu *bontade*, u. s. w. Das Toscanische kennt den Ausfall des *d* zwischen Vocalen nicht, wohl aber ist ihm die Apocope von Silben gewöhnlich.

Zu *reo*, *erco* gesellt sich noch ein *checo* für *cheggio*, *chiedo*, welches sehr häufig bei Guittone, sonst aber selten ist; es findet sich noch bei Monte Andrea, Val. II, 35, und Nannucci (*Verbi*, 786) belegt es aus Meo Abbracciavacca und Iacopone (*checo*). Die südlichen Dialekte scheinen es nicht zu kennen, und so könnte es durch spätere Anbildung an *reo*, *erco* entstanden sein. Von diesem jetzt verschwundenen *checo* stammt das alte *cuendo*, welches die Wörterbücher als Gerundium ohne Infinitiv verzeichnen. Aus *checndo* (gleichsam *cheggendo*, wie *reggendo*) entstand *cuendo* durch

<hr>

[1]) Das charakteristisch Mundartliche dieser Formen ist das neapol. sicil. *j*, wo tosc. *g*; weiter fiel das *j* zwischen Vocalen aus. Dieses südliche *j* statt *g* hat man auch anderswo, wie in den Reimen: *preio* *pregia* : *peio* *peggio*, D'Anc. VIII, 45, sicil. *preja* : *peja*, und dasselbe LXXVIII, 20. Ob es noch der nämliche Einfluss, der Dante *raja* für *raggia*, *ploja* für *pioggia*, u. s. w. sagen liess?

die gewöhnliche Begünstigung des *a* in erster tonloser Silbe. Die Bedeutung passt sehr wohl; denn die Alten verwendeten *chcrcre*, *chiedere* noch oft im Sinne von „suchen" (*quaerere*).

Das lateinische Verbalsuffix *icare* ward toscanisch *eggiare*. Findet man also häufig solche Formen wie *parciare*, D'Anc. LXX, 20; *folleare* (*folleggiare*), LXXX, 20; *seguorcare*, LXXXI, 14; *guerriare* (*guerreggiare*), LXXXVII, 39; *danncare*, LXXXVIII, 20; *amariare*, Guittone, Son. 159; *caglco* (*cagleggio*), ders. Son. 96; *cortca* und *innamorca*, Chiaro Davanzati, Trucchi, I, 156, u. dgl. m., so muss man sie auf die südliche Gestaltung desselben Suffixes zurückführen: sicil. *iari* : *passiari* (*passeggiare*), *russiari* (*rosseggiare*); neapol. *cjare*, *care* und *iare* : *spessejare*, *guerreare*, *tasliare*, und so Hist. Rom. *signorciare*, 305, *molteare* (*motteggiare*), 291, *signoriare*, 289. Hierher gehört auch *goliare* oder *golcare* „begehren", entsprechend einem toscanischen, aber veralteten *goleggiare*. Neapol. noch heut' *golio* im Sinne von „Verlangen", das sicil. *goliari* hat, nach Mortillaro, andere Bedeutung. Auch hier konnte das prov. Suffix *ciar* : *parciar*, u. s. w., zur Verbreitung jener Formen mitwirken.

Endlich ist eine Anzahl einzelner Worte zu erwähnen, die bei den alten Dichtern sich finden, und die in den südlichen Dialekten noch heut' vorhanden sind, während das Toscanische sie nicht mehr kennt:

abento und *abentare* in der Bedeutung „Ruhe" und „ruhen", sehr häufig bei den Dichtern, Sicilianern wie Toscanern, vor Dante; auch Cecco Angiolieri gebraucht es noch (Allacci, 216); sicil. *abbenta* und *abbintari*, neapol. *abbentare*. Ist Diez' Identifizirung mit tosc. *aventare* (Et. W. II, 7) richtig, so zeigt schon der Lautbestand (*v* zu *b*), dass das Wort aus dem Süden gekommen.

corina statt *cuore*, an zwei Stellen:

Notaro Giacomo, D'Anc. XVIII, 8:

> Quando m'apar davanti,
> Li suo dolzi sembianti
> M'incendon la corina.

Odo delle Colonne, XXVI. 49:

> Va, canzonetta fina,
> Al buono aventuroso,
> Ferilo ala corina,
> Se 'l truovi disdegnoso.

curina ist vielleicht auch D'Anc. LXVI, 83 statt *susina* zu setzen. Sicil. *curina* heut', nach Mortillaro, nur noch in beschränkter Bedeutung, nämlich für den inneren Theil des Kohles und anderer Gewächse; ferner sagt man *„la curina di lu 'ncernu"* wie *„lu cori di lu 'ncernu"*.

menna für *mammella*, sicil. *minna*, neapol. *menna*.

D'Anc. LX, 9 (verbessert nach B. 241):

> L'aulente bocca e le menne
> De lo petto le toccau.

attassare „peinigen".

Ruggerone da Palermo, D'Anc. XLIX, 29:

> Lo reo pensero sì forte m'attassa.
> Che rider nè giucare non mi lassa.

und intransitiv, D'Anc. XXXVI, 61:

> Ello penando attassa ed è sofrente   (d. i. *lo core*)
> Del mal d'amor gravoso,
> Pieno di disianza.

neapol. *attassare* „gerinnen machen, gefrieren machen" (D'Ambra). aber sicil. *attassari* auch in dem Sinne von „betrüben, peinigen". Die Grundbedeutung ist offenbar die bei Mortillaro unter 3) *„infonder nell' acqua un veleno vegetabile da noi chiamato Tassu (taxus), onde facilitar la pesca per un certo torpore, che produce ne' pesci"*, daher dann allgemein *avvelenire*, ferner *intirizzire*, *gelare* und endlich *attristare*. Das Sicilianische hat auch die intransitive Bedeutung *„agghiadare, affliggersi"*, wie in der zweiten der obigen Stellen. Das italienische Wörterbuch kennt das Wort nur aus jenen zwei Beispielen.

liare statt *legare*, neapol. *liare*, sicil. *liari* (neben *ligari*).

D'Anc. XCVI, 15:

> Amor mi stringe, che m' à in sua ballia,
> Ond' io forte mi doglio

E 'u abrianza meve stesso lasso,

E di si grevi pene il cor mi lia.   (Hs. *millia*)

Che tutto quanto scioglio.   Hs. *scoglio*[1]).

Dieses Wort stand wahrscheinlich auch in einer unverständlichen Stelle D'Anc. LI. 38:

E lo corpo à 'n ballia

E tienimi in milia — forte incatenato.

Besserte man etwa:

Forte mi lia — e tienmi incatenato,

so käme dadurch auch der Binnenreim an die ihm im Gedichte gebührende Stelle. Allerdings ist die Aenderung stark.

Hierzu das Substantiv *liama* für *legame*, das zweimal bei Dante da Majano, Val. II. 472:

Ben aggia Amore e sua dolce liama.

ib. 477:

E più mi stringe Amore e sua liama.

sicil. *lijama* verzeichnet Pitrè im Glossar zu den *Fiabe* (Mortillaro nur *ligama*).

assommare für *innalzare*.

D'Anc. XX. 29:

Ancora sì asomata

La natura v' avesse[2]),

Ben ti dei rimembrare.

Ca di mal fare — è troppo gran peccato.

d. h. obschon euch die Natur so erhöht haben mag, so sollt ihr doch bedenken, u. s. w. neapol. *assommare*, sicil. *assommari*, in beiden Mundarten transitiv und intransitiv: *innalzare, fare venire a galla* und *salire*. Corazzini, der diese Canzone übersetzte,

---

[1] vgl. *E scioglia come nere*, XLIX. 25.

In demselben Gedicht XCVI. 11:

Però vi priego, ch' io non sia diriso.

Sed io od altro c' ami

Forzasse in alcun lato . . . .

ist wohl *Forzasse* zu lesen.

[2] *avesse*, conj. imperf. an Stelle des conj. praes. ist gleichfalls sicilianischer Idiotismus: s. Pitrè, *Fiabe*, I, p. CCXXV.

übersah, dass das Wort sicilianisch, was doch seiner Theorie nützlich sein konnte, und suchte sich statt dessen (aus dem Glossar von Bartschs Chrestomathie, wie gewöhnlich) ein prov. *asomar* in der schlecht beglaubigten Bedeutung von *distruggere*. Wie er dann die von ihm selbst übersetzte Stelle verstehen will, hat er verschwiegen.

singa für *segno*.

D'Anc. II, 43:

> Sacciatelo per singa
> Zò ch' i' vo dire a linga[1]),
> Quando voi mi vedete.

Die 2. Zeile ist nach Bartoli's Varianten verbessert; vielleicht stand aber: *Zò ch' i' vo dire a linga*, was ein häufiger Gemeinplatz wäre: Erkennt an Zeichen, was ich in euerer Gegenwart nicht zu sagen wage. *singa* aus *segna* wäre allenfalls toscanisch erklärbar, das *i* ein Latinismus, *nga* aus *nja* wie *giunga*, *renga* und Dante's *punga*. Aber das Sicilianische bietet das Wort unmittelbar: „*singa* = *orma*, *vestigio*, *segno*", Mortillaro, wozu das Verbum *singari*, ferner *uzinga* = *insegna*, *segno*. In dem Gedichte des Iacopo Mostacci, D'Anc. XLIII, 26 ff. reimt: *losinga* : *stringa* : *segna* : *degna*, was also auf *singa* : *dinga* zu führen scheint (cf. *dingi* = *degni* im Ritmo Cassinese, v. 36).

la dia für *di*, *giorno*. Grion hielt es für einen Lombardismus, Corazzini für einen Provenzalismus; aber die alten italienischen Dichter gebrauchen *dia* stets als Femininum, während es prov. und lombardisch Masculinum ist. Dagegen haben die Fragm. Hist. Rom. oft *la die* neben *lo die* (p. 399, 400, 411 u. s. w.); in einem Volksliede von Lecce, Canti Meridionali, II, 18, heisst es:

> Ca a iddhu pensu la notte e la dia.

auch sicil. *la dia* verzeichnet Salomone-Marino in dem kleinen Glossar, *Propugnatore*, X, 2°, 50, b. Es dürfte also eher aus dem Süden stammen.

---

[1] In Bezug auf *linga* vgl. die Reime: *aringa* : *lingua*, Brunetto, *Tesor* I. und *raminga* : *lingua* in einem Gedichte des Ciolo della Barba, bei Grion. Pozzo. p. 38. prov. *lenga*.

intando, als Zeitadverb im Sinne von *allora*.

D'Anc. LXII, 46:

> Ch' io partia   *l. Quand' io partia?*
> Da voi, intando
> Diciavatemi sospirando.

LXXII, 66:

> Di me rimembra poco,   *l. ti membra?*
> De le 'mpromesse che mi facei intando;
> Non me n' allegro poco,
> Si scassai de lo foco.   *(l. S' i' scansai [1]).*

Val. 1, 502:

> Adonqua dico intando . . .

Doch ist diese Stelle dunkel, und so eine andere, an der das einfache *tando* steht. D'Anc. LXX, 55.

D'Anc. LI, 19:

> Sospiro e sto 'n rancura,
> Ch' io son sì disioso
> E pauroso — mi fate penare,
> Ma tanto m' assicura
> Lo suo viso amoroso.

scheint man *Ma tando mi assicura* lesen zu müssen: „aber da beruhigt mich ihr lieblreiches Antlitz". Das Neapolitanische und Sicilianische haben *tanno, tanna* als Correlative zu *quanno, quannu* gebildet. Das *intandu* steht neben *tanda* sehr oft in den alten sicilianischen Chroniken, welche Di Giovanni herausgab [2].

Südliche Form zeigt auch das *ca* für *che*, Conjunktion, Vergleichungspartikel und Relativpronomen, welches die alten Dichter so oft verwenden; es ist allen Idiomen Unteritaliens in alter und neuer Zeit gewöhnlich.

---

[1] ib. v. 61, ist umzustellen:
> A gran vergogna lo tuo core ài dato.

[2] Vitt. Imbriani, *Dodici Conti Pomiglianesi*, Napoli, 1876. p. 38, schlägt mit Recht vor, dieses *tanno* auch in der *Rosa fresca* zu lesen, wo jetzt str. XXIV steht:
> Ahi tanto innamorastiti, Juda lo traito.

Zu den erwähnten *rio*, *crio* (für *cedo*, *credo*) bildet den typischen Reim *desio*, ein Wort, mit dessen Etymologie man sich neuerdings wieder mehrfach beschäftigt hat [1]). Diez leitete *desio* von *dissidium* her, worauf die portugiesische Form *desejo*, sowie prov. *desieg* hinweisen. Aber das ital. *desio* stimmt nach toscanischen Lautgesetzen nicht dazu; denn wie *vidjo (*video*) — *ceggio*, musste *dissidium* — *disseggio* ergeben. Dagegen neapol. und sicil. umgekehrt, da *cidjo zu *viju*, *rio* ward, musste *dissidium* in *dissiju*, *dissio* oder auch *disio* übergehen. In der That liest man in Fra Simone's Conquesta, p. 15: *Ruberto prisa la gitati cu grandi letitia, fu complito lo so dissija cu grandi gloria.* Daneben kommt bei ihm schon das Verbum *disiari* vor (p. 25), und heut' heist es sicil. nur noch *disiu*, neapol. *addesio*, regelrecht nach der Phonetik dieser Mundarten. *desio*, welches im Italienischen ein spezifisch poetisches Wort ist, wird also aus dem Süden in die Dichtersprache gekommen und in derselben verblieben sein, wie Caix dasselbe von *gire*, *ancidere* und anderen nachgewiesen hat.

ricentare im Sinne von *sciacquare*.

D'Anc. LXXI, 65:

> Per gran fidanza c' agio mi spavento,
> E ciò, che mi dispiace, m' è a talento,
> La neve mi riscalda, e 'l fuoco mi ricenta.

Der 3. Vers ist falsch, und der Reim mangelhaft; vielleicht ist zu bessern:

> Neve mi scalda, al fuoco mi ricento.

vielleicht aber auch in radicalerer Weise:

> La gran fidanza c' agio mi spaventa,
> E ciò, che mi dispiace, m' attalenta,
> Neve mi scalda, e 'l fuoco mi ricenta.

Wie sehr dieses Wort in Toscana unbekannt sein muss, zeigt der Umstand, dass D'Ancona nicht zauderte, es ganz aus dem Texte

---

[1]) Mussafia. *Romania*, 1, 499; Storm. *Rivista Europea*, Anno VI, vol. 1. 182; Caix. ib. 595; der letztere meinte, aus *desirare* sei *desiare* durch Dissimilation entstanden, und daraus das Subst. *desio*.

zu streichen und dafür ein weder für den Sinn noch in den Reim
passendes *inviole* zu setzen, als einzige „*parola acconcia al caso*",
die er fand. Dagegen sind sicil. *riciutari* und *arricintari*, neapol.
arrecentare in dieser Bedeutung wohlbekannte, von den Wörter-
büchern verzeichnete Verba, aus lat. **recentare*. In oberitalieni-
schen Dialekten findet es sich wieder, und so prov. *recensar* von
*recentiare, worüber Flechia, Arch. Glott. II. 32 f., der auch frz.
rincer für dasselbe Wort erklärt. Flechia meint, das Sicilianische
und Neapolitanische könnten dieses Verbum durch französischen
oder oberitalienischen Einfluss erhalten haben, und setzt hinzu
(p. 35. n.): „*L'elemento francese abonda in questi due dialetti
più che altri non crede, e principalmente nel primo, come avremo
occasione di dimostrare con apposito lavoro*." In der That zeigen
diese südlichen Dialekte mit den Idiomen Frankreichs hin und
wieder, nicht bloss im Wortschatz, sondern auch in manchen pho-
netischen Erscheinungen eine solche Verwandtschaft, dass man an
einen näheren Zusammenhang mit denselben denken muss, wie ihn
ja auch die Geschichte jener Gegenden verständlich macht. Auch
einige der hier zu besprechenden Worte zeigen diese Gemein-
samkeit, so schon die beiden zuletzt genannten, *desio* und *ricen-
tare*, und so die folgenden:

sagnare „bluten machen".

D'Anc. VIII, 25:
> E l'adorneze, le qual v' accompagna,
> Lo cor mi lancia e s a g n a.

Nan. Man. I. 69, verbessert nach B, 238:
> Or si può dir da manti:
> Che è ciò, che non si muore,
> Poich' è s a g n a t o al core?
> Risponde, chi lo s a g n a
> E 'n quel momento i-s t a g n a . . . .

Monte Andrea, bei Cherrier, p. 527, Son. 1:
> Che suo morder neiente già non s a g n a.

und gleichfalls Schiatta in der Antwort *sulle parole*, ebendort
Son. II. Sicil. *sagnari = salassare, cavar sangue*; frz. *saigner*.

intamato „verletzt".

D'Anc. LXXIII, 4:

> Ed è stato uno dardo
> Pungente e forte aguto,
> Che mi passao lo core e m' à 'ntamato.

Das frz. *entamer*; sicil. *ntamari* heut' im Sinne von *sbalordire, restare stupido* intransitiv, nach Mortillaro; *ntamatu* für *balordo, spensierato*. Näher der alten Bedeutung ist das neapol. *ntamare* für *magagnare*. Das italienische Wörterbuch hat nur ein Beispiel des französirenden G. Villani für das Wort *intamato* (oder *intaminato*, aus prov. *entamenar*).

in trasatto.

Mazzeo Ricco, Val, I. 322:

> Dunque ben è ragione,
> Che 'l nostro amore si parta in trasatto.
> (D'Anc. LXXVIII, 52 statt dessen: *si parta affatto.*)

Guittone, Son. 204:

> Che sordo son, quando li sono al viso,
> E muto a lei parlare, e già non batto
> Lingua nè polso [1]), sì sono conquiso;
> Ed orbo, quando la veo, so 'n trasatto, (Val. *son tras.*)
> Che non credo, che me veggia nel viso.

in trasatto bedeutet „unverzüglich", und Diez (Et. W. II, 287 f.) hat es schon identifizirt mit altfz. *entresait*, prov. *atrasait, atrasag*, alle auf *transactum* zurückführend. In Unteritalien existirt der Ausdruck noch sicil. *a la strasatta*, neapol. *a la ntrasatta*,

---

[1]) Statt *non batto lingua nè polso* ist vielleicht zu setzen *rena nè polso*; vgl. Tavola Ritonda, ed. Polidori, p. 418: *lo cavaliere non battea nè polsi nè vena e giacea come corpo morto;* ib. 321: *non si risentì nè polso nè vena;* dasselbe, p. 446; ib. p. 5: *non si sentiano nè movevano nè polzo nè rene e giaceano siccome morti,* und ähnlich, p. 110. 504. Auch provenz., Flamenca, 2153:

> Le donzelletz hac gran paor.
> Quan noil troba ni pols ni vena.

im Dialekte von Campobasso: *a la 'ndracalta*, D'Ovidio, Arch. Glott. IV, 166[1]).

Und hier mögen sich noch zwei Worte der *Rosa fresca* anschliessen, mit denen es dieselbe Bewandtniss hat, wie mit den genannten:

scalfare „erwärmen".

str. XXIX:
> Esto fatto far potesi, inanti scalfi un novo.

Imbriani, *Propugnatore*, IV. 1°. p. 184, n. 2. merkte bereits an, dass es ein Wort der südlichen Dialekte: neapol. *scarfare*, sicil. *scarfari*; prov. *escalfar*, frz. *échauffer*.

aritonno.

str. II:
> Avanti li cavelli m'aritonno.

str. III:
> Se li cavelli artonniti . . . .

Dass *arritonno* noch in Sicilien lebendig sei, sagte Giudici; aber man scheint dabei allgemein an *tondere* zu denken, wie auch Caix (*Ric. di Fil. Rom.* II, 190) den Infinitiv *aritonnarsi* schreibt. Vielmehr heisst aber derselbe *ritunnari = tagliar la lana alle pecore e i capelli agli uomini, tosare.* Mortillaro. Es ist das lat. *rotundare* und entspricht dem prov. *rezonhar*, altfrz. *reoigner*, nfrz. *rogner*, die genau dieselbe Bedeutung haben, aber von *rotundiare* kommen, gerade wie oben prov. *recensar*, frz. *rincer* von *recentiare*, sicil. *ricintari* von *recentare*.

Für manche der aufgeführten Worte ist allerdings nicht völlige Gewissheit vorhanden, dass sie aus dem Süden stammen, für

---

[1] Beiläufig sei erwähnt, dass der prov. altfz. Ausdruck *ad estros* von ähnlicher Bedeutung ebenfalls dem Italienischen nicht ganz unbekannt war: in einer Canzone Cino's Dante, *Opere Minori*, ed. Fraticelli, I, p. 245 liest man:
> Di che gli spiritelli ferno corso
> Ver madonna *a destrorso.*

Das Wörterbuch erklärt „*dalla destra parte*"; der Sinn ist aber vielmehr „ohne Umstände, auf der Stelle", wie *ad estros*, daher wohl auch *ad estrorso* zu schreiben: zugleich dient es zur Bestätigung von Diez' Etymologie Et. W. II, 296 aus *ad estrorsum.*

solche nämlich wie *sagnare, assommare,* u. s. w., bei denen nicht
die Lautverhältnisse selbst jenen Ursprung beweisen, und dieser
nur dadurch wahrscheinlich wird, dass sie im Süden heut' noch
lebendig sind, während das Toscanische sie nicht besitzt; ob sie
vielleicht ehedem einmal auch in diesem existirten, muss ein sorg-
fältigeres Studium der ältesten rein toscanischen Denkmale ent-
scheiden. Ueberblickt man aber die obige Aufzählung von For-
men und Worten, so findet man, dass die meisten dieser Elemente
nicht einem Dialekte speziell eigen, sondern allen Idiomen der
südlichen Hälfte Italiens bis nach Rom hinauf gemeinsam sind
oder waren, dass man einige bisher nur als sicilianisch bezeichnen
kann, andere aber wiederum nur aus den Dialekten des Festlandes
bekannt sind. Es ist also richtiger von einem Einflusse der süd-
lichen Mundarten im Allgemeinen, und nicht von einem solchen
bloss des Sicilianischen zu reden, und zugleich gewinnt die vorher
geäusserte Vermuthung an Wahrscheinlichkeit, dass schon in der
Sprache der ersten Dichter an Friedrichs II Hofe sich mit den
sicilianischen Bestandtheilen auch manche apulische gemischt haben.

Einfluss des Provenzalischen auf die alte Dichter-sprache.

Dass auf die Sprache der alten Lyriker dasjenige Idiom, in
welchem die oft so sclavisch nachgeahmten poetischen Muster ab-
gefasst waren, eine gewisse Einwirkung ausgeübt haben müsse,
ist an und für sich klar; aber über die Ausdehnung dieses Ein-
flusses waren die Ansichten sehr verschieden. Bembo in seinen
Prose hatte die Grenzen sehr weit gezogen; einen grossen Theil
der italienischen Sprache überhaupt leitete er aus dem Provenza-
lischen ab; Varchi im *Ercolano* ging hierin noch weiter als er:
aber schon Castelvetro in den *Giunte* zu Bembo's *Prose,* dann
Muratori[1]), und in neuerer Zeit Perticari[2]) erklärten sich gegen

[1]) in der 32. Dissertation der Antiquitates Ital., vol II: *De origine linguae italicae.*
[2]) in der *Difesa di Dante,* cap. XI.

diese Uebertreibungen. Nannucci dagegen fiel ganz in dieselben
zurück[1]); er und nach seinem Beispiel viele Andere wollten in
den alten Denkmalen allüberall Provenzalismen aufstöbern, ohne
die Formen recht zu beschen und sich zu fragen, womit sie denn
deren ausländischen Ursprung erweisen könnten. Andere wiederum,
welche den Anfang der italienischen Poesie recht hoch hinauf
rücken und die vollkommene Originalität der ältesten Dichter dar-
thun wollten, wie Trucchi oder die Vertheidiger der Carte von
Arborea, hatten ein Interesse daran, die Entlehnungen aus dem
Provenzalischen möglichst einzuschränken, oder, wo der Zusammen-
hang zu deutlich, sollten wohl gar die Provenzalen umgekehrt von
den Italienern entlehnt haben. Es fehlte an den Kriterien für
das Urtheil über die fremde Abstammung des Einzelnen. Bembo,
wo er ein italienisches Wort fand, dem ein ihm bekanntes pro-
venzalisches entsprach, erklärte einfach das erstere als aus dem
zweiten entstanden, während doch auch beide nur aus gemein-
samer Quelle gekommen sein konnten; nicht besser machte es im
Grunde Nannucci, nur findet sich, dank seiner Belesenheit in den
provenzalischen und altitalienischen Denkmalen, in seinen Aufzäh-
lungen unter dem Falschen viel mehr Richtiges. Die Kriterien
zur Unterscheidung des einen vom anderen konnten eben weder
Bembo noch Nannucci anwenden, da erst die neuere Sprachwissen-
schaft dieselben an die Hand giebt. Danach muss man als pro-
venzalische Entlehnungen betrachten in erster Linie die Worte,
deren Gestalt sich aus provenzalischen Lautgesetzen erklärt, nicht
aber aus denen des Toscanischen oder jener süditalienischen Mund-
arten, die notorisch auf die Bildung der alten Sprache einen Ein-
fluss geübt haben; die Dialekte Oberitaliens, welche der höfischen
Schule fern lagen, kommen hier nicht in Betracht. In zweiter
Linie wird man mit einer gewissen Wahrscheinlichkeit für ent-
lehnt auch die Worte ansehen dürfen, welche, ohne dass die erste
Bedingung statt hat, im Provenzalischen ganz gewöhnlich, bei den
italienischen Dichtern sich nur vereinzelt finden, und mit der lite-

---

[1] besonders in dem Buche: *Voci e Locuzioni Italiane derivate dalla
Lingua Provenzale*, Firenze, 1840; dann auch in seinen anderen Werken.

rarischen Nachahmung der Provenzalen selbst verschwunden sind. Dieses zweite Unterscheidungsmittel ist natürlich viel unsicherer, da man täglich die vermeintlichen Provenzalismen in den noch mangelhaft durchforschten volksthümlichen Denkmalen auffinden kann, bei denen an solchen Ursprung nicht zu denken ist. Nach diesen Gesichtspunkten muss eine Prüfung dessen vorgenommen werden, was man gemeiniglich als provenzalische Elemente der alten Dichtersprache bezeichnet, und welches grösstentheils eben aus den Aufzählungen Bembo's und Nannucci's herrührt.

Findet man das Verbum *ciausire*, so kann man nicht im Zweifel über seine Herkunft aus prov. *chausir* (neben *causir*) sein, welche sich in dem palatalen Laute zu Anfang verräth; denn italienisch hätte das Wort (entweder aus goth. *kausjan* oder aus *kiusan*, nach Diez) nur *causire* oder *chiusire* geben können. Prov. *chausir* (frz. *choisir*) heisst „sehen" und „wählen". In ersterer Bedeutung trifft man es bei Dante da Majano, Val. II. 450, in der zweiten bei Guittone, Son. 84. s. Nannucci, Voc. e Loc. p. 7 f. Nicht klar ist es, in welchem Sinne es zweimal in der auch sonst sehr dunkelen Ballade des Messer Caccia da Castello steht, Val. II. 374:

> Da quella canoscenza vertuosa,
> Che tanto è valorosa,
> Che d' amore ciausi la Deitate,
> Falla (l. *Fa la?*) cortese cortesia graziosa.

und ebendort weiter oben:

> Ell' ha sì gran potenza,
> Che può ben solo interamente fare
> Del suo piacer che si porria contare;
> Dio la sa sol, cui è in sè ciausita.

Merkwürdiger Weise hat dieses verpflanzte Wort im Italienischen noch eine dritte Bedeutung, welche aus dem Provenzalischen nicht bekannt ist, nämlich die von „lobpreisen"[1]); so bei Loffo Bona-

---

[1]) „auswählen, erwählen" ist ein Erheben, Preisen: doch neigt zu ähnlicher Bedeutung prov. *chausir* schon in der Stelle bei Guiraut Riquier, LXXIX, 600:

guidi. Val. II. 257; ferner D'Anc. XXIX, 10 (Rinaldo d'Aquino):

> Così son dubitoso,
>
> Quando vegno a ciausire.
>
> Che ne perdo il savere e rimembranza.

Er will die Dame preisen: aber, wenn er sich nun daran macht, lässt ihre zu grosse Trefflichkeit ihn nicht zu Worte kommen.

Bei Dante da Majano, Val. II, 453:

> Greve mi sembra, Donna, allo ver dire,
>
> Che lingua d'uomo o pensiero di core
>
> O guardo d'occhi possan ben ciausire
>
> O sì nomar com' è vostro laudore.

ist es wohl „unterscheiden". s. Nan. Voc. e Loc. p. 9, Verbi, 247, n. 3.

Dazu auch einmal das Substantiv *ciausimento* bei Gonnella degli Interminelli, Val. I. 537, genau in derselben conventionellen Bedeutung, welche *chausimen* in der Sprache der Minnedichtung hatte, für „Nachsicht, Milde, Erbarmen". Nan. Verbi, 282, n. 3.

Die gleiche lautliche Unregelmässigkeit, wie in *ciausire*, also *k* zu *é* vor *a*, charakterisirt mehrere andere Worte als fremde: *ciambra* oder mit der gewöhnlichen Assibilation der Palatalen *zambra* (prov. *chambra* neben *cambra*, ital. *camera*), oft gebraucht und weit über das Gebiet der hier besprochenen Dichtung hinausreichend; *trezeria*, D'Anc. LVI, 46, prov. *tricharia* (frz. *tricherie*); das ital. Wort ist *treccheria*; *lecceria* statt *leccheria* (von *leccare*, prov. *lechar*, altfrz. *lechier*, *lecherie*), Guittone, Canz. IV, 1:

> Perchè segno ragion, non lecceria.

> Pueis foron trobador
>
> Per bos faitz recontar
>
> Chantan e per lauzar
>
> Los pros et enardir
>
> En bos faitz: car *chausir*
>
> Los sap tal, que nols fa
>
> Ni ges dever non a
>
> Del far, tal los ensenha.

Diez übersetzte es hier (Poesie der Tr. p. 21 mit „würdigen".

benenanza und *malenanza* für „Wohl-" und „Uebelbefinden", prov. *benenansa* und *malenansa* neben *benanansa* und *malanansa*, aus *benanans, malanans*, also von *anar* „gehen"; echt italienisch wäre demnach ein *benandanza, malandanza* gewesen.

lausore braucht Guittone öfters statt *laudore* (Lob), Canz. I, 2 u. 3, Canz. XV. 3: XXII, 3: Son. 20: 168. Ebenso *lausore* bei einem Czucio, Trucchi, I. 61 (Cod. A, 320); *d* zwischen Vocalen zu *s* ist nicht italienisch, sondern provenzalisch: *lauzor*. Dasselbe zeigt sich in *giausor* (für **gaudore*-Freude) in der Gobela bei Grion, Serventese, p. 45, und ebenso verhält es sich mit *lusinga, lusinghiero*, u. s. w., welche der Sprache verblieben sind[1]).

faglia, besonders oft in dem Ausdrucke *senza faglia*, steht italienisch neben *fallo, fallire, falla, fallare*, dagegen prov. *falha* neben *falhir*, u. s. w. Der Uebergang von *ll* zu *lj* ist italienisch vor den dunkelen Vocalen wenigstens sehr selten.

lungia und *lungiamente*, Feminin. und Adverb des Adjectivs *lungo*. Es ist seltsam, dass ein so häufiges und alltägliches Wort entlehnt worden; man könnte den palatalen Laut durch Einwirkung des Adverb *lungi* oder des Verb *lungiare* erklären wollen; aber dass man nur *lungia, lungiamente*, nicht etwa *lungio* sagte, weist zu deutlich auf das prov. *g* zu *ǵ* vor *a*.

triare „unterscheiden, auswählen", bei Brunetto Latini, Tesor. VIII, und Dino Frescobaldi, Val. II, 520; ist Diez' Ableitung aus **tritare* (Et. W. II, 444) richtig, so kann es nicht italienischen Ursprungs sein, da *t* zwischen Vocalen ausgefallen, prov. *triar* (frz. *trier*)[2]).

---

[1]) s. Diez. Et. W. I, 255.
[2]) Hierher wäre auch *traito* zu ziehen, Nominativbildung aus *traditor*, bei Guittone, Canz. XLIII, 6; Son. 5: 155: ein anderes Beispiel noch bei Bottari, Guitt. Lett. n. 479. In der Form *traito* und feminin. *traita*, steht es in der *Rosa fresca*, str. XXI u. XXIV. Dieses letztere ist aus **traditor* gebildet, wie prov. *traire*; auch ital. *tradito* für *traditore*, bei Albertuccio della Viola, Val. II, 229:
Donavami gran gio' l'amor *tradito*.

Aber schon hier hindert die Unsicherheit in der Etymologie des Wortes selbst, mit Bestimmtheit entscheiden zu können, und so ist es nicht selten der Fall. Kommt in dem prov. *de bon aire* „wohlgeartet" das *aire* wirklich von lat. *agrum* (Et. W. 1. 7 f.), so wäre echt ital. *di bon agro* gewesen; das häufige *di bon aire*, *di bon are*, *di bon aro* müsste also aus dem Provenzalischen stammen. Allein der Ursprung des provenzalischen Ausdrucks ist eben nicht ganz zweifellos.

Guittone von Arezzo, dessen spezielle Beschäftigung mit dem Provenzalischen anderweitig hinreichend bekannt ist, weist auch von allen Dichtern der sicilianischen Schule bei weitem die meisten Provenzalismen auf; er sagte *grazire* für *gradire* (prov. *grazir*). Canz. XVII. 2; XXXIX. Gel.; LX: *afaitare* (schmücken), Canz. XLIII. Gel. 1 und *Lettere*, p. 35 (prov. *afaitar*, altfz. *afaitier*; ital. wäre aus *ad — faitare — affaitare* geworden); *albire* (freier Wille, Freiheit zu etwas), Canz. XXVII. 2; XXIX, 2 (prov. *albire* mit der Ersetzung des *t* vor *r* durch *i* aus *arbitrium*; Diez, Gr. 1. 230). Er setzte *asmai* (*:assai*) für ital. *smaghi* (prov. *esmai*), Son. 98; *destrai* für *distragge*, Son. 113[1]).

Bei manchen Worten ist der Lautbestand nicht gerade un-italienisch; aber es bestehen neben denselben andere Formen,

d. h. der verrätherische *Amore*; und Cecco Angiolieri beginnt ein Sonett in Gesprächform (Cod. B, 413; *Propugnatore*, XI. 1°. 249:

    — Becchin', amore! — Che vuo', falso *tradito?* —

Endlich hat Guittone auch das Particip *trado* für *tradito*, Canz. LX. Aber man trifft solche Formen ohne *d* auch in alten mundartlichen Texten, sicil. *traitari* bei Fra Simone, p. 13 neben *traditari*, p. 14, *traijtari*, Ribellamentu, p. 135; altpisanisch: *traitore*, Hist. Pis. 663, und so citirt Nannucci, Verbi, 116, n. 4, ein *traitore* von dem Pisaner Cavalca. Sollte hier eine Verwechselung von *trahere* und *tradere* vorliegen, wie solche prov. nicht selten war? — Auffallend ist auch ein *cria* für *grida* bei Buonagiunta, Val. 1. 506.

[1]) s. Nannucci, Voc. e Loc. p. 10, 54. 144. Die Besserung von *dona asmai* in *dona smai*, die Nannucci vorschlägt, ist überflüssig: aus prov. *esmai* ward *asmai* mit der bekannten Begünstigung des *a* in tonloser erster Silbe.

welche von jeher die gewöhnlichen waren und daher den fremden
Ursprung der seltenen wahrscheinlich machen:

esmare; bei Ser Baldo Fiorentino, Val. II, 240:

> Pene, noie e pesanza,
> Travaglio e malenanza,
> Altro di là non ho secondo ch' esmo.   (Val. *chesmo*.)

d. h. „wie ich meine, schätze". Es kommt von lat. *aestimare*; da
dieses nun ital. das gebräuchliche *stimare* ergab, so wird *esmare*
aus dem prov. *esmar* (altfrz. *esmer*) stammen; *esmare* ward dann
zu *esimare*, wie *battesmo* zu *battesimo*; dieses *esimare* und das
Verbalsubstantiv *esimo* verzeichnet auch das Wörterbuch als ver-
altete Worte, und Beispiele aus dem 14. Jahrhundert giebt Nan-
nucci, Verbi, 104, n. 3: Nomi, 157, n.

Das prov. Substantiv *esmansa* „Meinung, Schätzung" ward
italienisch regelrecht *smanza*, welches sich an zwei Stellen findet:
D'Anc. LXX, 57:

> È molto troppa noia, (d. *È molt' ò troppa noia!*
> Per ciò ch' io so, che 'n gioia
> Non vi sia mia pesanza,
> Ed io cotale smanza — in core porto.

LXIII, 56:

> N' ò gran male, che mi lanza,
> Fermami la grande smanza,
> E favello a gran baldanza.

d. h. „die hohe Meinung macht mich gesund" (*fermo* Gegentheil
von *infermo*, ib. v. 13). Compositum von *esmare* ist ferner *acces-
mare* oder *cesmare*, prov. *acesmar* = schmücken, zurichten: Nan-
nucci stellte dieses an einer Stelle bei Guido Guinicelli nach guten
Hss. her, Man. I. 40, n. 2, und citirte dazu ein anderes altes Bei-
spiel. Dasselbe Wort ist Dante's *accismare*, s. Diez. Et. W. I. 164.
und Nan. Voc. e Loc. p. 24.

malvistà und *malvestà* schrieb Guittone, Canz. XXXVIII, 2:
Lett. p. 68, offenbar nach prov. *malvestat*, da das gebräuchliche
italienische Wort *malvagità*.

giugiare (prov. *jutjar*). Guittone, Canz. XXXIII. 1 u. 2, aber selbst Dante. Purg. 20, 48. und das viel häufigere *rengiare*, *rengianza* (prov. *renjar*) dürften ausländischer Herkunft sein neben *giudicare*. *vendicare*, obschon diese ital. zu jenen werden konnten. wie *manducare* zu *mangiare*.

slognare „entfernen", Guittone, Canz. VIII, Gel. 1; IX. Gel. 1; XXIV, Gel.: Son. 24, mag das prov. *eslonhar* sein, da das gebräuchliche italienische Wort *lungiare* war: freilich konnte auch *slognare* neben *slongiare* bestehen wie *giugnere* neben *giungere*.

Dieses erste und sicherste Kriterium, die phonetische Unmöglichkeit des heimischen Ursprunges, steht also in der That nicht häufig zu Gebote. und in den meisten Fällen muss man sich mit dem zweiten minder zuverlässigen begnügen.

Man pflegt als provenzalische Entlehnungen die weiblichen Substantiva auf *anza* und *enza* zu bezeichnen, wie *tristanza*. *fallenza*. d. h. die, welche die *Leys d'amors* (II, 64) „*noms participials*" nennen, und wirklich sind derartige Bildungen bei den alten Dichtern so viel zahlreicher als in der späteren Sprache. dass man wohl annehmen muss, das Provenzalische, welches sie gleichfalls liebte, habe zur Vermehrung derselben mitgewirkt. Was aber dann insbesondere dazu trieb, war das Bedürfniss bequemer Reime in einer noch ungeschickten und ärmlichen Dichtweise: daher kommen diese Worte am häufigsten eben im Reime vor. Wenn man also hier auch eine durch das Provenzalische geförderte Tendenz wahrnimmt, so darf man darum doch nicht etwa jedes derartige Wort im einzelnen als provenzalisch ansehen wollen. Die beiden Suffixe *anza* (*antia*) und *enza* (*entia*) sind so gut italienisch wie provenzalisch, und in der ersten Sprache wie in der zweiten zu Neubildungen fähig, und, obgleich wir den provenzalischen Wortschatz nicht in seiner Vollständigkeit besitzen, so wird man doch bei gar manchen der hierher gehörigen italienischen Substantiva mit gutem Grunde bezweifeln. ob sie je provenzalisch existirten, wie z. B. *accaccianza*. Val. II. 16; Guittone, Canz. IX. Gel. 1, oder *intendanza*, das so oft neben *intendenza*, *credanza*, Val. I, 194, neben *credenza*, und umgekehrt *bassenza*, Val. II, 10, neben *bassanza*.

Dasselbe wie von diesen wird auch von den Bildungen mit den Suffixen *mento* und *aggio* zu halten sein, nur dass diese bei weitem nicht so zahlreich sind. Auch *mento* und *aggio* sind im Italienischen fruchtbare Suffixe; aber einige der Nomina, welche mit ihnen gebildet worden, sind speziell nur der alten Dichtersprache eigen, weshalb man bei ihrer Entstehung direkt oder indirekt provenzalischen Einfluss voraussetzen darf, so *ralimento*, *sbaldimento*, *serrimento* (z. B. Val. I, 175). *inveggiamento* (D'Anc. LXI. 23); *signoraggio*, *fallaggio* (z. B. D'Anc. XVIII. 34), *usaggio*, *badaggio* (Val. II, 488), *gradaggio* (ib. 451, 485), *arditaggio* (ib. 440), *dottaggio* (ib. 446) u. s. w., besonders häufig bei dem provenzalisirenden Dante da Majano; Ser Pace schrieb gar auch *similagio* und *peccagio* (Palermo, II, 106 u. 107) für *simiglianza* und *peccato*.

Etwas anders dagegen steht es mit den Substantiven auf *ore*. Da nämlich im Italienischen die Worte dieser Art, soweit sie nicht schon im Lateinischen vorhanden waren, mit wenigen Ausnahmen (wie *sentore*, *valore*, die noch fortbestehen) schnell veraltet sind (s. Diez, Gr. II, 350), so muss wohl dieses Suffix im Italienischen geringe Fruchtbarkeit besessen haben, und die Entstehung so vieler alter Nomina mit demselben wird man in höherem Grade als bei den vorhergehenden Kategorieen der Einwirkung des Provenzalischen in den ersten Zeiten der italienischen Literatur zuschreiben müssen: freilich aber ist auch hier an eine Uebertragung der Tendenz, nicht eine solche jedes einzelnen Wortes zu denken, wie *dolciore* oder *dolzore*, das noch Dante gebrauchte, *fallore*, *follore*, *baldore* (Val. II, 89), *incendore* (Brand, Val. I, 293), *gioiore* (Freude, Val. I, 442), *richiamore* (Beschwerde, D'Anc. LXXXII. 54), *lucore* (Val. I. 70), *laudore*, *gravore* (D'Anc. XXXIX. 51), *grandore* (Brunetto, Tesor. XV), *gelore* (D'Anc. XVIII, 40), *freddore*, *tristore*, *riccore*, *bellore*, *genzore* (Lieblichkeit, Trucchi, I, 15), bei Guittone auch *dilettore*, Canz. XLIX. Es ist ferner zu beachten, dass auch diesen allen von vornherein das Geschlecht der entsprechenden lateinischen Worte gewahrt blieb; sie sind masculina, wie italienisch noch heut' die Substantiva auf *ore*, nicht feminina wie die provenzalischen und französischen. Nur Guittone brauchte einmal (Son. 20) *valore* weiblich und desgleichen *la candore* (Son. 136).

Dagegen findet sich bei allen diesen Dichtern neben *lo fiore* sehr oft *la fiore*, wenigstens wenn eine Dame so genannt wird.

Worte, welche provenzalisch nicht selten und wohlbekannt sind, und statt dessen italienisch nur isolirt erscheinen, sind die folgenden:

truante „Landstreicher, Schelm" (prov. *truan*), D'Anc. LXVIII, 56; *Vile truante alato* (?); Tommaso da Faenza bei Zambrini, op. volg. p. 385; *Truanti, tricatori, falsi molto*. Guittone schrieb *truiante*, Canz. XXXVII, 3, und einen Vers: *Truianti, triceador, sovr'altri vili*, citirte Nannucci aus einem ungedruckten Gedichte Lapo Gianni's (Voc. e Loc., p. 241).

faidito „verbannt" (prov. *faiditz*) brauchte Tommaso da Faenza in derselben Strophe, die soeben für *truante* angeführt worden: *Homo folle, faidito di mia skiera*.

pascore „Frühling" (prov. *pascor*, wahrsch. aus *pascoorum*), Messer lo Re Giovanni, D'Anc. XXIV, 17:

> Dolze tempo e gaudente
> Inver la pascore,

wo der Artikel *la* statt *lo* wohl nur Versehen des Schreibers; in der *Intelligenzia*, v. 1, steht es als mascul., wie prov. *pascor* es ist.

sofretoso „ermangelnd", D'Anc. XXIX, 9 (Rinaldo d'Aquino) in derselben Strophe, die oben ein Beispiel für *ciausire* hergab. Ferner noch D'Anc. XLIV, 26; prov. *sofraitos* (nfz. *souffreteux*) von *sofranher* „gebrechen". Altitalienisch auch anderwärts *soffratta* und *soffrattura*, aber vereinzelt und bald verschwunden. s. Nan. Voc. e Loc. p. 14.

ingresso, welches zweimal bei Pier delle Vigne, Val. 1, 49, leitete Nannucci (Voc. e Loc. p. 93) aus prov. *engres* im Sinne von „lästig" her; er selbst führt dazu noch zwei Stellen der *Gradi di S. Girolamo* an, in denen das Wort gebraucht ist.

Auch hier ist, wie gewöhnlich, das Meiste bei Guittone zu finden. Er verwendete *mettente* „freigebig" (prov. *meten*), Canz. IV, 2; *appoderato* „besiegt" (prov. *apoderatz*) ib. Gd. 2; *galeara*

„betrügen" (prov. *galiar*), Son. 17; 156: Lett. p. 36 [1]); *manente* „reich" (prov. *manen*), Canz. I, 4: XXXVII. 2: Son. 29; auch in Canz. LI, doch nur nach der Lesart von D'Anc. XLIV, 28; *manentia*. Son. 1.

Dagegen wird *gnaimentare* „wehklagen", Canz. XVIII, 2; Son. 48, (prov. *gaimentar*) nicht hierher zu rechnen sein; denn in den altrömischen Fragm. Hist. Rom. p. 329 liest man gleichfalls: „*granne ene lo pianto e lo gnamentare*," wo es doch nicht für provenzalisch gehalten werden kann, und dieses ist zugleich ein Beweis, wie unsicher die Entscheidung über fremde Entlehnung ist, sobald die Bürgschaft phonetischer Gestaltung mangelt. Ebendort, in den Fragm. Hist. Rom., trifft man mehrfach das besonders aus Guittone bekannte *tamanto* für *tanto* (p. 327 u. 329): Caix fand dazu das Correlativ *camanto* für *quanto* bei Ristoro d'Arezzo (Mon. Ant.), und das letztere steht ferner auch in der dunkelen *frotta* des Ranieri de' Samaritani, nach der Lesart Redi's [2]):

> L' udite volte mante
> Ad anime camante
> Probate son parole.

Man kann daher füglich auch in Bezug auf das einfache *manto* für *molto* zweifeln, ob es aus Frankreich gekommen sei, wie Diez (Et. W. II. 366) annahm, besonders da dieses bei den italienischen Dichtern oft in einer Weise gebraucht wird, wie es provenzalisch nicht vorzukommen scheint, nämlich für *molto* neutral (viel) und adverbial (sehr). Guittone, Canz. V, 2:

> Che tanto è bono in catun loco, quanto
> V' ha di te poco o manto.

Pannuccio, Val. I, 347:

> Perocchè assai più manto
> Falle cernendo in mal perseverare.

Ders. ib. 362:

> Dimorando piacer tal quasi un' ora;
> Se più, non manto fu, se bene e' membro.

---

[1]) Nan. Voc. e Loc. p. 51 u. 241: er hat auch vortrefflich in Canz. VIII, str. 2 und 3, für die sinnlosen *galeatore, galeando, galea* *galeatore, galeando, galea* hergestellt.

[2]) Annot. zu v. 403—404 des Ditirambo: Val. I. 125 hat *ch' ha mante*

Ders. ib. 376:

> Guardare mi conven cose angosciose.
>
> Oscure, dispiacenti e lorde manto sehr schmutzige.

Guittone, Son. 22:

> Qual chi lordasse manto
>
> El viso e si pugnasse i piedi ornare.

Ders. Canz. III. 2:

> Ed ingegnaimi manto
>
> In fare me ed altrui saccente e forte.

Viele andere Worte werden oft als provenzalisch bezeichnet. welche bei den alten Dichtern nicht bloss vereinzelt erscheinen, sondern sehr gewöhnlich sind, so *agenzare* im Sinne von „schmücken“ und „gefallen“, wie prov. *agensar*; *abbellire* in derselben Bedeutung. prov. *abellir*; *disdotto* „Vergnügen“, prov. *desduch*; *miraglio* „Spiegel“, prov. *miralh*; *piacentero* „lieblich“. prov. *plazentiers*. u. s. w. Man kann diese Aufzählung nach Belieben ausdehnen; denn hier giebt es keine Grenze, aber auch keine Gewissheit; zum wenigsten müsste man zu diesem Zwecke die Geschichte jedes dieser Worte in der italienischen Literatur viel genauer kennen, als sie bisher die Wörterbücher verzeichnet haben.

Mit besserem Rechte wird man wiederum die drei alten Comparative *genzore*, *forzore*[1]) und *plusore* für entlehnt ansehen: denn das Italienische kennt sonst, ausser den vier schon im Lateinischen anomalen und erstarrten. gar keine flexivischen Comparative, während in der Provence diese Bildungen reichlicher sprossten (Diez, Gr. II, 68 u. 75).

plusore war eines von den Worten, durch welche, wie Tobler gezeigt hat, die *Carte d'Arborea* sich als eine Fälschung verriethen: es wurde dort missverständlich für das Adverb *più* gebraucht, in welcher Bedeutung es naturgemäss bei den Alten nie vorkommt. So würde man auch irren. wenn man es in dieser Weise auffasste in der folgenden Stelle Guittone's. Canz. I. 3:

---

[1] Guittone, Canz. XIV, 3: XXIX. 1: LV: LVIII: Son. 182.

> Ma non viver creria
>
> Senza falsia — fell' uom; ma via maggiore
>
> Fora plusor(e) — giusto di cor(e) — provato.

Man hat es hier nämlich nicht mit demselben Worte zu thun, sondern es ist dieses *plusore = plus — ore*, d. h. *più volte*, so wie denn *plusora* in diesem Sinne schon von Nannucci, Verbi, 336 (und Nomi, 311) nachgewiesen worden ist, in einer Stelle von Chiaro Davanzati, Val. II, 48:

> Chè eo lo credo e visto l' ho prusora
>
> Una candela morta rivivare
>
> Per poco dimenare.

Dieses Wort entspricht also einem prov. *pus horas*. Die Alten liebten diese mit *ora, ore* zusammengesetzten Zeitadverbien sehr und hatten deren noch eine ganze Reihe, wie *tuttora, tuttore, lattor, spessora, mant' ore, soventi ore* (Trucchi, I. 157. 161), *altrore* (Nan. Man. I, 358). *grandor* „lange Zeit" (Val. II. 58), u. s. w.[1]) Sie gehören als gut italienische Bildungen nicht hierher, wohl aber eine andere Zusammensetzung der Art, welche man bisher nicht beachtet hat, und die einmal erkannt verschiedene dunkele Stellen der alten Dichter aufklärt. Dieses ist *tuttasora, lattesore*, auch *tuttesora*, gebildet nach prov. *totas horas*[2]), welcher Ursprung sich durch das *s* verräth. Zunächst steht *tutesora* im Sinne von „jederzeit" in den *Lettere Senesi*, p. 81. Ferner bei Mazzeo Ricco, D'Anc. LXXX, 30:

---

[1]) *ore, ancore, allore* sagten die Alten neben *ora, ancora, allora*, und daher *or, ancor, allor*, wie noch heute: ja man findet sogar *un' or*, Val. I. 347 u. 348; *ciascun' or*, ib. 350. Offenbar ging voran ein *tutt' ore, spess' ore, mant' ore*, in denen das *ore* regelrecht als Plural steht; danach bildete man dann *ore, or*, u. s. w. Dem altfrz. *lores*, prov. *loras* „damals" *illa hora* mit adverbialem *s*) entspricht ital. *lora*, Guittone, Canz. III, 3: *lor*, Son. 68: *lorchè*, Canz. XIX, 3. *lora* gebrauchte auch Francesco da Barberino, Reg., s. Nan. Verbi, 31, u. 1. und *lor chè* Gillio Lelli, bei Allacci, 353. In den Conti di Antichi Cavalieri finden sich Beispiele dafür in grosser Menge. Es ist gute italienische Form aus *illa hora* und schwerlich entlehnt.

[2]) z. B. M. W. II, 18:

> Com la flors, qu' om retrai,
>
> Que *totas horas* vai
>
> Contral solelh viran.

> Che deve megliorare a tute sore.

hatte das Ms., und der Herausgeber hat es mit Unrecht in *tutte l'ore* geändert.

Ein anonymes Gedicht, D'Anc. LXVI, 57:

> E 'l veghiar mi dispiace.
> Che tutta sora tormento.

l. *tuttesor*, um den Vers herzustellen. Damit wird dann eine Stelle des Notaro Giacomo, D'Anc. VIII, 14, verständlich, die jetzt so gedruckt steht:

> Ben dovea dare — a voi cor di pietate.
> C' a tutte for c' a Deo merzè chiamasse.
> In voi, donna, trovasse
> Gran cor d'umilitate.

Die Hs. hat *tute fore ca*; man wird also richtig lesen:

> Ca tutesor cad co merzè chiamasse.

Endlich braucht man nun in der sicilianischen Canzone Stefano's bei Barbieri, str. 3, Ende:

> Si ki instanti mi feri son amuri
> D'un culpu[1], ki inananza tutisuri.

nicht mehr mit Grion (Serventese, p. 41, n.) in das ebenso gewagte wie unbefriedigende *tuti furi* (= *fori* = *ferite!*) zu ändern; eher wäre wohl das *inananza* in das in solchem Sinne typische *inavanza* zu bessern, und der Vers wird gelautet haben:

> D'un colpu, ki inavanza tutisuri.

„mit einem Streiche, der beständig fortschreitet, an Gewalt zunimmt", wie es ähnlich heisst Val. I, 221 (verbessert nach B. 231):

> Fortemente m' innavanza
> E cresce tuttavia
> Lo meo innamoramento.

Noch vorsichtiger als mit der Constatirung von Entlehnungen aus dem Provenzalischen muss man mit der von solchen aus dem Französischen sein: denn zu diesen lag ja die Veranlassung nicht

---

[1] Fand Barbieri dieses *culpu* in seiner Hs.? Alt- wie neusicil. heisst es *colpu, corpu*.

in dem Idiome der Gedichte selbst, welche man nachahmte, sondern in anderen Verhältnissen des Lebens im Allgemeinen. So werden denn naturgemäss diese Entlehnungen sich auch nicht auf die lyrische Dichtung beschränkt haben, sondern der Sprache oder Literatur gemeinsam gewesen sein. Derartig sind in der That die Titel *sire, sere, messere,* aus franz. *sire, messire* (Diez, Et. W. I, 383) und das der Sprache verbliebene *obbliare* „vergessen", welches nur französischer Abkunft sein kann, wenn es dieselbe Etymologie wie *oublier* (**oblitare*) hat[1]); denn prov. lautete das Verbum *oblidar* und nur im Reime ausnahmsweise *oblia.* Dergleichen Worte gehören also eigentlich nicht hierher, da sie der ältesten Lyrik nicht speziell eigen sind, sondern der Sprache im Allgemeinen.

Bei Guittone's *bealtà* für *bellà*, Canz. XXII, Gel.; XXXVI, 5: Lett. p. 2 u. 27, hat man freilich, so vereinzelt es dasteht, gleichfalls keine andere Wahl: es ist nicht italienisch und nicht provenzalisch, und kann nur das altfz. *bealte* (neben *beaute*) sein.

Nicht so sicher dagegen ist der französische Ursprung bei zwei anderen Worten, welche sehr häufig sind, nämlich *cera* für *faccia*, und *clero* oder *chiero* für *chiaro.* Das erstere ist noch heute lebendig, und von der Ableitung aus dem Französischen befreit uns die Etymologie aus *cerea*, welche Ascoli kürzlich von neuem vertheidigt hat, Arch. Glott. IV, p. 119 ff.[2])

Soll *clero* das lateinische *clarus* darstellen, so könnte es allerdings nur nach französischem Lautgesetze diese Gestalt erhalten haben (altfrz. *cler*); aber es wäre auffallend, dass die Dichter gerade dieses Adjektiv, welches sie schon in *chiaro* besassen, noch einmal aus dem Französischen entnommen hätten, und nicht etwa bloss um zu reimen; denn es steht auch oft genug im Verse (z. B. Val. I, 526; II, 234; 236). Ferner kommt aber auch provenzalisch

---

[1]) Diez trennt es davon, und leitet *obblio* aus *oblicium* her.

[2]) Dante da Majano brauchte übrigens auch das prov. *cera* : *para*. Val. II, 455, und Lotto di Ser Dato Pisano *chaira* (neapol. *caira*). Val. I, 398:

      Che la sua chaira par d' angel provato.

was Valeriani, und nach ihm Nannucci (Verbi, 228, n. 1) nicht sehr schön mit *carne* erklären.

ein *cler* statt *clar* vor, wenngleich sehr selten[1]). Es ist daher
vielmehr zu denken an eine Ableitung aus *clarius* statt *clarus*,
wie *crojo* aus *crudius* statt *crudus*, *mézzo* aus *mitius*, *rózzo* aus
rudius, worüber Diez, Gr. II, 301. *clarius* gab *cliero*, *clero*, wie
caballarius — cavaliero, cavalero, und so auch *cleri* in der *Rosa
fresca*, str. XI, wie *cavaleri* neben *cavalero*. In der That hat
Ascoli auf eben diese Art ein ladinisches *cler*, *clair* gedeutet, Arch.
Glott. I, 227, 275, und dass er für das altitalienische *clero* an die-
selbe Ableitung dachte, zeigt seine Bemerkung ib. p. 551 (Giunta
zu p. 302).

Indessen, wenn es freilich verfehlt ist, überall da sogleich
Entlehnungen vorauszusetzen, wo sich Uebereinstimmungen zwi-
schen der Ausdrucksweise der alten Dichter Italiens und den
Idiomen Frankreichs zeigen, so ist doch die Nachweisung dieser
Uebereinstimmungen an sich nicht ohne Nutzen, und der Gebrauch
der einen Sprache kann vielfach zur Erläuterung dessen der an-
deren dienen. Dieses, nämlich das Verständniss gewisser altitalie-
nischer Ausdrücke, welche jetzt verschwunden sind, durch Anfüh-
rung der provenzalischen Analogieen gefördert zu haben, ist oft
das Verdienst der Zusammenstellungen bei Nannucci, auch da wo
an wirkliche Entlehnung nicht zu denken ist, und zu diesem selben
Zwecke füge ich hier zum Schlusse noch eine Anzahl solcher be-
merkenswerther Uebereinstimmungen des alten Italienischen mit
dem Provenzalischen hinzu, welche bisher weniger beachtet wor-
den sind:

accordarsi „beschliessen", eigentlich „mit sich einig wer-
den", prov. *s'accordar* ebenso, und Subst. *accordanza* „Beschluss".
Val. I, 210:

> Assai faccio accordanza
> Di dire e poi mi scordo, d. h. werde wieder unschlüssig.
> Tutto in fra me mi stordo
> Per la gran dubitanza.
> Però faccio sembianza
> Allo cor, che sia sordo.

---

[1] s. Bartsch, Zeitschr. f. rom. Phil. I, 74.

> Che mi dice : m'accordo,
>
> Ch' i' addomandi pietanza.

Das Herz spricht zu ihm: „ich bin entschlossen, um Mitleid zu bitten."

ib. 171:

> E ben fare' accordanza
>
> Infra la mente pura,
>
> Se 'l pregar mi varrea.

ib. 459:

> Ch' Amor farà accordanza fina aguale
>
> D' entrare in vostro core naturale.

„dass *Amore* jetzt den hohen Beschluss fassen wird, in euer edeles Herz einzuziehen."

adesso bedeutet in der heutigen Sprache nur „jetzt"; bei den alten Dichtern hatte *adesso, adessa* noch zwei andere Bedeutungen, die des prov. altfrz. *ades:* 1) „sofort, alsbald", wofür hinreichende Beispiele schon bei Ubaldini, *tavola* zu den *Documenti*, und Bottari zu Guittone's Briefen; 2) „immer", wofür Nannucci, Verbi, 123, n. 1. zwei Stellen der ältesten Dichter (D'Anc. XXII, 20 und Val. I, 370) und eine aus dem *Dittamondo* anführte. In gleichem Sinne steht es aber noch oft, D'Anc. XXIX, 42; XXXVIII, 26; LXV. 49; Guittone, Canz. XXXI, 6; LVII; Canz. XXIII, 2, heisst es:

> Onde non che valente ami podere,
>
> Che ha nimico lui e ontalo adessa,
>
> Poi nè vuole nè sa d' esso valere.

„Geschweige dass der Tüchtige Macht liebe, hasst und schmäht er sie immerdar, da er nicht von ihr seinen Werth erhalten will noch kann." Lettere, p. 34: *adesso pieno di grazia è graziosissimo tutto buon Signor nostro.* — Diesen Sinn wird es also auch haben in der Stelle Friedrichs II, Val. I, 54:

> Valimento mi date. Donna fina;
>
> Chè lo meo core adesso a voi s'inchina.

d. h. „neigt sich immer zu euch".

Bisweilen haben es die Herausgeber nicht erkannt oder nicht verstanden:

D'Anc. XXVIII, 11:

Perciò non mi dispero
D'amar sì altamente, (so Val.; D'Anc. *D'Amor*)
Adesso mercè chero
Servendo umilemente.

„flehe immerdar um Gnade"; wo D'Anc. *ad esso* setzte.
  ib. XL. 25:

Pregio ed amore adessa lei avanza.

Die Hs. hat *ad esa*, D'Anc. *ad essa*; aber B, 235: *adesso*, und
danach Allacci.

In der sicilianischen Canzone Stefano's, str. 5:

Ma eo sufro in usanza,
Kè ò visto adessa bon suffirituri
Vinciri prova et acquistari unnuri.

wo Barbieri und Grion *ad essa* haben.

Damit verschwindet denn vollends die Bedeutung von *allora*,
welche angeblich nach Salvini und Perticari, und den diesen nach-
betenden sardinischen Vertheidigern der Carte von Arborea, *adesso*
an manchen Stellen gehabt hätte, wo es sich freilich weder mit
ora noch mit *subito* erklären liess. Nur Guittone, Canz. VIII, 7.
könnte zweifelhaft machen:

Tu corpo ed alma in terra e 'n mare spesso
Mi defendesti adesso,
Ch' io contro te viveva ad altro tutto.

Aber auch hier wird es „immerdar" heissen, wo dann das *che* die
bekannte lockere Anknüpfung.

anche hatte nicht bloss bei den Dichtern, sondern allgemein
in der alten Sprache neben der Bedeutung *etiam*, auch noch die
des prov. *anc*, altfrz. *ainc* = *unquam*.
  D'Anc. XXXIV, 16:

Nè dela vostra amistate
Non eb' io anche guiderdone
Se non un bascio solamente.

Guittone, Canz. LVIII:

Nel cui lavoro non credo bastasse
Anche uomo nè forse angelo alcuno.

In Prosa. Tavola Rotonda. Nan. Man. II, 156: *e non n' avea anche avuto figliuolo neuno.*

Aber italienisch auch ohne Negation:

Guittone, Son. 6:

> Sì como già dissi anche, alcuna cosa
> Non si può dir dannosa.

Conti di Ant. Cav. p. 67: *e che ciò fo el dolore ch' elli ebbe anche el maggiore.*

arrendersi. Man sagte prov. *se rendre*, altfrz. *soi rendre* im Sinne von „in's Kloster gehen". Ebenso ist *arrendersi* verwendet D'Anc. LXII, 49:

> Se vai, meo Sire e fai [a]dimoranza,
> Ve', ch' io m'arendo e faccio altra vita.

d. h. „ich werde Nonne", und in der *Rosa fresca*, str. X f.

> E con sore m'arenno a una magione . . . .
> Alo mosteri venoci e rennomi con freri.

Aehnlich auch das „*renderonsi a monache*" im *Novellino*, nov. 62 (bei Borghini am Ende der Worterklärungen). Heut' nicht mehr absolut gebraucht, sondern *rendersi frate*, u. dgl.

avvenire in = zu etwas gelangen, etwas erreichen; prov. *avenir en*, wie M. W. I, 352:

> . . . . . no puese avenir
> En far chanson avinen.

Val. II, 64:

> E in cui sempre regna, (*Amore*)
> Parmi, ch' elli n'avvegna in tal valore . . . .

ib. 72:

> . . . . si mantene
> Bona, sì chend' avvene
> In pregio e in cortesia.

Auch absolut *avvenire* „treffen, erreichen, finden":

Val. I. 148:

> Ch' eo non saccio avvenire,
> In che guisa possa mercè trovare.

avvenirsi „an's Ziel gelangen" (wie *riuscire*).

Chiaro Davanzati, Trucchi, I. 160:

> L' nom puote in sè aver tal desianza,
> Che affanna tutto tempo e non s'avviene.

degnare. prov. *denhar* heisst „geruhen"; aber die ursprüng-
liche Bedeutung ist „für würdig, für passend halten", woraus in
Verbindung mit einem Infinitiv abgeschwächt geradezu „mögen"
und endlich „vermögen", wie es sehr häufig bei den Troubadours,
ersteres z. B. beim Mönch von Montaudon, M. W. II. 63:

> Si tu o denhesses lauzar,
> Elhas non o degron suffrir.

„wenn du es auch loben möchtest", und das zweite z. B. Flamenca,
727 (wo es reflexiv):

> . . apenas si denhon suffrir
> L'esgart.

„vermögen kaum den Blick zu ertragen."
So nun Dante da Majano, Val. II. 451:

> Ned altra già non degna di tenere
> Lo meo folle volere.

„mag keine Andere besitzen."

ib. 496:

> Non degno mai che far vostra voglienza.

Guittone, Son. 33:

> Se 'n voi degnasse fior valer mercede.

„auch nur etwas Gnade zu wirken vermöchte."

Ders. Canz. XXXIII, 5:

> Ma non lo cor meo degna aver ardire
> Di chieder lei mercede.

„vermag nicht Muth zu haben"[1]).

---

[1] Aehnlich wie *degnare* verwandten die Alten auch *osare* für „ver-
mögen", z. B.

Guittone, Son. 199:

> E che natura far puote nè osa
> Fattura alcuna nè maggior nè pare.

wo es ganz deutlich Synonym von *potere,* und so bei Guittone noch sehr oft.

Monte Andrea, D'Anc. Son. XX:

delere „zerstören", D'Anc. LXIII, 24; Val. II, 134; 150, ist vielleicht nicht blosser Latinismus, da auch prov. altfz. *delir*.

intenzione für „Aussicht, Hoffnung"; prov. *entensio* ist so gebraucht M. G. 1158 ff., 5:

> Et eu sui d' aital faisso,
>
> Qu' anc vas dompna no m' atrais
>
> Beutatz ni valors ni jais,
>
> Pois fetz de si a maintz do;
>
> Que pois dona entensio
>
> Dompna a chascun, eu non tenc ad onranza
>
> L' onor qu' ilh fai; car ses dar esperansa

> Nè fu nè fia ned esser mai non osa
>
> Più bellezze che 'n voi sono formate.

Anonymes Sonett bei Zambrini, op. volg. 419, II (auch B, 185:

> Ancor vedem B. *deveu* d'Amor mirabil cosa,
>
> Chi non prende suo bene a temporale,
>
> Per nulla guisa mai aver non l' osa.

ib. III (B. 186):

> Dunque chi osa loda divisare
>
> Simile o pare di lei, non si trova.

Daher auch D'Anc. LXII, 19:

> Lo tuo splendore
>
> M' à sì preso,
>
> Di gioi d' amore
>
> M' à conquiso
>
> Sì, che da voi non oso partire.

„mich nicht trennen kann", zu verstehen.

Auch Dante gebrauchte es noch so, in der Canz. *La dispietata mente*:

> Dar mi potete ciò, ch' altri non osa.

„was ein anderer nicht vermag", wie auch Witte Kannegiessers Uebersetz. II, 124 vermuthete, diese Bedeutung aus dem *Decameron* belegend, und in dem Son. *Amore e cor gentil*:

> E così senza l' un l' altro esser osa . . .

Auch dem Provenzalischen scheint *ausar* in solchem Sinne nicht fremd zu sein: denn so ist es wohl zu verstehen, M. W. I, 159 (M. G. 1404, 4; Arch. 35, 404):

> Totz los forfaitz e totas las clamors,
>
> En quem podetz acusar ni retraire,
>
> Son quar m' ausatz abelhir ni plazer.

Pot ben dompna, que a sen e saber,

Salvau s' onor maint amic retener.

D'Anc. LXXXI. 34, verbessert nach Val. I. 328:

Chè più de' l' omo avere allegramente

Di molta cosa sola intenzione

Che di picciola gioia processione[1]).

„freudiger muss man die blosse Aussicht auf Grosses besitzen als kleiner Freude wirklichen Fortgang."

Incontrino de' Fabrucci, bei Grion, Pozzo, p. 42:

Data mi fue intenzone,

Pur a sua mossa e a suo cominciamento,

Di darmi compimento

A tutto il mio talento.

Val. I, 336:

Dandomi quasi ferma intenzione,

Ch' è vostra oppenione,

Per sembianza vi dovesse amare.

ib. 372:

Intenzione avendo,

Che 'l meo sacciuto voi fero dolere

Magna v' arà tosto pietanza mossa.

„indem ich die Hoffnung hege, dass mein Schmerz euch bekannt geworden euch schnell grosses Mitleid erregt haben wird."

ma che oder mai che im Sinne von „ausser" oder „ausser dass", non ma che „nur". Bekanntlich hat es noch Dante in der Comödie mehrfach verwendet; prov. mas que oder mas allein, und so heut' in den nördlichen Mundarten Italiens: piem. mae = solamente, neben numè (non magis). nomà (Biondelli, Saggio, p. 571); anma che in den Canti Popol. Monferrini, p. 3; nomà, domà, lombard. (Biondelli, p. 73); noma auch altvenetianisch, s. Romania, VII, 50; bei Bonvesin za may ma „nur". z. B. tratt. dei mesi. 170. 171. In der Rosa fresca, wo Grion es las, str. XXX: Se non ma a le vangelie, stand es sicherlich nicht; ein se non ma ist an sich schon

---

[1]) In demselben Gedichte ist v. 32 mit 33 umzustellen, wie Strophenbau und Sinn verlangen.

kaum möglich. Es eine kostbare Reliquie zu nennen, hatte
Grion (Serventese, p. 26) nicht allzu recht: wenigstens findet es
sich bei den Alten ungemein häufig. An vielen Stellen haben es
schon Salvini und Valeriani richtig erkannt, wie Guittone, Canz.
III, 5; Val. I, 385; II, 271 (Guido Orlandi); II, 357 (Guido Caval-
canti). Zwei Beispiele aus Guittone führte Nannucci, Voc. e Loc.
p. 40. an. Aber oft ist es von den Herausgebern auch missver-
standen worden, indem sie dieses *ma che* als eine eingeschaltete
rhetorische Frage auffassten, welche sehr wenig im Style der alten
Dichter wäre; so bei Guittone, Canz. I, Gel.

> Non è 'l mal più che 'l bene a far leggiero,
>
> Ma che fero — lo ben tanto ne pare
>
> Solo per disusare.

wo Val. *Ma che? fero*, etc. las.

Ders. Canz. V, Gel. 2:

> E me certo con lor terzo vorria,
>
> Ma che mal mertaria.

„nur würde ich es schlecht verdienen, ihr Genosse zu sein." Val.
wieder *Ma che?*, und so Canz. XXV, 2; XXXI, 1. So ist auch Val.
II, 448 zu lesen: *Ma che mi da conforto*, statt *Ma che?* etc.

Dante da Majano, Val. II, 483:

> Nel meo coraggio non considerai
>
> Mai che gradir la vostra benvoglienza.

ib. 495:

> E ciò ver me non val mai che mentire.

d. h. „Ovids weise Lehren zur Heilung der Liebe sind für mich
eitel Lüge", und ebendort:

> Che 'nverso amor non val forza ned arte . . . .
>
> Mai che mercede . . . .

so auch ib. 496; *ma che* noch Cecco Angiolieri, Allacci. 201. Guit-
tone auch in den Briefen, p. 63, 91. und so die Cento Novelle.
nr. 78: *Hor cui chiami tu Iddio? Elli non è ma che uno*, von
Borghini in den Worterklärungen verzeichnet.

ma tanto für „ausser soviel" gebrauchte Bacciarone. Val.
I, 404. Auch das blosse *mai* für *magis* im Sinne von *più* findet
sich, bei Dante da Majano, Val. II. 447:

Che più m' agenza e val mai per amore . . . .

und Terino, Nan. Man. I, 230. n. 5.

Auffallend ist es, dass man dieses so häufige *ma che* nur bei den Toscanern trifft; aus der ganzen Sammlung D'Ancona's kann man kein Beispiel dafür auftreiben; *ma quando*, D'Anc. XX. 26, verstand Corazzini so, wie prov. *mas quan*; aber die Stelle ist dunkel, und Corazzini's Besserung willkürlich. Es möchte also dem Süden fremd gewesen sein; Grion führt zwar (Serventese. 26) für *non ma* „nur" ein Beispiel aus dem *Liber Yani de Procita* an; allein dieser Text ist nicht rein sicilianisch, sondern nördlich dialektisch gefärbt.

per un cento „hundertfach" (für eines hundert); *per un cen* war sehr gebräuchlich bei den Troubadours, wie man auch *per un dos, per un tres*, u. s. w. sagte. Nannucci, Voc. e Loc. 102. gab ein italienisches Beispiel dafür; man kann eine Menge anderer hinzufügen. wie D'Anc. XXII, 25:

> E per un cento m' à più di savore
> Lo ben, e' Amore — mi face sentire.
> Per lo gran mal, che m' à fatto sofrire.

Desgleichen XXVII. 32; Val. II, 372; 498; Guittone. Canz. XXIV. 4: XXXVIII, 2; u. s. w. Auch Petrarca gebrauchte es noch, im Sonett *Come va 'l mondo*:

> O speranza, o desir sempre fallace,
> E degli amanti più ben per un cento.

und Franco Sacchetti (Carducci, Rime di Cino. p. 487):

> Chè, se amante amar fu mai veduto,
> Con fede amava te per ognun cento.

pesante im Sinne von „betrübt. kummervoll".

D'Anc. LXXVIII. 30:

> Che dela vostra colpa io son pesante.

Incontrino de' Fabrucci, bei Grion. Pozzo, p. 41:

> Forte ne son pesante.

auch noch Bindo Bonichi:

Esser pesante

Del bene altrui, che a sè niente noce.

wie Borgognoni. *Propugnatore*, I, 580, anmerkte.

Es ist also ein aktives Participium in passivischem Sinne gebraucht: „belastet, bedrückt" statt „lastend, lästig". Diese Verwendung des Partic. praes. war prov. und altfrz. viel weiter ausgedehnt, worüber Tobler, Zeitschr. f. rom. Phil. I, 17 ff., und zahlreiche Beispiele gerade für altfrz. *pesant* = kummervoll, ib. p. 23 f. prov. z. B. bei Gausbert de Poicibot, Arch. 34. 397:

> Mas mos cors pesans
> N'esta malanans.

presente „offen, öffentlich", prov. *presen*, als Gegensatz von *celat*.

D'Anc. XVIII. 25:

> Presente mi contava,
> E non mi si celava,
> Tutto suo convenente.

Incontrino de' Fabrucci, Grion, Pozzo, p. 42:

> Ca ben è canoscente,   (l. *sconoscente?*)
> Qual donna fa presente
> Le sue parole in vano,
> Ond' à cuor longitano.

d. h. „öffentlich, vor den Leuten solche Worte redet, von denen ihr Herz ferne ist."

pugnare und *pugnarsi* „sich bemühen", gerade wie prov. *ponhar*; unendlich oft bei Guittone in *Rime* und *Lettere*, z. B. Son. 8:

> E di gran cor pugnate
> In arricchir di van pover riccore.

wo es auch mit *in* verbunden, wie das provenz. Verbum.

Son. 22:

> Qual chi lordasse manto
> El viso e si pugnasse i piedi ornare.

Lettere, p. 51: *Ora non so che fare, in pugnarri o non di rico-*

cerare, nè s' i' pugno in mercè o in orgoglio. d. h. non so che fare, se mi debba sforzare o no di ricuperare la vostra amicizia, e se mi sforzi per via di mercè o per via d'orgoglio. Auch mit Accusativobjekt. p. 82: e quanto col meglio (il mestiere). meglio pugnarlo d. h. bisogna meglio adoperarsi in esso.

D'Anc. LXXIII. 51:

    Ch' io mi pugnasse pur di ben servire.

Val. I, 422:

    E con ogni argomento m' apparegli

    Pugnando, che ad amico t' aggia e tegna.

Dass es kein Provenzalismus ist. zeigt schon der Umstand, dass auch der Aretiner Ristoro es gebraucht, Nan. Man. II. 196: e pugnarà ad andare . . . Vielleicht ist in der *Rosa fresca*, str. III:

    Poniamo, che s' aiunga il nostro amore.

für dieses *pugnamo* „dass uns streben" zu verstehen. Und so auch Dante. Inf. 6, 28:

    Qual è quel cane. che abbaiando aggugna

    E si racqueta poi che 'l pasto morde.

    Che solo a divorarlo intende e pugna.

regnare im Sinne von „weilen, verweilen", wie oft das prov. *renhar*, z. B. Val. I, 416:

    Ch' i' aldo a' saggi dire in voce vera,

    Che ciò, ch' avven piacente ovver dogliose

    Cioè cose nel mondo all' uom che regna,

    Sia per miglior di lui . . . .

d. i. in der beliebten verschränkten Weise der Pisaner: *all' uomo, che regna nel mondo, che sta nel mondo.*

ib. 420:

    Regnando in vita più che morte dura.

Guittone, Canz. XX, 5:

    E dove non guarenza

    Porranno aver di sempre tormentare.

    Li converrà regnare.

d. h. *lor converrà stare.*

Ders. Son. 107:

> tuo pensier non regna
> In altro che in crear vergogna e danno.

Auch das Substantiv *regnamento* „das Verweilen, Wohnen", Val. II, 80:

> In cui fai regnamento,
> Volar lo fai senz' ale.

„in wem du weilest (o Besitz), den machst du ohne Flügel fliegen." Daher die vielen Stellen, an denen es heisst: „*nella mia donna regna valenza, onore, piacimento*", etc., d. h. „Ehre, Lieblichkeit wohnt in ihr."

Daraus entwickelt sich weiter die Bedeutung „dauern".

Val. II. 68:

> Ma era al nostro Signor rincresciuto
> La vostra vita, che sì mal menare
> Vedea' in mondo, che gli era spiacere;
> Però non volse devesse regnare.

Don Arrigo, Trucchi, I, 80:

> Che non sta ben tradimento a signore,
> Nè può regnar sua laida signoria.

Chiaro Davanzati, ib. 155:

> E se mia vita regna per languire
> E non mi dona, me faria fallire.   (l. me' saria?)

D'Anc. XCI, 18:

> Fallir dovria al postutto
> E regnar non dovria
> Lo mondo . . .

„die Welt müsste aufhören und nicht dauern."

riprendere „Wurzel fassen", prov. altfrz. *reprendre* und *emprendre*, s. Mätzner, Altfrz. Lied. p. 103 u. 104. Eine *rima oscura* Pannuccio's beginnt, Val. I, 368:

> Di dir già più non celo
> Poi tante pene ho possa.
> Doglia m' è 'n cor ripresa.

d. h. *poichè ho possa di dire, già più non celo tante pene: doglia*

15

mi s' è fermata in core. Auch das einfache *prendere* in Iacopo
d'Aquino's (D'Anc. XLI, 1):

> Al cor m' è nato e prende uno desio.

se tutto „obgleich", prov. *sitot,* ist mir nur aus Guittone be-
kannt. z. B. Canz. XLIII, 6:

> D' ogni altro casta in corpo ed in cor sia.
> Se tutto lei marito è disleale.

„wennschon sie einen treulosen Gatten hat"; ebenso ib. str. 8;
Son. 3; 7; 8, u. s. w., und sehr oft in den Briefen.

sofferirsi di „Abstand nehmen" von einer Sache, wie prov.
se suffrir de. Ein Beispiel bei Nannucci, Voc. e Loc. 61 (aus Val.
I. 477). Andere sind

Val. I. 303:

> Però, Madonna, mi voglio soffrire
> Di far sembianza in vostra contrata.

ib. II, 85:

> Ma vogliomene in parte sofferire.   *del canto*

ib. 257:

> . . . anzi men vo' soffrire.

ib. 514 (Dino Frescobaldi):

> Così di quello, onde il disio mi sforza,
> Mi convien sofferir contra mia voglia.

Es steht auch in den Lettere Senesi. p. 62: *Ma se Ghezo se ne
vole soferire* etc.

soglio. Der eigenthümliche Gebrauch des Provenzalischen,
vermöge dessen von dem Verbum *soler* häufig das Praesens statt
des Praeteritum steht, findet sich im alten Italienischen wieder,
also *soglio, suole,* wo man heute *solera* setzen würde.

Val. I, 50 (Pier delle Vigne):

> Perdo gioia e mi svoglio,
> Quando [di] sua contezza mi rimembra,
> Di quella, ch', io amar e servir soglio.

„die ich zu lieben pflegte"; denn die Dame ist todt.

Pacino Angiolieri. Trucchi, I. 116:

> Lasso, che spessamente il giorno miro
> Al loco, ove madonna suol parere,
> Ma non la veggo, siccome già soglio.

auch hier ist die Dame todt; und in demselben Gedichte:

> Quanto aver soglio più sollazzo e gioco,
> Cotanto è forte più lo meo penare.

Daher ist Nannucci's Erklärung, Man. I. 221, n. 8, überflüssig.

D'Anc. XX. 47:

> A zò, ch' i' avere soglio
> De la vostra bellezza,
> Amor mi diè certanza   (Ms. *certeza*
> Con allegranza — piena di pietate.

d. h. *per quello che soleva ricevere (godere) della vostra bellezza, Amore,* etc.

Guittone, Canz. I, 1:

> Ora parrà, s' e' saverò cantare
> E s' e' varrò, quanto valer già soglio.

Ebenso D'Anc. LV, 11; LXXXVI, 22; Val. II. 155. Ferner noch:
Guido Cavalcanti, Val. II, 363:

> Un amoroso sguardo spiritale
> M' ha rinnovato amor tanto piacente,
> Che assai più che non suole ora m' assale.

Und noch Dante, Son. *Se 'l bello aspetto:*

> Ma perch' io non la veggio, com' io soglio,
> Amor m' affligge, ond' io prendo cordoglio.

„*per catacresi*" sagt Fraticelli.

stare di „fern sein von", prov. *estar de*, z. B.

> Santz Honoratz estet tres antz de la ciptat.
> Que non auza venir en son arcivescat.
> > S. Honorat. cap. 47.

oder Peire Vidal, XLIV. 75:

> Tant ai de Proens' estat.

ib. 80:

> Car ai estat de leis tan longamen.

so Val. I, 278:

> Non vo' più sofferenza
>
> Nè dimorare omai
>
> Senza Madonna, di cui moro stando.

„Ich will nicht längeres Harren, noch bleiben ohne Madonna, fern von der ich sterbe."

stendersi „wohin gelangen", prov. *s'estendre*. z. B.:
M. G. 1139, 1:

> Ni mais nom platz, que s'estenda
>
> E leis merces ni deissenda.

Zambrini, op. volg. 419, son. VII:

> Et tal v' aggiunge et tal non vi si stende.

D'Anc. Son. V:

> E perchè sua vertute a potestate
>
> Più che terrena segnoria si stende.

tener danno „Schaden thun", prov. *tener dan*.
Guittone, Canz. VIII, Gel. 1:

> e cosa quale
>
> Tener poreami danno.

Lettere, p. 43: *Se a padri e a maglievi e a figliuoli e ad amici danno tenete in guerra . . . .*
Guido Orlandi, Val. II, 268:

> Troppo servir tien danno ispessamente.

Es kommt auch sonst vor, und selbst in den Fragm. Hist. Pis. p. 662: *più volte li asaglimo e ficieno e tennero loro danno.*

venire „werden". Heute gebraucht man es so nur beim Partic. Perf.; aber in alter Zeit stand *venire* und *avvenire* in diesem Sinne auch beim Adjektiv und Substantiv, wie prov. *venir* und *avenir*, wo man jetzt *divenire* sagt. z. B.
Val. I, 171:

> So, che per me pietà verrea crudele.

ib. II, 151:

> Che gioioso avvenire mai non penso.

ib. 213:

> Mi fe servo venire
> Della sua signoria disideroso.

Guittone, Lettere, p. 37: *cui cavalieri buon tutti regnono Regi*,
und so sehr oft.

Daher ist D'Anc. XXI. 11, mit der Hs. zu lesen:

> Da poi che cristallo aven la neve.

„sobald der Schnee Krystall wird", und nicht *che 'n cristallo*, wie
Val., Nan. und D'Anc. Und ib. XXXI, 41:

> Che 'ngnoranza
> M' è venuta cotal speranza.

„Nichtwissen ist mir solche Hoffnung geworden", d. h. „ich bin
über sie ungewiss geworden", wodurch das unmögliche *Che 'n
'gnoranza* bei D'Anc. wegfällt.

Aehnlich ist es mit *tornare* „zu etwas werden, sich in etwas
verwandeln", prov. *tornar* in gleichem Sinne.

D'Anc. XXI. 45:

> acqua torna sale.

„Wasser wird zu Salz." Demnach ib. VII. 31:

> E la fereza torna pietanza.

nach der Hs., nicht *torna 'n pietanza.*

Zusätze.

p. 155, n. Den auffallenden Schlussreim *sazia* in Matteo Frescobaldi's Ballade bessert Carducci selbst im Druckfehlerverz. zu *sizia*.

.. 159. Aus der Liste der unsicilianischen Reime bei Sicilianern mag man der grösseren Sicherheit halber noch die Stellen Val. I, 118 und 255. streichen, weil nach der palat. Hs. (p. 92) die beiden Gedichte von Ruggieri d'Amici sind, und man nicht weiss, ob dieser ein Sicilianer gewesen. Statt dessen aber kann man zwei andere Stellen von Iacopo da Lentini hinzufügen:

> merzede : acede. D'Anc. IV, 28.
> freno : fino. V, 117.

sicil. *merzidi : accedi: frenu : finu*.

.. 162. Eine Bemerkung Böhmers in seinen Romanischen Studien, III, 166, könnte glauben machen, was Corazzini den Volksliedern zuschreibt, hätten sich wenigstens die neueren sicilianischen Kunstdichter erlaubt. Giov. Meli soll in der Fata Galanti, VII, 30, *cosa : amorosa* gereimt haben. Aber es war dieses nur ein Versehen Böhmers, dem das Auge beim Lesen vom sicilianischen Text auf die rechts daneben gedruckte toscanische Uebersetzung geglitten ist (s. Opere di Giov. Meli, Palermo, 1857, p. 381. *cosa : amorosa* reimte der Uebersetzer Gazzino, nicht Meli.

.. 189. Die Form *cheo* findet sich in Wahrheit bei Meo Abbracciavacca nicht: die Stelle, welche Nannucci anführt, ist eben die Monte's, die er irrthümlich jenem beilegte.

.. 198. Noch zur Erklärung eines anderen Wortes der alten Dichter vermögen die südlichen Mundarten beizutragen, nämlich *schianto* in der Bedeutung „Pein, Furcht". In der Rosa fresca heisst es, str. IX:

> Quante sono le *schiantora*, che m' à' mise alo core.

Lapuccio Belfradelli, bei Grion, Pozzo, p. 43:

> S' io stato so' in fallare,
> E poi mi date *schianto*.

Monte Andrea in Cod. A. 662:

> Sentomi al core dolorosi *schianti*.

Cino da Pistoja beginnt ein Sonett (nach B, 269):

> Sì doloroso, non poria dir quanto.
>
> Ho pena e *schianto* — angoscia e tormento.

Das prov. ital. Glossar, welches Stengel veröffentlicht hat („Die beiden ältesten prov. Grammatiken". p. 89, 13) übersetzt mit *schianto* das prov. *esglai*. „Furcht" bedeutet nun noch heut' das sicil. *scantu* (sicil. *scantu* verhält sich zu tosc. *schianto*, wie *schettu*, *schera*, *scarn*, *scuma*, *chesa* zu *schietto*, *schiera*, *schiara*, *schiuma*, *chiesa*), mit welchem schon Giudici ganz richtig das *schiantora* der Rosa fresca in Verbindung brachte. Hierzu das Verbum *scantarisi*, und auf dem südlichen Festlande, noch genauer dem toscanischen Lautbestand entsprechend. *schiantarese*, so in einem Volksliede von Martano (Terra d'Otranto). Canti Popol. Merid. II, 324:

> De quiddhu ci sse dice non mme *schiantu*.

was Imbriani mit *m'atterrisco* erklärt. Und so brauchte schon das Verbum Tommaso di Sasso. D'Anc. XXI. 18:

> Non trovo chi lo saccia: ond' io mi *schianto*.

„Ich finde niemanden, der wüsste, was Amore ist, das Uebel, welches mich peinigt; weshalb ich voll Furcht bin, da das unbekannte Uebel das schlimmste." — Der Ursprung dieser Bedeutung aus der gewöhnlichen des Wortes *schiantare* wird leicht begreiflich, wenn man an den noch immer üblichen Ausdruck *mi si schianta il cuore* denkt. Vgl. auch die Worte *crepacuore* und *corrotto*, welches letztere wohl eher *cor ruptum* ist als *corruptum* (von *corrumpere*), wie Littré will: *schianto* wäre also eigentlich ein *schianto di cuore*.

Inhalt.